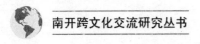
南开跨文化交流研究丛书

现代跨文化传通

——如何与外国人交往

王宏印　著

南開大學出版社

图书在版编目(CIP)数据

现代跨文化传通：如何与外国人交往 / 王宏印著.
—天津：南开大学出版社，2012.8
（南开跨文化交流研究丛书）
ISBN 978 -7-310-03894-7

Ⅰ.①现…　Ⅱ.①王…　Ⅲ.①文化交流－中外关系－
基本知识　Ⅳ.①G125

中国版本图书馆 CIP 数据核字(2012)第 084216 号

南开大学出版社出版发行
出版人：孙克强
地址：天津市南开区卫津路 94 号　　邮政编码：300071
营销部电话：(022)23508339　23500755
营销部传真：(022)23508542　　邮购部电话：(022)23502200
＊
天津泰宇印务有限公司印刷
全国各地新华书店经销
＊
2012 年 8 月第 1 版　　2012 年 8 月第 1 次印刷
787×1092 毫米　16 开本　21.125 印张　2 插页　261 千字
定价：45.00 元

如遇图书印装质量问题，请与本社营销部联系调换，电话：(022)23507125

总　序

对于人类文化的多元存在，有两个影响甚大的宿命预言：一个是《旧约》的"巴别塔"说，一个是亨廷顿的"文明冲突"说。

"巴别塔"之说谓：大洪水过后，诺亚的子孙逐渐遍布天下，他们都讲一样的语言，文化亦无隔阂。他们一度对上帝有所怀疑，便决心合力建一座塔，塔顶通天，以显示自己的力量。此举惊动了上帝，上帝不允许人类怀疑自己的权威，就改变并区别开了人类的语言，使他们因为语言不通而无法协力，高塔也就中途停工。这一宗教传说颇有象征意味。除了揭示出语言对于文化交流至关重要的作用外，更借"上帝意志"作出了对人类文化隔阂无法打破的宿命预判。

亨廷顿则是在上世纪 90 年代提出了"文明冲突"论，认为冷战后的世界，冲突的基本根源不再是意识形态，而是文化的差异，主宰全球的将是"文明的冲突"，而这种冲突则是无法避免的。这种乌鸦嘴式的预言当然是不受欢迎的，但进入 21 世纪后，事态的发展却好像在为他做着背书。

但是，宿命真的是无法改变的吗？已经能遨游太空的人类对于文化困境真的只能束手吗？

答案显然是否定的。

毋庸讳言，两个预言讲出了重要的事实，但是，讲出的只是事实的一部分。事实的全部是：人类的文明史始终是在文化隔阂与文化交流的双向过程中前行，同样也是在文明冲突与文明交融的双向过程中前行的。

梁启超曾综括华夏文明的历史，指出在两三千年的历史中，"跨文化交流"始终是文化创新、文化发展的重要动力、重要契机："我中华当战国之时，南北两文明初相接触，而古代之学术思想达于全盛；及隋唐间与印度文明相接触，而中世之学术思想放大光明。"他还预言20世纪是东方文明与西方文明"结婚之时代"，而"彼西方美女，必能为家育宁馨儿，以亢我宗也"。

其实，推而广之，异质文化的交流是人类文明史普遍的现象，其积极作用也如同在华夏文明史上一样。

时至今日，各个国家、各个民族，完全地闭关锁国几乎是不可能的事情。"地球村"中，文化的接触、交流只能是越来越频繁。对此，主动地参与，积极地推动其良性发展，既是有远见的政治家们的责任，也是地球村每位"村民"的义务与责任。在这方面，近年来蓬勃发展的孔子学院无疑是一项影响广远的创举。南开大学不仅是美洲大陆第一所孔子学院（马里兰大学孔子学院）的合作伙伴，而且是国家汉办"跨文化交流"的研究与培训基地。基地整合南开大学各有关学科的学术力量，一方面培训师资，为全球孔子学院提供服务与支撑，一方面围绕"跨文化交流"开展学术研究。这套丛书就是基地同仁们研究的成果。

中华古老的经典《周易》讲得好："天地睽而其事同也"，"君子以同而异"。承认差异，积极沟通，保持、产生勃勃的生机——古人尚且能认识，我们只应比古人做得更好。

当然，差异是永恒的，"天堑变通途"、"环球同此凉热"的理想，可能永远是可望而不可及的理想。但美好的理想给了我们前进的方向，它不能抵达，它却可以趋近。正如同"通天塔"永远不能抵达神秘的苍冥，但多垒的每一石、每一砖却都能使我们更靠近那璀璨的穹庐。

南开大学中华古典文化研究所所长、为跨文化交流作出毕生努力的叶嘉莹先生日前填词《水龙吟》云："正学宏开，东西互鉴……待如椽健笔，长虹绘写，架茫茫海。"范曾教授唱和曰："且追随精卫，衔枝填取，莽苍苍海。"这也正是南开同仁们共同的宏愿。

为此，我们南开大学跨文化交流研究院编写了这一套小书；为此，我们将持续编下去，并努力编得越来越好。

陈 洪

2012 年 6 月

新学科　新世界　新人生

　　跨文化传通学（Intercultural Communication），又译"跨文化交流学"、"跨文化交际学"等，是 20 世纪后半叶兴起于西方的一门交叉学科。特别是在美国，由于对外战争如越南战争和国际交流的实际需要，催生出来这一门跨学科研究。它是跨文化的比较研究与传统的交际学之间新的联姻的产物。它注重于人类不同文化的环境、习俗、心理、行为方式以及价值观等层面的认识，力图了解和说明人类的交际规律，旨在增进人类的理解合作与和谐共处。最早的著述包括爱德华·赫尔（Edward T. Hall）的《无声的语言》（*The Silent Language*）、《隐秘的维度》（*The Hidden Dimension*）、《超越文化》（*Beyond Culrture*）三部有影响力的著作。此后，经过几代人的努力，终于形成一个现代学科的基本规模。

　　迄今为止，经过几十年的发展，跨文化传通学已经取得了举世瞩目的巨大成就，涌现了一批很有分量的论文、专著和教材，出版了各种语言的刊物。目前，欧美许多学校都已经开设了专门的课程，并有学士、硕士、博士学位授予。另外，世界上不少国家还成立了国内的和国际间的专门组织和研究机构，定期或不定期地召开专门会议，进行各种形式的学术交流。可以说，跨文化传通学作为一门新兴的学科已经成熟，对于改善个人的人际关系、提高社交生活水平，以及促进国家与集团之间的外交关系、对外联络，产生了不可忽视的影响。

我国的跨文化传通学是从国外传承而来的。自上世纪 80 年代中期开始陆续有几部书籍问世，包括胡文仲的《文化与交际》（1994）、关世杰的《跨文化交流学》（1995）、林大津的《跨文化交际研究》（1996），以及本人的《跨文化传通：如何与外国人交往》（1996）等，引起了学界的广泛注意和浓厚的研究兴趣。目前在部分高校已开设了这门课程，有的作为和语言学、文学、翻译学相并列的第四专业来开设，有的则是选修课程。在组织方面，我们成立了全国性的"跨文化交际学会"，定期召开国内或国际会议。我们的努力包括，一面认真而系统地翻译介绍国外的有关教材和研究专著，一面汇集国内有关专家学者，进行讨论和研究，出版了多种专著、教材和论文集。在学科建设方面，跨文化传通学正和媒体学、新闻学、文化研究、翻译学、影视学等相邻学科相联系或相结合，交叉研究发展迅猛，成就卓著。可以说，通过对这门新兴学科的理论准备和学科准备，我国的跨文化传通学已经有了相当的发展速度和研究规模，走上了健康发展的道路。

我于 1988 年至 1990 年在美国新墨西哥大学留学，在交际系（Department of Communication）师从国际跨文化传通学大师约翰·康敦教授，系统地学习了有关课程。我的导师康敦教授诙谐幽默的风格和灵活有效的教学方式，对我产生了持久的影响。康敦教授与约瑟夫教授合著的教材《跨文化传通学导论》（*AN INTRODUCTION TO INTERCULTURAL COMMUNICATION*，*The Bobbs-Merrill Company, Inc.*），是这一领域的奠基性教材，其基本内容至今仍未过时。据国外学界评论：

> "康敦和约瑟夫二位教授此著非同一般，我们认为这是跨文化传通学这一极为重要的学科领域内第一部全面的导论。在此之前已有几本书涉及跨文化传通学的若干方面，诸如大众传媒、跨国

交际、非语言行为、与个别文化的交往，以及文化与亚文化等。近来我们方才看到专门论述跨文化传通的文章纷纷发表，其中有些已汇编成读物出版。但尚无一本书试图为研究文化与交际的学生提供可以构成跨文化传通学的诸多论题和研究基础的扎实的背景知识。……《跨文化传通学导论》乃是该学科领域内第一部开拓性的著作，非常成功，因此我们认为，本书对于跨文化传通学未来多年的发展将具有决定性的影响作用。"（作者译自本书英文版编者前言）

　　我早在西安工作期间，就曾率先开设过此课程，并利用课余时间，参与翻译了澳大利亚学者艾伦·皮斯的《体态语言》，出版了专著《跨文化传通：如何与外国人交往》，发表了《跨文化传通学的现象学模式释义》等论文。世纪之交到南开大学以后，继续给研究生开设过此课程。考虑到该学科的特殊性和外语本科学生的接受特点，其授课方式大约是讲座、提问、讨论、阅读，而考试方式则是论文、开题、报告、写作。由于这门课的内容新颖、方法灵活、效果显著，受到了广大学子的好评。在全国英语教学指导委员会赴边疆宣讲团的活动中，我也在云南地区讲授了有关跨文化传通的知识和原理，希望增进国内各民族之间的交流和了解。近年来中国政府在世界各地兴办孔子学院，促进了这一新兴学科的快速发展，而国家汉办在南开大学设立跨文化研究和培训机构，我也在其中出了一份力量，每年都给被派往世界各地的孔子学院院长和对外汉语教学人员作专题报告，讲授跨文化传通学的知识和技能，产生了更大的影响。

　　关于这门新兴学科的学科定位，国内一般视为外语教学中对学生跨文化传通知识的传授和国际交流能力的培养，我个人更倾向于将其视为归属于广义的交际学的活动。我希望它能成为一门独立的社会科学，研究人类的交际行为和心理模式，促进人类的相互理解与世界和平，为个人、企业和国家外交提供对外交流的理论基础和政策咨询。在当前西学东渐之世界潮流前奔后涌，中国对外文化交流之风头日益强劲的形势下，跨文化传通学必将和对外汉语教学、翻译研究、典籍外译、孔子学院等学术研究和文化交流项目一起，互为条件，相互促进，成为一门经世致用之学，在现代社会生活中发挥其积极作用。

如前所述，本人曾基于国外所学与个人长期观察，著成一本《跨文化传通：如何与外国人交往》，于 1996 年在北京语言学院出版社出版，至今已有 15 年之久。这本书作为这个学科全国最早的书籍之一，曾经产生过重大的影响。但我只参加了 2000 年在深圳大学召开的跨文化传通国际会议，当年就离开了西安。现在，这本书要以新的面貌进行修订重新出版，还纳入了国家汉办的跨文化研究项目，使我有机会重新审视多年以前的作品，也有机会重温在国外留学的旧梦。为了保留当时的通俗化的写作风格和本书基本的知识结构，除了知识的更新和个别字句的变动外，在正文内容上未作太多的变动，主要是添加了一些新的重要的例证和深化性论述，同时插入了若干引文，扩大了论述范围，增强了可读性和学术性。为了和项目名称保持一致，在原书名前增加了"现代"二字，遂成现书名《现代跨文化传通：如何与外国人交往》。又将早年的论文《跨文化交际学的现象学模式释义》加以充实提高，附在全书之后，以供进一步研究之用。这篇文章连同其中的示意图，具有现象学的哲学基础和这一学科基本原理的奠基作用，但由于各种原因，一直没有正式全文发表。原来书前的小引已经过时，改作目前的前言；而书后的后记稍作修改，仍然保留基本的面貌。最后，还想说明一下：如果说对于自己感兴趣的学科，往往是一本专著加一篇论文，就反映了我在那个时候的治学习惯的话，那么，这里的一本修订的书，再加上一篇修改过的论文，就权作是我在跨文化传通学领域的一份贡献了。

希望专注于跨文化传通学领域的朋友们能从中获益。

但愿有更多的朋友喜欢这本修订过的小书。

祝愿大家能够广交朋友，实现自我。

王 宏 印

南开大学外国语学院

2011 年 2 月 2 日于天津

2011 年 6 月 15 日改定

目　录

口：“啥毛病”·佛国行：无酒无肉的宴席·新加坡忌“恭喜发
财”·日本用筷有八忌·不贺百寿贺“白”寿·异国禁忌难尽述·西
方礼仪有十要·美国人：不拘礼节便是礼节·维尼斯商人

一、透过文化的眼镜

假如世界上只有你一个人，那便无所谓交际。你只能独自一人，沉思默想，自言自语；环顾四周，山川草木，花鸟虫鱼，皆不懂你的意思。你找不到交际的对象。这就是鲁宾逊因海上遇险，独自一人困守孤岛的情况。

倘若有两个人，而且两人相遇和接触，双方都有交流思想和感情的需要，那就有了交际的可能和条件。人们通过交际和交往，达到了相互了解，而且能互相配合，共同去做一些事情。这就是人际的交际和交往的实质。自从鲁宾逊在海滩上遇到了"星期五"，二人便通过交往而成为朋友，共同努力，终于逃出了困境。

如果两个人来自不同的文化背景——一个黄皮肤黑头发的中国人和一个白皮肤黄头发的美国人——在某处相遇，你说一声"你好！"，他说一声"Hello！"，然后彼此走近对方，两只手相握，点头，微笑，目光传情，用英语或用汉语交谈，这就是文化之间的交际、交流和沟通。于是双方去掉了戒心，消除了误会，达到相互了解，进而互相帮助，甚至成为朋友，保持终生友谊。这种跨文化的交际，虽然比较复杂，但却给你和他带来新鲜经验，倒也十分有趣。

朋友，你也许是一名涉外宾馆的服务员，也许是一位跨国公司的总经理，也许正准备考托福去美国留学，也许有专业上的难题急于找一位外国专家帮你解开……

那么，怎么和外国人交际就成了你的当务之急。

碰巧，你打开了这本献给你的小册子。

1. 列车上的邂逅：你看我，我看你

朋友，你也许有过和外国人交往的机会，你没有错过它，积累了一些经验和体会。可是，你却遇到了不少的麻烦和问题，有些问题恐怕至今还没有搞明白。

你也许还没有接触过外国人，见都没见过一个。可你学过几天外语，例如英语或日语。因此，你希望有一天能和英国人、美国人、日本人当面交谈，向他们说明你的想法，或了解中国以外的广阔世界，从而更加了解你自己。

不论你是否有过和外国人交往的机会和经历，只要你有这种愿望和要求，你就有了这种文化间交往的需要。于是，你想知道如何才能有效地同外国人交往。诚然，这是一个十分复杂的问题，因为它不仅涉及一般的人际交往规律，而且还要涉及和不同文化的人们交往这种特殊的规律。首先你可能要问，什么是文化？

什么是文化呢？

这里的文化，不是我们日常讲的"学文化"中的文化，不是读书识字，不是某人"有文化"中的文化，不是指受过高深的教育和具有良好的文化修养。这里的文化，也不是一般所谓的文学艺术、绘画音乐之类较为广泛的文化领域，而是指不同的人种、民族、社会成员特有的生活方式、思维方式、行为方式、交往方式以及与之密切相关的一切后天习得的方面。可以说，文化，既包括一定社会的物质生产和生活状况，也包括社会的组织、制度、习惯、风俗等方面，而文化的核心部分，则是不同社会中人们丰富多彩的精神领域，也就是受上面两个方面影响和制约的人的思想、情感、行为所反映的不同于别人的独特性。这三个方面或层次，就构成一个完整的文化概念。

其实，文化一点儿也不神秘。

文化，是在和外国人交往中逐渐发现的。

你也许有过这样的经历：

你刚考上北京某所大学，父母姐妹兄弟一家人从西安附近的某乡下到车站来送你。他们把你的大堆书籍和行李帮着搬上车，放在行李架上，嘱咐你要好好照顾自己，好好上学，尊敬老师，有空别忘了给家里写信。你频频点头，一一答应。车开了，亲人从窗外向你挥手，你满含热泪向一家人告别。

你恋恋不舍地回到自己的座位上，心情慢慢安定下来。你环顾四周，猛地发现一位外国人——一名高个子、白皮肤、黄头发的中年男子——正在默默地注视着你的一举一动。他就坐在你的对面，当他发现你注意到他的注视时，他也许向你淡淡地一笑，可是你却没有觉察——或许你注意到了他的笑容，可是你却没有立即作出反应，可能还不懂他真正的意思。你看不清楚他的眼神，因为一副深色眼镜遮住了他双眼的活动。可你敢肯定，那副有色眼镜后面的双目正好奇地注视着你，观察着你，想要认识你、结识你。

这就是文化，那副有色眼镜就是文化。

你想，他也许是一位英国绅士。他一定读过英国民间诗人彭斯的诗歌，他此时正把你想象成苏格兰高地上的小伙子。因为你的穿着和神态还带着浓厚的乡土气息，而且前来送你的一大家子人在他的记忆里刚刚留下了鲜明的印象。他于是把你这位中国北方小伙子和他从文学作品中读过的苏格兰青年农民相联系——他在寻找认识你的线索，从他的记忆和经验出发。

你也许会想，他是第一次来中国——那双好奇的眼镜告诉你。

你猜对了。也许你是第一次看见外国人，还分不清楚他是英国人还是美国人，可是这不要紧，只要你同时也注意到他，观察着他，想了解他对你怎么想，这就够了。可是你别忘了，当你在观察这位外国

来的陌生人的时候，你自己也戴上了一副眼镜，一副有色眼镜。这就
是中国文化的眼镜。因为你还没有学会从别的角度观察人，你的观察，
就只能是通过中国文化的眼镜才能进行。

这就是文化，文化是一副有色眼镜。

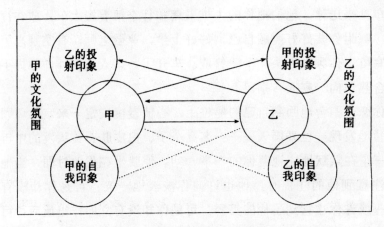

图1　跨文化传通关系示意图

你通过中国文化的眼镜观察他。他通过英国文化的眼镜观察你。
你以为你看到的他是一个没有经过中国文化的眼镜过滤的客观的英国
人。他以为他看到的你是一个没有经过英国文化的眼镜过滤的客观的
中国人。其实你们双方都不全面，也不客观。直到有一天，你和他认
识到，你透过中国文化的眼镜看到他戴着英国文化眼镜的真相，他也
看出来他也是透过英国文化的眼镜看到你戴着中国文化眼镜的真面
目，那时候，你们双方才可能认识到，两个人的观察其实是经过两种
文化眼镜的双重透视作用和过滤作用的。那时候，才可以说你具有了
起码的文化意识。

眼镜有两种作用，滤光与遮光，放大与缩小。文化的眼镜——不
论是中国的还是外国的——都是这样：掩遮、保护、屈光、变形。

于是，你更自觉地意识到你是一个中国人。而他呢，也更明显地

感觉到他是一个身处异国他乡的外国人，或者更确切地说，一个孤独的英国绅士。

前面那幅图（图1）是什么意思呢？

这就是我们刚才看到的你和那位"老外"的跨文化传通的模式。尽管你认为你并没有和他说什么，甚至连个招呼都没打过。可是，只要他和你彼此都进入了对方的感知范围，你的存在就在向他传达着某种特别的信息。他呢？也是一样。

甲乙两方在同一行进的列车上相对而坐，互相注视，你们就已经开始了交际。表面的注视和内心的感受，就已经在不知不觉之间产生了非语言的交流。你看他时已形成了对他的投影印象——你实际上是和一个你自己心目中的"老外"秘密地交谈。同时，他也在和头脑中的你进行某种联系和沟通。你在他的注视下又明显意识到自己是个中国人，也就是说，你正在形成自己对自己形象的感知。这就是自我感知，由此形成自我印象。同样的事情也在他那里发生。这样，再加上真实存在的你和他，就不是两个人，而是六个人分三对在进行交流。

这六个人就是：

（1）你怎样看待对方；

（2）你怎样看待自己；

（3）你怎样看待对方对你的看法；

（4）对方怎样看待你；

（5）对方怎样看待自己；

（6）对方怎样看待你对他的看法。

不过，你或许还有一种感觉，似乎在对方的身体上及其周围有一团"雾气"，或者说是弥漫着一种氛围，这就是英国文化的氛围。它既吸引着你的注意又妨碍着你向他靠近。事实上，你的周围也有一种中国文化的氛围在向他发出同样的吸引力和排斥力。在跨文化的传通中，这两种氛围就像是一块磁铁的两端，或曰两极，各自发出一些有规则的"磁力线"。文化的交汇和碰撞就是通过你们双方的直接的相互作用而实现和表现的。这样，你和他，都不是一般的孤立的个人，而是作为两种彼此陌生的文化的代表，在交流、交际、传播、沟通。那么，你如何看待对方，对方如何看待你，都不再是孤立的、个别的印象，而是含有对异族文化和自身文化如何看待、如何评价的性质。

这就是文化间的交际的特殊之处。

可是你会说，我并没有想那么多，也没有什么直接的目的，只是觉得应该对人家说点儿什么。是呀，人和人在一起，要是没有了起码的招呼和交流，双方都会感到别扭和难受的。

该怎样开始语言的交际，也就是该怎样开始说话呢？

你可能想按照中国传统的问候语，问一句"你吃饭了吗？"，说这句话的时候，你可能正想吃点儿什么，觉得让一位"贵宾"在对面看你吃东西不好意思，才这样礼貌地发问。也许你是没话找话，想引起个话题——谈话的题目。

可是他不懂汉语，你立即就知道了。他在向你作出疑惑的表情。于是你把饭盒指给他，或者把苹果递给他。他马上明白了你的意思，赶忙摆手，或摇头，表示谢绝，或许还说一句"No, Thanks."

你于是想到了学过的几句英语，想说一句"Not at all."可总觉得不妥。书上虽是这么说的，可你并没有帮助人家，也犯不上让人家谢呀！你灵机一动，冒出一个"Hello"或者干脆来一句"How do you do?"他立即显得非常高兴：你会说英语！你从他的眼神表情都看得出来。当然，对你的招呼，他作出了积极的迅速的回应。

记得英语老师在课堂上讲过，英国人喜欢谈论天气。你刚想说"It's a fine day, isn't it?"可你的交际对象都已经说了出来，于是你连忙回答——照着中学课本里学过的句子——"Yes , it is (fine)."

就这样，你和他之间的这场跨文化的传通正式拉开了帷幕。

从西安到北京，还有一天一夜的乘车时间——你是从他的"北京"

提包上得知他一定也和你一样去北京的。你们该谈些什么呢?

在他一方,假如他真是一位英国绅士,可能在做了这个简单的 exchange of greetings(打招呼)之后,就不想交谈了——他顺手拿起一张报纸,读了起来。报纸遮住了他的大半个脸。你只好打消继续交谈的念头,也拿起什么看了起来,或者索性闭目养神,与世隔绝了。可你猛然醒悟道:"这就是英国人的缄默呀!"

你有点儿累:这十几分钟的交际可真不容易啊!

可你还是兴致勃勃:毕竟是学了不少咧。

你也许在想,他要是个美国人,可能就大不相同了。记得读过一本什么书,说美国人喜欢交际,初次见面就会直截了当地告诉你他叫什么,是干什么的,到中国来有多长时间,这次去北京要办什么事儿。甚至会给你讲起他的父母关系如何,他的祖父多么富有。很可能还会问你去没去过美国,想不想去,为什么。他的健谈会令你吃惊。你会觉得本来没打算谈那么多,可想不到在几分钟之内却交了个"美国佬"朋友。于是你觉得愉快,心里充实。当然,也证明了所谓美国式的坦率。

你好不容易插进几句自己感到最有把握的英语,也许你还分不出美国英语和英国英语的区别。想不到竟会得到他的称赞,说你的英语讲得不错。你随口应道 "Not good!" 他却说你是 "Chinese modest"(中国式的谦虚)。你这才想起老师在课堂上说过,这时应该向对方表示感谢,因为他是在奉承你。木已成舟,改口也难。真是后悔莫及!

要是知道英国人如何看待美国人就好了。你想得多了一点。

刚巧,这里有一个英国人,谈了他对于美国人的不甚了了的看法:

　　　　游遍美国后,我曾常常自问,我在火车特等包厢或是酒店休闲室里看到的那些人都是些什么样的人?他们躺在摇椅上,旁边放着痰盂,透过巨大的平板玻璃窗看外面的街道。我不知道他们的生活是什么样的；对于存在这个概念他们是怎么想怎么看的。他们穿着很不合身的成衣，俗丽的衬衫，打着花里胡哨的领结，身材着实是胖了些，虽然没有蓄胡子，但还是应该再刮一刮，后脑勺上搭着顶软毡帽，嘴里叼着雪茄，这些人对我来说像中国人一样奇怪，比中国人还要不可理喻。我常常试着和他们交谈，但发现我们没有共同语言，谈不起来。他们让我胆怯。(《作家笔记》，毛姆著，陈德志、陈星译，南京大学出版社，2011 年，第 208 页)

与其说这是著名作家毛姆对于一般美国人的印象，不如说是透露了他对美国人进行深入了解的困难。更有意思的是，他竟然把中国人说成不可理喻。但是，我们转过来想一下英国人的内向性格，还有他们过于拘谨的生活方式，也就不难理解这位绅士派头的英国知识分子对于美国人的随便和不礼貌实在是看不惯——尽管美国文化和英国文化有重要的渊源关系，而和中国文化就相隔万里了。

也许，你觉得日本人对于中国会比较了解。从日本文化学习中国文化的书本知识里，你也许会说，日本人一定会对中国古代文化大加赞赏，说他一辈子都要学习中国。即便你觉得他的中文讲得相当好，对中国的了解已经很多，甚至比你还知道得多，可以算得上是个"中国通"了，可他还是一再表示"不行不行"。这时，你也许会发现，日本人和中国人一样，都有这种典型的"东方式的谦虚"。可是，日本人真的就是对中国人如此的唯唯诺诺，他们对于中国文化真的就是如此的心悦诚服吗？

显然，这需要做专门的历史的、文化的、民族心理的研究，才能回答。

进一步而言，要是个法国女郎、印度教徒、西班牙外交官、非洲黑人歌手，又该会有怎样的表现，你又该如何去应对呢？

朋友，用不着说得更多，也用不着想得更多。你这时一定已经明白了：人和人的区别，中国人和外国人的区别，远不在于肤色和服饰的不同，甚至也不在于姿态和语言的差别，而在于更深层的、更隐蔽的内在的东西，在于由于每一社会文化中的人们生活环境和生活习惯各异所造成的不同的感觉印象和感知方式。在文化的一副副有色眼镜后面，闪烁着的是一双双不同的眼睛——如同人有黑、褐、黄、蓝各色眼球一样。

2. 五彩缤纷的世界：在形成印象的时候

在飞速奔驰的列车上凭窗远眺：青山绿水，是江南的春色；黄土黄河，是北方的气象；白石白沙，是塞外的风光……可你是否意识到，面对同样的景色，不同的人可能会看到不同的东西，留下不同的印象。这是因为，人们感知周围世界的方式不同。

在与外国人的交往中，在印象的形成过程中，感知方式有着重要的作用。

在开往北京的列车上，坐在你对面的那位英国绅士给你留下了冷淡和缄默的印象。可是，要是在他的同胞眼中，就不会有这么强烈，这么严重。这就是文化的力量。反过来，你也许要问，那位英国人对你——一个中国学生——的印象，又该是如何感知的呢？

让我先来给你讲一个故事。

前任美国驻日本大使可以算得上是一个日本通。他对于日本语言的精通和对日本文化的了解常使得一般日本人钦佩之至。可是，当他和一群日本学生在东京谈话的时候，却给人留下了意想不到的印象。

一位在场的日本姑娘评论说："是的，他确实很不错。不过，……我认为，大使夫人可不怎么样，作为一名妻子，假如你真的懂得我的意思的话。"

这是为什么呢？这位日本姑娘并没有见过大使夫人，她只是在电视上看到过有关大使的几次采访报道。当时她独具慧眼，意外地发现"他的肩上沾有少许从头发上落下来的头垢"。

这就是这位日本姑娘对美国大使夫人的不好印象的唯一证据。不仅一个日本人这么看，别的日本学生都有相同的看法。他们一致解释说，在日本，一位贤慧的妻子有责任照顾好自己的丈夫，使他保持良好的仪表。要是他的头发梳理得不好，当然要责怪他的妻子了。

不仅如此，大使肩上的头垢还损害了自己的良好形象，分散了观众的注意力。那位日本姑娘在看电视的过程中，甚至始终只注意到那些微不足道的污点，就连大使讲些什么也没有听进去。

大使当然没有意识到他身上的污点，甚至压根儿就不知道有人注意他的污点而忽略了他的讲话内容。不管他自己会如何看待这点儿小事，也不管日本人会如何看待这点儿小事，日本人和美国人的感知方式确实存在差别，这种差别也确实影响了跨文化传通的效果。

人对客观外界的感知过程是人认识世界的最基本的心理过程。客观事物经过人的五官，作用于人的以往的经验和当前的意识状态，又经过大脑的加工作用形成比较稳定的印象。这些印象久而久之固定下来，其中有些转化为有用的知识经验储存到人的记忆之中，纳入人的认知结构，在适当的时候，便作用于人的思想、言语和行动。

在视听味嗅触五种感觉中，视听觉收到的印象效果最多、最稳定，也最长久。以往的经验和当前的目标对知觉具有选择作用，而语言的词汇和句法网络则有编码和解码作用。另外，个人的生理和心理需要、所受教育和训练的方式、特定的交际情境和心理状态都在起作用。毫无疑问，文化对个人的感知定势是一个不可忽视的影响因素，尤其是对于客观事物赋予意义时会导致明显的甚至是极端的差别。

根据詹姆斯·巴格比的研究，文化对感知项目具有选择作用。当把棒球比赛和斗牛的照片同时呈现给美国儿童和墨西哥儿童时，美国儿童多选择棒球比赛，而墨西哥儿童则倾向于观看斗牛场面。这就是说,不同文化的人们习惯于观看那些他们最熟悉和最希望看到的东西,而对别的事物则视而不见。

不仅如此,不同文化的人们还会对感知到的事物作出推论,从而赋予这些事物以不同的意义。这一过程也有文化因素的参与,并且在其中起导向作用。例如,同时观看云雾缭绕的丛山峻岭,中国人会更多地注意云起云落、霞聚霞散,从中体悟出"道"的无形无名、无所不在和无可言喻。而美国人则可能更多地注视岩石和峭壁,从中看到刚毅和坚定,或许还会从地质结构特色推断出一部自然演化变迁史。

雪压枝头,树枝折断,雪粉飘落。面对这一情景,东西文化中的人们会得出不同的结论。各自的推论都会按照自己文化的价值观和个人的人生态度作出合乎情理的解释。美国人会说,树枝折断,因为它太脆弱,承受不了雪的重压。那更粗更硬的树枝为什么不会折断呢?因为它强度更大。而中国人则认为,断的树枝都是强者,它太刚强,不够柔韧。倘若它在重压下弯曲变形,雪团就会落下,而不致于压断它。它为什么不愿意屈身于重压之下而要落得个夭折的下场呢?显然,在这两种截然不同的解释中,隐含着中美两国人对同一景物所赋予的不同意义,同时也流露出中美两国人所持有的不同的人生态度。这刚柔之间、强弱之间的对比,不正是表明了两种不同的人格形象吗?

更有甚者,自然山水等外在景物还会经过圣人贤者的体验和传播,沉潜在一个民族的性格和感受方式里,形成所谓的民族认知习惯的一部分。例如,中国文人心目中的山和水,就具有一种文化象征的意味和人生哲理的韵味:

　　　　中国古人喜欢用比喻手法在自然界寻找人生品质的对应物,因此,水的流荡自如被看成智者的象征,山的宁静自守被看成仁者的象征。这还不仅仅是一般的比喻和象征,孔子分明指出,智者和仁者都会由此而选择自己所喜爱的自然环境,这已近乎现代心理学所说的心理格式对应关系了。在我的记忆中，先秦诸子都喜欢以山水来比附人间哲理，但最精彩的还是"智者乐水，仁者乐山"这个说法，直到今天还给人们许多联想。

　　……

　　其实，就人生而言，也应平衡在山、水之间。水边给人喜悦，山地给人安慰。水边让我们感知世界无常，山地让我们领悟天地恒昌。水边让我们享受脱离长辈怀抱的远行刺激，山地让我们体验回归祖先居所的悠悠厚味。水边的哲学是不舍昼夜，山地的哲学是不知日月。（《行者无疆》，余秋雨，华艺出版社，2001 年，第 93～94 页）

颜色，也是人类认识世界的一个十分重要的要素，而且转化为日常生活的一部分。

你也许注意过外国人穿的衣服的各种颜色，要是脱下一件来让你穿着在街上走走，你也许不乐意，更不敢穿回家里去。这不是别的，正是颜色在不同文化中的人们心里引起不同的感受和体验。

你不妨做一个小小的实验。

请你先回想一下你最喜欢穿什么颜色的服装，为什么，然后再思索一下红、绿、蓝、黄、紫、灰、棕、黑这八种颜色各有什么意义，它们会引起你什么样的情绪和情景联想。

请先把你的想法写下来，然后再对照一下附栏 1 中所列的八种颜色及其感受和评价，猜猜这是哪一国人的看法。

上述八种颜色的主观感知和意义，经过分析至少可以看出其中所包含的西方人（这里指美国人）强烈的竞争意识、归属倾向、成就动机、变迁观念和攻击心态，也可发现西方人的安全感的缺失和孤独感的体验。这就是更深一层的价值观念。颜色的意义，实质上是西方文化中长期形成的文化价值和心态投射到外部景物色彩上的结果。

附栏 1　八种颜色及其特性

红色：红色是激动人心的颜色。它能使公牛受挑逗而奋起冲撞，也能令人热血
　　　沸腾、情绪激昂。你若喜欢红色，说明你意志刚强，精力充沛，有竞争
　　　精神。

绿色：你若喜欢绿色，说明你意志果决，锲而不舍。你并不喜欢事物变化，但
　　　你肯定希望自己成功，而且渴望别人看到你的成功。

蓝色：蓝色是晴朗的天空和平静的大海之色，令人感到冷静、新鲜、明净。你
　　　若喜欢蓝色，就表明你热爱宁静、安逸，希望自己从属于一个可以信赖
　　　的友好群体。

黄色：黄色标志着光明和辉煌，令人欣喜。你一旦爱上黄色，就意味着你需要
　　　改变，而且强烈地渴望自己有一个光明的前途。

紫色：紫色是红与蓝的混合色，意味着安静的蓝色与富于攻击性的红色之间的
　　　一种妥协。你爱紫色，说明你心地善良，富于浪漫色彩。

灰色：灰色是黑白两色的中间色，含有贬义。你要是选中了灰色，说明你希望
　　　静默的生活方式。你感到孤独，想幽居独处，不愿参加太多的活动。

棕色：棕色是黄红两色的混合，令人感到温暖、高贵而富于尊严。你喜欢棕色
　　　的话，便是安于现状，乐意待在家里。

黑色：黑色作为一切颜色之对，含有消极意味。你要是选中黑色，标志着你此
　　　时此刻心情不佳，同时也说明你对自己处境的不满和抗议。

　　其实，我们中国人也未尝不是如此。外国人一般都知道，中国人喜欢红色。是呀，只要回想一下电影《红高粱》中那红红的太阳、红红的盖头、红红的血、红红的酒、红红的高粱地、红红的火光，就可以理解了。可是一般外国人并不晓得中国人对红色也有禁忌，如用红色墨水给人写信意味着绝交，而外国人却用红色来表示财政赤字和节假日。更有趣的是，就连一些中国通，也不能"正确地"理解中国的红色，倒是把中国人认为可以接受的红色，视为不能接受的禁忌了。

例如,《红楼梦》中的"红",可能意味着朱门大院,也可能意味着闺房闺秀,而美国翻译家霍克思则从西方人的角度,认为"红"字可能意味着血腥和暴力,甚至意味着红色武装和红色政权,于是为了避讳,就用《石头记》作为译著的书名了。

就现代社会的色彩观而言,古典的中国颜色,需要一种新的视角去感受或者新的形式去体现,而走过街头巷尾、都市农村,满目所见之中国色彩,反倒有点不合时宜了。

> 我们的艳丽喜好,近年来又越演越烈。大城市的品级追求被引导到恢复民族特色,这倒罢了,却又把民族特色解释成那些雕琢的宫廷符号,结果,黄灿灿的大屋顶离开了整体格局到处覆盖,近乎灾难。有些新型城市虽然摆脱了这种灾难,却喷涌出无数荧光粉涂写的招牌,满目妖艳。农村更甚过分,好像色彩是富裕的唯一标志,居然让那么多恶浊的人工色掩盖了近在咫尺的自然色,真可以说是"闭月羞花"。(《行者无疆》,余秋雨,华艺出版社,2001 年,第 272 页)

与西方都市的淡雅色调相比,似乎中国人自古以来就喜欢俗艳之色,其实不然。古典绘画的笔墨,就是淡雅之色,合乎文人所喜爱的色气,近乎无色,而更为古典的古鼎旧陶,也可以作为建筑的色彩基调而发挥作用。只不过"后来的宫殿廊庙越来越追求歌功颂德、祈福避祸的浅薄象征,才越发失去控制,走向恶性泛滥"(同上,第 273 页)。

"自然"的色彩之外,还有许多色彩的方面,都会引起人们的注意。

对了,一切差异之外,还有肤色,这难道不是一个十分重要的色彩差异吗?

这其中不仅包含不同人群的天然肤色,而且包含了人类群体内心的一种认同感，以及这种认同感的变化。这变化，也是一种文化。让我们听听一位在美国多年的华裔同胞的自述吧：

> 我从未想成为白人。我不是白人。也就是说，我没有白色的皮肤，也不是白人的后裔。我是黄种人，有黄种人的祖先，代代繁衍不息。可是，像许多亚裔美国人的第二代一样，我发现自己进入了一个新奇的地位：经过同化而为白人。所以，其他白人叫我"名义上的白人"，而其他亚裔人叫我"香蕉"（黄皮白心——笔者注）。双方都有这样一种认识：我正从边缘进入美国生活的中心，在这个意义上，我已成为白心。有人先天为白人，有人后天为白人，有人努力成为白人。我所说的"同化"就是这个意思。
> （Notes of a Native Speaker, by Eric Liu (born, 1968), *The Essay Connection* (6th edition), edited by Lynn Z. Bloom, Houghton Mifflin Com. 2001, P. 337）

在和不同文化中的人们交往时，你也许会发现许多奇怪的甚至不可理解的现象。这便是你从中国文化的习惯角度来感知和评价昔日或今日自己同胞的印象，当然更多时候，甚至是评价外国人的形象。

美国的青年男子脖子上挂一串金项链，或垂着一个十字架。前者表示时髦或活得自由自在，后者则可能和基督教的信仰有关系。要是中国青年这样做，就给人一种"女人气"和不伦不类的奇怪印象。而符合文化上的伦和类，正是人们在审美上要求的典型性。不典型即使人感到不悦或奇怪。

两个中国男青年走在街上，勾肩搭背，谈笑打趣，在中国人眼里习以为常，表明亲热，要是在西方人眼中就有同性恋之嫌。而西方一男一女依偎而行，自然大方，表明友谊和爱情，在中国人看来却显得过于外露，甚至觉得未免轻浮，有失检点。

要交往先要看得惯，这是理解的开端。

同时要让人家看得惯，至少要注意自己的仪态大方，仪表整洁，言行得体才行。

可是，从观察的第一印象到逐渐形成固定想法的时候，就产生所谓的"刻板印象"。关于刻板印象，跨文化传通理论研究有如下认识：

1. 刻板印象是关于人类群体的一组特征的综括认识；

2. 它倾向于忽略族内差异而夸大族外差异；

3. 它的认识功能具有选择性，即有让外部事物符合自己观念的倾向；

4. 刻板印象有一定的价值指向性，或者喜欢或者不喜欢，一般褒贬分明；

5. 刻板印象有一定的强度，即有的观点比较弱，有的则是深层的、较固执的；

6. 刻板印象有基本内涵，但也有一定的可变性、可修改性和适应性；

7. 刻板印象和意识形态一样，可部分地或歪曲地反映真实事物和现实本质。

8. 刻板印象并非全部来源于直接观察，它有社会流传的因素，因而是累积的。

可是，这中间虽有一个基本的文化的认识，却没有始终一致的评判标准。因为不同的民族有着不同的风俗习惯和行为方式，各人也有各人的爱好和处事方式。在面对不同文化群体和个人的时候，一种先入为主的刻板印象，就容易形成。它既带有认知主体的认知特点，也反映一定的客观对象的本质特征，因此往往不能忽视，实际上在交往中也会起相当的作用。下面是一组关于不同国家的人的刻板印象：

　　中国人：具有节俭、彪悍、勤劳的品质，但冷漠、自制、压抑感情、思考颠倒。喜欢开洗衣店、开餐馆。

日本人：有团体取向、爱清洁、自制、层级观念、固执、排外、缺乏创意、无表情、勤劳、不愿发表意见。

韩国人：暴躁、喧闹、吹毛求疵、高傲、固执、勤奋、坚毅、爱搞派系。

菲律宾人：敏感、可亲、有礼貌、易怒、家庭取向、爱帮人、勤奋、讲究等级观念。

美国人：富有、好喧闹、喜夸张、饶舌、爱开大车、性格外向、性开放、不照顾老人、无孝顺观念、人际关系淡漠、重视金钱、个人主义。

白人：独立、自信、喧哗、有成就、缺乏敏感性、老大作风、直言、夸大、独断、名誉与权力取向。

黑人：迷信、懒惰、乐天、无知、有节奏感、爱夸饰、笃信宗教、愚蠢、肮脏、幼稚、邋遢、不可靠、好安逸、敏感、好群、多话、好模仿。

犹太人：精明、唯利是图、勤勉、贪婪、雄心勃勃、狡猾、忠于家族、坚毅、积极、多话、笃信宗教、重物质、讲现实。

刻板印象作为一种信念，有其形成的心理机制和认识论基础，或者说有三种来源：

其一，来源于经验。因为经验乃是个人亲自力行而获得，所以往往认为十分可靠，正所谓"眼见为实，耳听为虚"。但有些经验会时过境迁，可能不再适用，而我们却认为它仍然很宝贵，不愿意抛弃。经验有狭隘性和私人性，是其缺点。

其二，来源于咨询。也就是间接经验，闻知之知识，特别是儿童时代来源于家庭和师长的教诲，或者成年以后对于伟人和权威的认同，由此构成属于科学知识的一部分。大部分来源于阅读，但也有的是不可靠的，因为未经个人经验之验证。

其三，来源于推论。人的认识在直接经验与间接经验之外，还可以进行判断和推测，由此形成当下的有观察基础和认知过程的知识，但推测性知识不一定准确无误。例如，爱因斯坦对于一个玩具原理的推断，就是错误的——打开一看立刻就知道了。

由于人际交往的复杂性，特别是跨文化交往的复杂性，人们的刻板印象虽然可以参考，但不足以为凭据。在此基础上，进一步的发展就是成见，甚至偏见。因为文化之间的难以习惯和不易理解的性质，加之无法最终彻底讨论或彻底验证的性质，常常容易导致人们之间的成见和偏见的加深，从而影响不同文化之间的正常交往。

所谓成见，就是人们对某些群体成员所产生的过于一般化、简单化，甚至夸大化、极端化的主观印象和固执的看法。例如，你会说"黑人肮脏"、"白人高傲"、"犹太人聪明"、"日本人虚伪"等。但在尚未开始交际之前，先有这种缺乏实际根据的主观印象或从道听途说中形成的看法，往往还同时渗透着个人主观情感的偏向，是极不利于交往接触的。更有甚者，由于出自名家之口，或在作家之笔下，有些偏见让人觉得颇具学理之依据，或者基于个人观察之经验，并非始终都是空穴来风。但在民族之间，民族情绪则具有十分重要的底色的作用。赫兹列，英国19世纪上半叶最重要的散文家之一，对于法国人便有如下的十分激烈的言论：

　　　　两极相遇。此言用来解释法国人性格之谜，可谓贴切之至。法人虽聪明，但行事龃龉不近人理之处，远胜于任何民族。他们比乐天派还要乐天，比悲壮派还要悲壮。言行之顷，其脸色可由如厝之花，一变而为茫然之木。同一时也，他们是欧洲最活跃、最轻快的民族，又是欧洲最沉重、最机械、最耐劳之民族。他们可在片刻之间，从最可鄙的某种偏见，一跃去思考最复杂、最抽象的问题。他们在情趣上异常刻板，一如在道德问题上十分灵活，因为前者的标准是原则，而后者的标准是感觉。他们有时似乎凛然不可侵犯，有时却为琐屑之事而大动肝火。最细小之事，会对他们产生最巨大之影响。他们适应性极强，因此有时觉得他们几无原则或真正的民族性可言。（《赫兹列散文精选》，潘文国译，人民日报出版社，1999年，第7～8页）

偏见比成见走得更远。它是由于错误的观念或不全面的先入之见，而对于某个群体或个人所形成的更为极端片面的看法，或者说是对于别人不公正、不合理的感知或主观推测的结果。对于异族的偏见，倾向于把一切都说成是人的性格和本性的问题，而不考虑特定的情景的作用，因此具有易于扩大和夸大的性质。偏见具有难以克服的顽固性，纵然在难以否认的事实面前，持有偏见的人也不愿承认自己原来的看法不对，甚至千方百计替自己寻找理由和借口进行辩解。

偏见往往有否定对方的意向，严重时可以导致下列外显行为：

（1）口头歧视，即出言不逊，不能一视同仁。

（2）规避态度，即不愿接触，不愿与其来往。

（3）歧视行为，包括对个人和群体的歧视，又有习惯和法律的强化保障作用，例如种族歧视。

（4）人身攻击，时常因莫须有的罪名进行威胁，甚至采取斗殴和其他非人道的行为。

（5）群体灭绝，以希特勒对犹太人的迫害最为典型。

显而易见，成见和偏见是构成文化间交往的比较隐蔽的但却十分危险的心理障碍。在跨文化传通开始之前，成见和偏见往往阻挠和妨碍正常交往的开始。在同异族人们的交往过程中，成见和偏见又会影响对他人的正确感知和客观认识。交际者的防卫心理和防范行为不可能不为对方所察觉，从而引起连锁反应，妨碍相互之间的深入了解、友好表示和关系的实质性进展。最后，在对交往过程及其结果进行反思和总结时，持有偏见的一方或双方，常会对交际中的误会、对抗和冲突作出错误的推论，往往把一切责任都推给对方，从而导致继续交往的困难，甚至毁掉已建立的正常关系。

朋友，当你作为一个公司经理准备和外商谈判时，你也许没有意识到，你一面在翻阅有关对方公司和经理本人的资料，一面也在形成着有关对方的主观印象，而在这种印象中，可能就渗入了某种先入之见——成见或偏见。

警惕啊，不要让先入之见模糊了你的洞察力，更不要左右了你的谈判！

3. "非我族类，其心必异"：探索价值尺度

"非我族类，其心必异"。这句中国老话，说明了几千年来中国人对于外族人的一致看法，同时也是长期闭关锁国的中国人对于一切非我族类的戒备心态的反映。当然，这其中也含有某种历史的经验和心理猜测的成分。

一个典型的例证是葡萄牙殖民主义者占领中国领土澳门以前的一些情况。

1508 年 2 月，葡萄牙国王派出一个船队到马六甲，开始了对中国的窥视和详细的打探：

（1）中国有多大？

（2）中国人有多高？

（3）勇敢还是怯懦？

（4）信什么宗教？

（5）用什么兵器？

几年后，他们从一个叫皮斯莱的探子那里得知：中国很弱，十艘

战舰就可以征服。

　　即便情报如此荒唐，葡萄牙人与中国人打交道之初还是比较恭顺有度的，中国地方官员没有国际知识和外交经验，互相都在小心翼翼地窥探。葡萄牙人先要停泊，后要借住，借住后也缴税缴租；中国官员不知道他们会不会做坏事，特地在他们的借住地外筑一道城墙，把握关闸大权，定期开闸卖一点食物给他们。这种情景，居然也维持了几百年，说明双方心气都比较平和。(《行者无疆》，余秋雨，华艺出版社，2001 年，第 80 页）

当然，这样的对峙不可能永远维持下去。鸦片战争之后，中国与西方列强的对抗发生，而当时中国的弱国地位也在列强的坚船利炮面前暴露无遗。于是，葡萄牙趁机宣布澳门为自由港，从此澳门沦为葡萄牙的殖民地。

可是，闭关锁国的中国官员哪里知道，他们的对手葡萄牙正在遭受着内忧外患天灾人祸不断袭击的厄运。

（1）瘟疫袭击首都里斯本；

（2）两次地震，几乎毁灭了整个首都；

（3）英国和继之而起的法国，都是葡萄牙的征服者；

（4）葡萄牙内部发生的多次资产阶级革命，无一成功。

　　中国人哪里晓得眼前的"葡夷"身后发生了那么多灾难，我们在为澳门的主权与他们摩擦，而他们自己却一次次差点成了亡国奴，欲哭无泪。可能少数接近他们的中国官员会稍稍感到有点奇怪，为什么他们一会儿态度强蛮，一会儿又脆弱可怜；一会儿忙乱不堪，一会儿又在那里长吁短叹……(《行者无疆》，余秋雨，华艺出版社，2001 年，第 83 页）

如今，开放了的中国正处在改革之中，经济的复苏和文化的影响都今非昔比，形象在改变而外交也在改变，接触外国人已不是什么稀罕的事，中国和世界的差距已开始缩小。在当今世界交通通讯发达，国际交往日益频繁，和平与发展正成为主要课题，整个地球已缩小为一个小小的"地球村"的时代，跨文化的传通已不再只是可能，而且正在变为现实。这样，"非我族类，其心必异"这句老话，如果说还有可取之处的话，那便是鼓励我们去探索异族人的异于我们的内心世界。

要了解外国人的内心，当然有不少途径。

最好的办法莫过于到有关国家去实地考察一番，而且最好能住上一段时间，和那里的人共同生活，共同体验，才可见其真心。不过，这在一般情况下并非可能。

你是否想过，找个在中国的外国人来详细询问一番。但要知道即便是中国人，又有谁愿意把自己的内心向一个只认识三分钟的外国人和盘托出呢？也许，除了未必可信的几句躲躲闪闪的诉说之外，你能得到的可能还有使你和他都感到难堪的窘境。

碰巧，你有个同学或朋友刚从国外回来，何不登门求教呢？还好，他心直口快，一谈就是两个小时。可你转身回家，躺在床上一想，除了外国的汽车洋房、牛奶咖啡，就是那句"中国太穷了，太落后了"的感叹，而对于外国人的心理却仍然不甚了了。

看来还得求助自己。

要了解一国的人心，意味着要学习该国的语言和文化。至少还要涉猎一下该国的历史地理、人情风俗、社会状况、生活习惯、文学艺术、哲学宗教等方面。当然不是一个人在短时间内能办得到的。可你不妨试一试。就像美国人类学家本尼迪克特那样来一个"远距离文化研究"。当时正值二次世界大战，美日是交战国，她不可能前往日本进行实地考察，于是就搜集有关日本的电影录像等视听资料，加以分析，在此基础上写成的《菊与刀》这本探索日本民族心理的名著，连日本人都佩服之至。朋友，用不着担心你不是人类学家，作一点儿"闭门造车"的调查研究还是值得的。

其实，哪怕你对于文化没有专门研究，但只要你生活在与外界有接触的现代社会，而且不是闭目塞听，那么，你对于这个世界尤其是你最关心的某些国家就绝不会是一无所知。例如，你对于美国的了解，可能主要是通过看美国电影和录像，阅读报纸，收听广播，观看电视中关于美国的消息报道和时事述评。甚至还直接同几位美国客人打过招呼，聊过几句。这样，你至少会得出一个对美国和美国人的大概印象。可是，这个印象并不能算作深入人心，因为大众媒体的报道带有新闻职业的选择或者政府宣传的倾向。

> 这里有两个问题。一个是，中国人了解美国，其实跟美国人了解中国一样，往往是通过国际新闻和电影电视，都是通过大众媒体来了解的。大众媒体要服务于自己的意识形态，提供的都是皮毛，也存在很多偏见。……在横切面当中，人们的兴趣又集中在以强势语言（比如英语、法语、德语）写作的文学。对伊斯兰文学、阿拉伯文学、印度文学、东南亚文学的介绍和翻译都非常少，大学里也很少开这样的课程。（《哈佛看中国》，张冠梓主编，人民出版社，2010年，第100页）

以上是哈佛大学华裔教授田晓菲女士的言论，她是从媒体与大学教育的角度来说的。英国著名作家毛姆谈起了他的认识，认为与外国人直接交往有局限，甚至学习外国语言也不能最终达到完全的无阻碍的交际。

> 比起研究本国的人来，研究异邦的人没法指望认识太多的异邦人，而且由于语言、文化差异，多少年也没法儿和他们建立起

亲密的友谊。即使英国人和美国人，虽没太多语言隔阂，也没法真正地互相了解。或许，只有当人们早年的生活以及教育背景相似时，才最能相交相知。……就算你语言掌握得很好，也好不到足以让人忘掉你是外国人的地步，他们与你相处永远不可能像他们自己之间那样。(《作家笔记》，毛姆著，陈德志、陈星译，南京大学出版社，2011年，第166页)

但是，毛姆并不认为就此束手无策、无计可施了。他主张阅读，至少通过阅读和观察经验的结合，由此可以产生一种比较接近真相的认识。

外国人想要最大程度地深入了解一个异族，就得靠阅读，而在这方面，读二流作家要比读一流作家更有用。伟大的作家会创造，而稍次一点的作家则是临摹。关于俄罗斯人，契科夫能告诉你的远比陀思妥耶夫斯基要多。然后，通过对比你认识的人和你读到的人，你的脑子中便能形成一个印象，即算这印象同事实仍有差距，不管怎么说，它也相对完整、合理，且贯通畅达的。(《作家笔记》，毛姆著，陈德志、陈星译，南京大学出版社，2011年，第166页)

不管怎么说，通过这样和那样的途径，你关于外国人的知识如何？

你对俄国和前苏联，以及现在的独联体的了解有哪些？是通过什么途径？印象如何？

你对非洲人的风俗习惯和生活情况知道多少？

澳洲土著和澳大利亚人呢？

墨西哥人呢？

一个美国人可能在电视和电影中看到过非洲丛林，又在迪斯尼乐园游历了"非洲丛林"中的狩猎场面，于是就认为所有的非洲人都是身穿豹皮，手执长矛，骨针穿鼻，居住在茅草屋中的原始人。对于这种印象，非洲人会怎样想呢？坦桑尼亚国家博物馆馆长在一封信中写道："我想，忽略许多曾在非洲发展繁荣过的发达的文化，这将会歪曲美国人对非洲的印象。"

印象可能歪曲，因为还没有深入人心。

外国人看中国人，也可能失之偏颇和浅陋。

笔者在美国曾同一位白人妇女交谈过。发现她心目中的中国人还是清朝末年保守落后，不懂科学，充满迷信，脑后拖一条长辫子的旧中国人，甚至男人都精通武术和气功，女人没开口就先哭泣！

我立即意识到，这位美国人并没有读过有关中国的书，更没有来过中国。她对中国人的印象，其资料来源仅限于看过当时正在美国上映的《末代皇帝》，充其量再加上几部质量不高的功夫片而已。

看来，首要的一点，了解外国人及其文化的最常犯的错误，就是从有限的资料出发作出不正确的推论，往往是把个别特征误认为是普遍倾向，或者还会犯"时代错误"。前者的例子是美国人从迪斯尼乐园中看到的非洲人，后者则是那位白人妇女眼中的清末中国人。

其次，是否相信文化是可以认识的，人都是可以理解的。一方面，把外国人看得高不可攀，深不可测，固然不足取，但若是认为不费力气光凭印象就可以达到全面可靠的认识，也不可以。清末时的中国人看到洋人列队正步走，就以为洋人腿直不能打弯，用一根棍子一捅就倒，实在是荒唐。

再下来，最困难的就是难以摆脱本国文化的"眼镜"所造成的偏差。其实，最大的障碍不是别的，乃是我们自己头脑中的本族文化中心观念，即认为只要是自己民族的就是好的、合情合理的、可以理解的，而别人的则未必如此。反之亦然，那就是民族虚无主义。

最后，只有实际接触和交往，而且在交往中主动关心和认识他人，才能真正理解他人。也就是养成交往中的"同感"。这也就是逐步学会从世界范围的角度看问题，并实事求是地对待交往中的问题和人类所面临的一切问题。

你有没有想过，像喝茶这种我们每日生活中的平常事，在英国会有什么不同？

因为当年英国要从东方进口茶叶，饮茶成了一种贵族生活的标志，有了身份的差别。

当初英国贵族请人喝茶，全由女主人一人掌管，是女主人显示身份、权力、财富及风雅的机会。她神秘地捧出了那个盒子，打开盒子的钥匙只有一把，就掌握在她一人手上，于是当众打开，引起大家一阵惊叹。杯盏早就准备好了，招呼仆人上水。但仆人只有提水的份，与茶叶有关的事，都必须由女主人亲自整治。中国泡茶有时把茶叶放在茶壶里，有时则把茶叶分放在每人的茶杯里，让客人欣赏绿芽褐叶在水里飘荡浸润的鲜活样子。英国当时全用茶壶，一次次加水，一次次倾注，一次次道谢，一次次煞有介事地点头称赞，终于，倾注出来的茶水已经完全无色无味。

到此事情还没有完。女主人打开茶壶盖，用一个漂亮的金属夹子把喝干净了的茶叶——中国说法也就叫茶渣吧——小心翼翼地夹出来，一点点平均地分给每一位客人。客人们如获至宝，珍惜地把茶渣放在面包片上，涂一点黄油大口吃下。(《行者无疆》，余秋雨，华艺出版社，2001年，第262页)

后来的情况有所不同，因为在英属殖民地也可以种植茶叶。茶叶不是那么短缺了，饮茶的地位也就不那么显赫了。

毋庸讳言，这只是一些生活现象的描绘和文化学上的解释。不过，在任何时候，都要把具体文化中的个人作为交往对象和理解的单位。

因为任何人都不是文化要素的机械的、简单的聚合物和反映物，而是一个活生生的有着许多独特品质和个性的人——和你我一样的人。例如，生活在 20 世纪三、四十年代"孤岛"时期的上海女作家张爱玲，她的爱好咖啡毫无疑问不仅仅是出于个人爱好和生活习惯，此外，也是一种新型生活方式和独立价值观的体现。

张爱玲一贯崇尚西式生活，视进面包房、坐咖啡馆为生活之必需，笔下的文字常常飘着咖啡味、奶油香："我寓所附近的路口有一家小杂货店倒有'黛文郡（Devonshire）奶油'，英国西南部特产，厚得成为一团团，不能倒，有茶匙舀了加在咖啡里，连咖啡粉冲的都成了名牌咖啡了。"

张爱玲爱喝咖啡，进咖啡馆就成了平常又平常的行为，写咖啡的文字比比皆是。中国人从前好像从来不喝咖啡，只有到了老上海一代，咖啡才和电影院、歌舞厅等西式生活一同传入。……喝咖啡在这里不仅仅是要情调充小资，更显示出一种平等自立的现代生活方式，比如生活的来源靠的是自由写作；比如和任何好友在一起消费都会采用 AA 制——口味西化，生活方式同样西化。（《今生今世张爱玲》，陶方宣著，广西师范大学出版社，2011 年，第 272 页）

当我们和某个人接触，产生联系，进入了解时，我们倾向于以一定的为人处事的标准来对他进行评价，然后再决定我们如何对待他。在一个文化内部，由于我们依据的评价标准比较接近或一致，作出评价比较容易。例如，你和一个朋友交往多年，认为他讲义气，肯帮人，够朋友。可是有朝一日，却发现他对自己的父母不好，甚至有虐待行为。你经过尽力劝告，发现无效，于是便疏远了他。因为在你的头脑中，对父母的孝最为重要。这就是中国文化的核心价值观。它是中国文化一切其他价值观的基础和做人的起码道德。

用不着到《孝经》中引经据典，《初刻拍案惊奇》卷十三开篇就有这样的论述：

> 话说人生极重的是那"孝"字，盖因为父母的，自哺乳三年，直盼到儿子长大，不知费了多少心力。又怕他三病四痛，日夜焦劳。又指望他聪明成器，时刻注意。抚摩鞠育，无所不至。《诗》云："哀哀父母，生我劬劳。欲报之德，昊天罔极。"说到此处，就是卧冰、哭竹、扇枕温衾，也难报答万一。况锦衣玉食，归之自己，担饥受冻，委之二亲，漫然视若路人，甚而等之仇敌，败坏彝伦，灭绝天理，真狗彘之所不为也。(转引自《广义修辞学》，谭学纯、朱玲著，安徽教育出版社，2008 年，第 320 页》)

可是，当你用中国人至高无上的这个"孝"去观察、评价、要求一位欧洲白人朋友时，你却发现，他的一言一行很少表现出这个"孝"，他甚至从未谈起过自己的父母。你若深入他的内心，可能发现他根本没有"孝"的观念。可是，这并不意味着你的外国朋友对他的父母不好，或者像你的中国朋友那样有虐待行为，只不过在那种文化中，"孝"不是核心的价值观而已。也许，欧洲人在父母与子女的关系上有其他的价值观对子女进行约束，甚至使子女对父母的好同样会出于自觉自愿。

价值观因文化的不同而各异，是个人在社会化过程中长期耳濡目染不知不觉形成的，也可以是经过个人的主动选择自觉学习养成的。它用以规范人们的言行并借以评价人们的品格，判断事物的真善美以区别于假恶丑。价值观同个人的外显行为之间虽不是始终一致的，也不一定是机械地、简单地支配人们的言行，但却是探索不同文化中人们心灵奥秘的一把钥匙。广义而言，价值观维系着一个社会和国家的生存；狭义而言，价值观则是个人生活质量和道德品位的标志。

　　价值观。我们若是认为一个理论有错，却又知道许多伟大的哲学家对它十分推崇，那我们自然会犹豫。"价值观是绝对的，是独立于个人意识的"就是这样一个例子。我们会想，价值观如果真是绝对的，是独立于我们的意识之外的话，人类到现在大概已经发现、并且（这是理所当然的）决定绝对效忠于它了。但是决定什么样的价值观受推崇的是环境条件。一代人和一代人的价值观是有差别的。古希腊荷马时代所宣扬的价值观和伯罗奔尼撒战争时期人们推崇的价值观极不相同。国家不同价值观也会不同。欧洲人从未苟同过印度人的不执著，其他宗教信仰也不赞成基督教所鼓励的谦恭。（《作家笔记》，毛姆著，陈德志、陈星译，南京大学出版社，2011 年，第 363 页）

　　这样的认识至少让我们注意到，人类的文化价值观是分地域和时代的，而要详述世界各文化中的价值观，远非这本小书所能穷尽。这里只能为读者诸君提供一个简表（表 1）。表中用 W 代表西方文化，E 代表东方文化，B 代表美国黑人文化，A 代表非洲文化，M 代表穆斯林文化，基本上包括了人类主要文化圈。其中的价值项目例如个性、金钱、守时、效率，也基本上概括了人类文化中比较有典型意义的项目。上述字母在每一项目后出现的顺序，依次说明其重要性，分别示以"首要"、"二级"、"三级"和"可以忽略"几个位次，说明了每一价值在不同文化圈中所受重视的程度和优先性。

　　有必要说明一下，由于该表为西方学者所制，其中价值项目的选定、命名和分类比较并不完全符合东方情况。例如，上面所讲的"孝"就没有包括在内，个别项目的次序排列也反映了典型的西方观点，但我们还是有研读它的必要。下面予以简要讨论。

突出的是"宗教"和"男子气概"两项，似乎五个文化圈都认为是首要的价值项目，这显然不符合事实。以中国价值观为例，根据国内有关研究，一般认为中国人并不把宗教信仰置于首位，甚至并不执著地相信某一特定的宗教。这里的东方似应特指印度。而男子气概，在中国甚至在东方并不是十分强调的。在中国，可以说大男子主义根深蒂固，而男子气概则略嫌不足，有的人称为"阴盛阳衰"，也不无道理。

表 1　人类文化价值分类次序表

价值观	首要	二级	三级	可以忽略
个性	W	B	E	M
母性	B E	M W	-	-
社会等级	W E M A	B	-	-
男子气概	B M E W A	-	-	-
感恩戴德	E A	M B	W	-
和睦	E	B	W A	M
金钱	W A B	M	E	-
谦逊	E	B A M	-	W
守时	W	B	M E	A
灵魂拯救	W	M	-	E B A
命定劫数	E	-	-	M W B A
争先	W	B	-	E A W
进攻性	W B	M	A E	-
集体责任	E A M	B	-	W
尊重老年	E A M	B	-	W
尊重青年	W	M A B E	-	-
殷勤好客	E A	B	M W	-

价值观	首要	二级	三级	可以忽略
财产继承	E	-	M W A B	-
环境保护	E	B A	W	M
肤色	E W B	M	-	A
耕地崇拜	E	A	-	B M W
男女平权	W	E B	A	M
人的尊严	W B	E A M	-	-
效率	W	B	E M	-
爱国主义	B M A E	W	-	-
宗教	W B M A E	-	-	-
权威主义	E M A	W B	-	-
教育	W B	E A M	-	-
率直	W	B E M A	-	-

*资料来源：K.S.西特朗、罗伊·T·科格代尔著《跨文化传通之基础》，转引自《跨文化传通》，塞姆瓦等著，陈南、龚光明译，三联书店出版发行，1988年，第53~54页

　　环境保护一项，将东方置于首位，而西方置于第三位，似也不妥。诚然，印度人是习惯于人和动物同地居住的，中国文化也讲"天人合一"，即强调人与自然的和谐一致，但这并不等于环境保护。据笔者本人亲眼所见，美国的环境保护比中国搞得好得多。之所以有某些"绿色和平组织"呼吁环境保护，正说明西方人的环境意识比我们要强些，或者正在增强。

　　最后，关于教育。表中认为西方和美国黑人重视教育甚于包括东方在内的其他文化圈。可是实际上，东方人对于教育的重视并不亚于西方。中国人从孔子时代起就十分重视教育，尤其是品德教育中的言传身教。日本现代教育十分严格，儿童因不能通过考试而自杀身亡者

不在少数。而中日两国历来重视家教，无论如何则甚于西方国家。或许作者依据的是现代正规科学教育的发达程度，这里确实存在着东西文化之间的巨大差距。但作为文化价值观，似无如此明显的区别。

　　了解了上表中的各项内容之后，是否就可以用这把钥匙去打开每一个外国人的心灵的大门了呢？并不尽然。倘若把价值观视为透视人类各民族心理的理论依据，这里的人心仍然是一些抽象的、笼统的概念。在和外国人的交往中会出现各种极其复杂的情况，而且价值观要通过复杂的中介机制才能转化为外显行为。因此，一定要从实际情况出发，注意掌握各种线索，寻求必要的联系，具体分析和综合考察，才能洞悉人心，有效地进行交往，以达到预期的目的。

　　例如，按表中所列，东方人的"谦逊"处于首要层次，而西方人的"守时"也列为首要。倘若我们和西方人有约后而不能按时赴约，那将会给人留下不讲信用的恶劣印象。在交谈中一再表示谦逊更会让人觉得你缺乏自信心，尤其是在外资企业求职时，很可能被列入能力不强而不被录用。这种谦逊还有什么用呢？

　　中国人的"殷勤好客"在表中是列入首要的，它同中餐好吃一样已闻名世界。那么，除了我们自己引以为自豪之外，外国人会如何对待呢？

　　几年前的一个晚上，笔者曾应一位同事之邀去为一家报社的晚间聚会作翻译。客人是两位澳大利亚人，据说是广告专家。但是在交谈中并没有讲出多少有价值的东西，或许是技术保密，或许是别有原因，甚至连资料也没有提供什么。而我们却把自己所有的家底和盘托出，作为馈赠。整个座谈的始终，各式饮料、水果、点心，应有尽有，完了还有一顿丰盛的中餐招待。席间，在主人一再表示了招待不周的歉意之后，当问及客人对中餐的印象时，客人激动地站起来，振振有辞地讲道："我原先听说意大利食品很好，后来发现法国菜更好。今天，我亲口饱尝了中国菜，才真正领略了它的美味。我要说，Chinese food can teach them both!"

这一席热情洋溢的赞美奉承之辞，自然让十几位主人报以热烈的掌声。可是，除此之外，在宾主皆大欢喜之余，对于这样的招待和这样的交际，究竟可以得到什么，难道不也应该冷静下来思考一番吗？"知己知彼，百战不殆"不也是中国的一句老话吗？

而一位外国人却这样说："一个人的境界，在享用大餐时，最能体现。"

这使我想起世界各国用餐时的不同习惯和表现：

> 饮食的习惯各文化间也大不相同。例如，日本人和美国人吃饭时，认为把食物均分于各个盘子食用比较卫生；华人或韩国人则注重全体的和谐，大碗盘盛出桌面后，大家一起享用，不用硬分你我。非洲与中东地区，食器也都属公用。中国和日本用餐时使用筷子，洋人用刀叉，非洲、中东、印度与中南美洲的住民用手取食；伊斯兰教和印度教信徒则认为左手不干净，因此只能用右手抓取食物。另外，东亚人吃面喝汤时呼噜作响或打嗝不仅正常，也是对食物做得好的一种赞美之意，但西方人则认为，喝汤发出嘈杂声是很不礼貌的动作。(《跨文化交际学》，陈国明著，华东师范大学出版社，2009 年，第 47 页)

这些行为和习惯，就境界而言，究竟哪一种更高贵？

4. 鞠躬与握手之间：在礼仪的限度内

一位美国人和一位日本人相遇。

美国人面带微笑，向前迈出一步，伸出右手去和对方握手，日本人却慢慢地弯下腰，向对方行了一个 90 度的鞠躬礼。当日本人直起腰，抬起头，吃惊地望见对方伸出的右手，连忙伸手去握时，美国人已不自然地将手收回，在一瞬间决定改行鞠躬礼，竟然生平第一次极不习惯地向别人弯腰低头。两个回合之后，双方都感到难堪和失礼，手足无措，面有难色，不知如何是好了。

于是，美国人将微笑改为不耐烦，将已到口边的"How do you do!"改为一声简短的"Sorry!"

日本人呢，正面红耳赤，结结巴巴地说出那句早已不是原意的套语："初次见面，多多关照。"

上面这种令人捧腹的戏剧性情节，并不是只发生在日本人和美国人之间——鞠躬与握手之间。

朋友，你可能还记得电视上有过这样一个镜头：

盛夏，西安附近的临潼。市场上热闹非凡，摆满了五颜六色的古董秦俑、蓝田玉雕及民间工艺品。一位欧洲白人妇女兴奋地挤过车水马龙般的人群，来到一位当地老太婆的货摊前。她弯下腰打量着那一件件色彩艳丽、做工精细的马甲，然后用生硬的中国话问"多少钱?"老太婆热情地伸出两个手指头，对洋人说出个熟练的英文数字"twenty"。客人高兴地捡起一件，套在衬衣外面——大红大绿，土香土色，像个关中新媳妇。

付了钱，买主和卖主都乐了。

白人妇女心血来潮，突然伏身对准乡间老太婆满是皱纹的面颊上热烈地一吻，然后起身一声"bye bye"，扬长而去。

老太婆像被蝎子蜇了一下，用衣袖使劲抹去了那脸上的口红印，口里念念叨叨，骂骂咧咧地说："啥毛病!"

出于真情的欧洲白人，她哪里知道，亲吻，对于老实本分的中国北方乡下老太婆而言确实是太过份了呢!更不用说是在繁华的闹市当着众人的面。

"入乡问俗，入国问禁"，对于我们和外国人交往，实在是太重要了。

朋友，假如你不介意的话，请随我到中国近邻的几个亚洲国家去巡"礼"一番吧。

让我们先去一趟东方佛国印度。当年唐僧师徒历经磨难一路披星戴月，风餐露宿，斩妖除怪，前往取经的西域，如今乘飞机用不了多久就到了。

时值阳历二三月份，刚好赶上印度的泼水节。你和我还没弄清是怎么回事，就被好客的主人泼了一身红水，故又叫洒红节。再看那男女老幼，无论相识与否，都已是满身透湿。熟识的亲友，还互相在额头上点吉祥痣。主人告诉我们，晚间人们围着篝火，载歌载舞，一直要闹腾到东方发亮。

印度人见面，要行合十礼，口中还念念有辞，那是祝福之意。年少者弯腰摸一下长者的脚以示尊敬。妻子送丈夫出远门，不但摸丈夫的脚跟，还要吻丈夫的脚，也是一种礼节。

主人把我们当贵客，给我们的脖子套上花环，一直垂到膝下。那是风俗，花环越大越尊贵。

主人邀我们到家里，热情地招待，还破例请夫人出来相见。可别忘了，不可与夫人握手。

餐席上，食物丰盛，可就是无酒无肉。因为主人他信奉印度教，主张素食。羊肉只有社会种姓较低的人才吃。牛是圣物，不仅不能吃，也不用牛皮制作用具。此外，蛇也是崇拜之物。看到主人以盘盛茶，伸出舌头舔喝，真有点忍不住想笑，可就是不能笑，还要学着这样舔茶。

席间要递东西，只能用右手，左手不能用。中国人以双手接送东西为尊重，可在印度却不行。

谈话之间，你我频频点头，可主人却只是摇头。后来我们才知道，在印度，点头表示不同意，而摇头才表示同意。

在泰国，因为信奉佛教，也有类似的风俗。例如，不用左手传递物件，见面时双手在胸前合十，掌尖对鼻尖，头稍低——像个和尚。

在新加坡，虽然华人很多，语言风俗与中国接近，但也有例外。一是逢佛教徒诵经，切不可打扰。一是见面不可说"恭喜发财"，以免有挑动他人发不义之财之嫌。

东瀛之国日本，与中国一衣带水，既有保留盛唐之风的一面，也有当地岛国风习，还有西方现代礼仪的入侵。

与日本人初次见面，要弯腰90度行鞠躬礼，并说"多多关照"之类。一般并不握手，却要像西方人那样互换名片。若是老朋友，则会握手，甚至互相拥抱以示亲热。要是妇女，则待女方伸手时才可握手，切不可用力太大，或握手时间过长。

日本人讲究正式，有话要谈时常邀至室内。你若想抽烟，必应先征得主人同意方可。主人虽有烟招待，却并不勉强你抽。

日本人喜喝酒。主人必亲自为客人斟酒。当主人左手托壶底，右手持壶给你斟酒时，你须右手持杯，左手托杯底予以接受。首杯不接是不礼貌的，二杯谢绝则不为失礼。虽然主人不陪你干杯，并不意味着你不能喝。等大家都已喝毕，可将酒杯倒扣桌上，以示结束。

日本人的饮食兼有牛奶面包和大米，副食以蔬菜鱼类为常见，尤其有吃生鱼片的习惯，很多中国人和西方人对此皆不习惯。日本人的口味喜欢鲜中带甜，厌油腻，不爱吃羊肉和猪内脏，但爱吃牛肉。

日本人吃饭不仅用筷子，而且十分讲究。用筷有八忌，不得不记：一曰迷筷，即手拿筷子在桌上游移，却不去夹菜；二曰移筷，动了一个菜以后不吃饭，又动另一个菜；三曰插筷，即用筷子插入菜中；四曰掏筷，即用筷子从菜中间掏着吃；五曰扭筷，即转动筷子；六曰舔筷，即以舌舔筷；七曰跨筷，把筷子横放在碗盘上；八曰剔筷，以筷子代牙签剔牙。此八忌不可不戒。

不仅用餐用筷讲究，讲究祝寿也是日本的特色，并且比中国文化"青出于蓝胜于蓝"。61岁为"还历"，意为60加1，返老还童；70岁为古稀；77 岁为"喜寿"；88 岁为"米寿"，取汉字"米"字可拆为"八十八"之意；99 岁为"白寿，"白"字上加一横为"百"。可见中国文化对日本的影响以及日本人的创造。至于日本独特的"茶道"、"花道"和节日风俗，恕不一一列举。

　　"入国问禁"，不如先读书知禁。表 2 列出世界各国多种禁忌，以作参考：

表 2　异国禁忌

类型	实　例	
颜色禁忌	①	黑色：欧美等国以黑色为丧礼之用，故黑色多不用于卧室等。
	②	黄色：巴西、埃及、埃塞俄比亚等国以黄色为凶丧之色，故花束、服装忌黄色。
	③	绿色：日本忌绿色，视为不祥之色。
	④	蓝色：比利时忌蓝色，认为令人不幸。
	⑤	红色：泰国人死后用红色写名字，故忌。
	⑥	花色：土耳其以花色为凶兆，故不用于卧室、客厅等处。
数字禁忌	①	13：基督教国家忌 13，房间号码、席中人数等皆忌，且不愿说 13 这个数。
	②	周三、周五：欧美人视为不吉利。
	③	9：日本人赠送礼品忌 9 这个数目。
	④	二、八月：日本人视之为商业淡季，故忌。
食物禁忌	①	猪肉：伊斯兰教徒忌食猪肉，并忌与猪有关的一切食品及工具等。
	②	酒：沙特阿拉伯、巴基斯坦等国禁酒。
	③	动物内脏：美国和加拿大人忌食动物内脏。
	④	动物毛皮：尼泊尔人以毛皮为不洁之物。
花卉禁忌	①	菊花：墨西哥人用菊花祭死者，视为妖花。
	②	荷花：日本人忌荷花，以为不洁。
	③	黄色花朵：法国人忌黄花，视为不忠诚。
	④	绛紫色花：巴西人用作丧葬之花。
	⑤	纸花及塑料花：各国普遍忌之。

类型	实　例
动物禁忌	① 蝙蝠：美国人以蝙蝠为凶神。 ② 仙鹤：法国人视为蠢汉和淫妇之象征。 ③ 牛：印度、尼泊尔等国视牛为神圣之物，不得亵渎。 ④ 黑猫：匈牙利人以黑猫为不祥之物。 ⑤ 骆驼：索马里人爱骆驼，禁拍照。 ⑥ 孔雀：美国人视孔雀为淫鸟、祸鸟。 ⑦ 大象：英国人认为大象笨而无用，忌此图案。
人体禁忌	① 左手：印度、缅甸、冈比亚等国忌左手，视为不洁与卑下，不能用左手上菜、接送或传递物件。 ② 后背：巴基斯坦人忌拍打后背，视为警察之举。 ③ 脚：泰国人忌用脚指物，不得以脚对人、踢门或东西。 ④ 头：泰国人以头为尊，不得摸、打他人头部。 ⑤ 指甲：缅甸人周日、二、六不剪指甲。 ⑥ 腿：英国人坐着谈话时两膝不可分开太宽，下能跷二郎腿。站着时手不可背后或插入衣袋。
物品禁忌	① 手帕：巴基斯坦人忌以手帕送人作礼物。 ② 头巾：缅甸人头巾不能系腰，男女服装不得混放。 ③ 婚礼服：欧美国家姑娘不能试穿婚礼服。 ④ 绳索：缅甸人不能从拴着的绳索下通过。 ⑤ 玻璃器皿：匈牙利人打破玻璃器皿时惶惶不安，担心恶运会来临。 ⑥ 香水：男子送法国女人香水意为求爱，故请慎之。 ⑦ 其他：犹太教徒以周六为"主日"，不能接触金钱、火柴、机器等。
邮包禁忌	① 缅甸：禁有钞票图样的物品入境。 ② 保加利亚：禁邮口香糖、毛毯、床单。 ③ 伊朗：禁邮乐器、厕所用品。 ④ 伊拉克：禁邮望远镜、汽球、染发品。 ⑤ 阿富汗：禁邮烟缸、日历、明信片、塑料花、泡菜、通心粉、口香糖。 ⑥ 肯尼亚：禁止日本剃须刀入境。 ⑦ 厄瓜多尔：禁邮草帽。 ⑧ 贝宁：禁邮酿酒之物。 ⑨ 裴济：禁邮旧衣服、弹簧刀。 ⑩ 前苏联：禁邮鲜果、乳制品、面包、口香糖。 ⑪ 秘鲁、科西嘉：禁邮扑克。

用不着多解释，想必你已经明白：社交禁忌是社交的禁区，万不可越雷池一步。虽有"不知者不为怪"一说，但毕竟不如事先胸中有个谱，以免到时出错。

西方的礼仪不同于东方，自古到今形成了一套既彬彬有礼，热情大方，又不毕恭屈膝，而是尊重个人的礼仪准则。

脱帽礼在户外进行，如在街上遇见熟识的人，或虽不熟识却需要打招呼的人，可以用右手持礼帽前方正中部脱下，走过几步再戴上，以示礼貌。脱帽礼一般伴有简单的问候，在正式社交场合，则继之以鞠躬礼。

举手礼多为军人或穿制服的人所用，也可用于握手礼的前奏。在美国则用得比较随便，常在相遇于一段距离处举起右手并喊"Hi"或"Hello"。

握手礼起源于欧洲，十分常用，但并不像我们中国人一样见面必握手。男子握手应脱手套，妇女则无所谓，但需女子主动伸手后再去握较好。握手要轻重有度，掌握时间，不可握及手腕，也不能只轻捏手指尖。不可交叉握手，也不能握手时一脚在门里一脚在门外。

拥抱礼多用于熟人、朋友、家人、亲戚之间，也是比较正规的外交礼仪。关系亲密的男性或男女之间可贴面颊，女性之间则可贴面颊和亲面颊。

亲吻礼往往限于亲人和情人之间。吻嘴唇只限于夫妇和情人关系。父母和长辈可吻子女和晚辈的额头或面颊。

飞吻属于颇具现代意识的礼节，在列车上或舞台上等相隔较远时进行。以手指自触嘴唇然后向对方挥手示意。

鞠躬礼和屈膝礼比较古老，据说是由于16世纪瘟疫流行时为避免身体接触交叉感染而流行。鞠躬和屈膝均含有等级色彩，多是下级对上级、晚辈对长辈、卑者对尊者所示尊重的象征。前者并不一定像日本人那样腰弯90度，后者多用于妇女穿长裙时，两腿并拢，双膝微屈，身体垂直向下，一般目视对方。

碰杯礼用于宴会、酒会，表示敬意或祝贺。古代双方决斗前饮酒一杯，为表示酒中无毒，相互碰杯使两杯酒彼此掺合一点儿，故流传至今，以示坦诚和友谊。有的时候碰完杯还要干杯，即一口喝光杯中酒。

西方礼仪总结起来种类很多，有接送礼仪、席间礼仪、酒会、舞会礼仪、一般社交礼仪、公共场所礼仪，以及正式的外交礼仪等。其主要特点总括如下：

1）个人为本位：一般直接与交际对象本人打交道，不涉及家庭、朋友、就职单位等其他无关的个人或组织，也不通过中间人进行疏通。

2）儿童如成人：西方人把儿童也作为独立的个人来看待，尊重儿童的兴趣和选择，并授之以成人般的介绍和对待。

3）妇女优先：欧美人讲男女平等，在社交礼仪上甚至给妇女以特权，如男子要为女子开门，男女间有矛盾主动让女子等。

4）尊重个人兴趣和选择：西方人即使在朋友之间也不勉强合伙，而是尊重每个人的权利和行动自由，不说违心话，不强加于人。

5）言语直率，富于幽默：以个人为本位的社交精神讲究直接了当，以言语说明自己的意思和感受，附之以体态语言。富于幽默是个人魅力所在和有教养的表现。

6）守时：守时即是信誉，计划好行动是有能力的表现，否则将失信于人。让客人久等是很不礼貌的，迟到则是不道德的。

7）即刻回报：与守时密切相关，知恩必报，或以物质礼品形式回报，或以口头或书信形式表示谢意。不能得到别人帮助却毫无表示，而且回报越早越好。

8）礼物是象征性的：西方人请客送礼是象征性的，不讲究花钱很多。共同进餐只是提供谈话的机会和场所。送礼也不必过分破费，如鲜花、折扇、文具即可，依场合和关系而定。

9）经济清楚：西方人对财产和金钱看得较重，视为个人成功的标志和个人存在的延伸。共同在外进餐有时要分别结账，还要付给服务员小费。一般不宜向人借钱，也不能打听他人的收入情况。

10）尊重他人私生活：欧美人友谊归友谊，生活归生活，一般保持一定的人际距离。无约不能随意拜访，以免给人造成不便。交谈不可涉及私生活。不可与人争论宗教信仰等问题。

以上十条虽可概括欧美等西方主要国家的礼仪特点，但各国情况毕竟不同，如法国人的幽默、德国人的严格、英国人的沉默、西班牙人的狂放、意大利人的浪漫，还有美国人的不拘礼节。

美国人性格比较浪漫，喜好新奇，重视实利，喜欢交际和讲话，自由平等的观念比较强。即使是女子，也往往性格开朗，无拘无束，举止大方，即使是素不相识，谈笑也毫不拘谨。美国人爱讲派头，旅游期间，即使内衣、衬裤、袜子、胸罩等也要送洗。他们富于幽默感，爱开玩笑。比较散漫随便，自由自在，晚睡晚起，外出游览活动时，比较拖拉，往往要别人催促提醒。美国人以不拘礼节著称，即使第一次同别人见面，亦常直呼对方名字，也不一定跟人握手。在他们看来，这种随随便便的方式也是一种"礼节"。

可谁想得到意大利人作为罗马人的后裔，他们的商业行为会十分怪异，甚至不近人情？

威尼斯这座城市，很容易让人想起《威尼斯商人》，还有那莎士比亚笔下的夏洛克。

余秋雨在一次进入威尼斯的时候，就遇到了一件有趣的事情。

　　最难忘的，是一个卖面具的威尼斯商人。
　　意大利的假面戏剧本是我研究的对象，也知道中心在威尼斯，因此那天在海边看到一个面具摊贩，便兴奋莫名，狠狠地欣赏一阵后便挑挑拣拣选出几副，问明了价钱准备付款。

摊贩主人已经年老，脸部轮廓分明，别有一份庄重。刚才我欣赏假面的时候他没有什么反应，甚至也没有向我点头，只是自顾自地把一具具假面拿下来，看来看去再挂上。当我从他刚刚挂上的假面中取下两具，他突然惊异地看了我一眼，没有说话。等我把全部选中的几具拿到他眼前，他终于笑着朝我点了点头，意思是："内行！"

正在这时，一个会说意大利语的朋友过来了，他问清我准备购买这几个假面，便转身与老人攀谈起来。老人一听他流利的意大利语很高兴，但听了几句，眼睛从我朋友的脸上移开，搁下原先准备包装的假面，去摆弄其他货品了。

我连忙问朋友怎么回事，朋友说，正在讨价还价，他不让步。我说，那就按照原来的价钱吧，并不贵。朋友还在犹豫，我就自己用英语与老人说。

但是，我一再说"照原价吧"，老人只轻轻说了一声"不"，便不再回头。

朋友说，这真是犟脾气。

但我知道真实的原因。老人是假面制作艺术家，刚才看我的挑选以为遇上了知音，一讨价还价，他因突然失望而伤心。是内行就应该看出价值，就应该由心灵沟通而产生敬重。

这便是依然流淌着罗马血液的意大利人。自己知道在做小买卖，做大做小无所谓，是贫是富也不经心，只想守住那一点自尊。职业的自尊，艺术的自尊，人格的自尊。（《行者无疆》，余秋雨，华艺出版社，2001年，第34～35页）

这样的理解已经不是一个人的问题，而是一种文化和一种行为模式：

去一家店，推门进去坐着一位老人，你看了几件货品后小心问了一句："能不能便宜一点？"他的回答是抬手一指，说："门在那里。"（同上，第35页）

请您出门，是一种礼貌的拒绝。

而您，可能还在犹豫要不要和他再说下去。

知礼，不是别的，知人是也。

二、从陌生人到朋友

朋友,还记得列车上那次颇有意思的邂逅吗?你和那位英国绅士的不期而遇,我想是不会轻易忘掉的吧。

我不知道你们后来的交往情况。因为当时我只是坐在同一车厢中的另一位不引人注目的旅客。但我却意外地观察到你们俩的那次有趣的交谈——虽然只有几句话,却又中断了。

我在西安东面的华山车站下车之后,心中还一直想着这件事。也许,你们俩耐不住旅途的寂寞,或者又有了新的交际需要,竟找到了新的话题,一路畅谈下去。从西安到北京,你们已经由陌生人变成熟人了。此后,你们还互相拜访,长期通信,互相帮助,建立了珍贵而稳定的朋友关系。

也许,情况并不像我预料的那样乐观,或由于语言的障碍,或由于心理上的某种顾虑,或由于各自找到了更适合的交谈对象,或由于别的什么原因,你们俩并没有继续交谈下去。这样,你们的关系就只限于几句简单的招呼,而没有得到进一步的发展。

其实,即便是国与国之间的正式交往,有些时候也需要经历从陌生人到熟人再到朋友这样一种私人式的交往过程。善于变陌生人为熟人,善于广交朋友,几乎可以说是建立和促进人类许多交往关系及外交活动的基础。我们敬爱的周恩来总理之所以能为中国革命的胜利和中国在世界事务中的作用作出杰出的贡献,除了别的因素之外,他本人杰出的社交才能几乎是连他的对手都十分佩服的呢!

好了，就让我们从每个人都有的一些亲身经历开始，来揭开人际交往的奥秘吧。

1. 人是聚会的动物：揭开人际交往的奥秘

有位美国留学生，酷爱中国诗歌，我们有过一些接触。想不到几年后，我到了美国，竟在校园里和他不期而遇，真是他乡遇故知，别提有多高兴啦！

此人很善交际。在邀我赴宴的路上，他像解释自己行为似地对我说："Man is a party animal.（人是聚会的动物。）"真看不出，这位披着长发的现代青年竟能像古希腊哲人亚里士多德那样给人下个哲学定义。他一语道破了人的交际本性。

其实，人和其他群居动物一样，按亚里士多德的说法，是有群聚的本能的。因为单个人在自然界中和人类群体中软弱无力，易受伤害，因此人必须结成群体才有力量在自然界中求得生存，在人类社会中谋求发展和幸福。

人在同他人和其他群体的交往中占据一定的地位并结成一定的关系，这就是人际关系。人际关系的建立和保持需要经历特定的阶段，并通过人际交往不断推进和进一步改善人际关系，使其向着合乎目的与合情合理的方向发展。

什么是人际交往呢？这似乎是一个无需专门讨论的问题。你可能会说，一个人从小到大谁不经历无数次的交往？不过我还要说，不错，可是除了成功的交往之外，还有许多失败的交往，这难道不值得我们来仔细想一想吗？

概括地说，所谓交往或交际，就是人与人之间以语言的和非语言的形式交流思想和情感，建立和保持关系的过程。

请回想一下小时候和你一起玩泥巴、捉迷藏的小伙伴，回想一下你和某一位小伙子或大姑娘谈恋爱的经过，或者回想一下你和哪一位外国朋友相识、交谈和书信来往的美好体验。你一定能从中概括出人际交往的一般特点：

1）交往始于自身：这不仅指交际是你自己生活中的一种需要和活动，而且说明只要你出现在任何有人类的地方，你就在以某种方式给别人留下印象，自觉或不自觉地向别人传达着什么——有关你自己的信息。可是切记，任何真正的交往都必须同时考虑自己和别人两个方面，而不能事事以自我为中心，否则交际过程便难以展开。

2）交际是相互的：你在交际中一面向他人传递信息，一面也在接收来自对方的信息——你既是听者又是说者，既是读者又是作者，这于对方也是一样。就像打乒乓球，双方都在交替地击球和接球，球就是信息。但不同的是，交际中的信息并非一成不变，而是在增殖，在变化。

3）交际体现和改变关系：交际不仅传达思想感情，而且体现和改变人与人的相互关系，其中包括改变交际者本人。谈恋爱的男女双方并不在于谁说和谁听，而是为了建立和发展关系。国与国之间交往也是如此。中美之间的乒乓外交并不是单纯的打球，而是促进了中美两国的正式建交。但也有例外情况，交际似乎只限于交流信息，双方并无别的意思。例如向陌生人问路，或购买商品时交谈。即便如此，若还记得初次见面，二次见面时就不再互不相识了。

4）交际过程不可逆转也不可重复：交际毕竟不同于放录像，可以从头重放也可以倒着放。交际犹如下棋，尽管可以重摆一盘，但绝不可能和前一局走得一模一样。交际中的语言重复是为了强调其他目的，而交际一旦失误，虽可以说"我收回"，事实上已无法收回。尽管后悔和道歉可以弥补自己的过失或取得对方的谅解，可是无法抹去既定的印象。换言之，成功的和失败的交际行为都会作为结果保留在双方的记忆中，并作为过程的一部分影响后面的交际行为。

5）交际行为依据一定的规则进行互动：无论把交际比作打球还是下棋，交际中的双方都依据一定的交际规则并根据各自的需要和目的采取一定的交际行为；这些行为之间既有连续性又与对方的行为形成互动关系，即互相影响。这些规则实际上并不说出来，而是通过交际行为体现出来，交际规则的掌握和运用便构成交际能力的重要部分。交际的成败在很大程度上即依赖于双方是否具有共同遵守的规则以及如何使用这些规则。当然还有其他因素在起作用。

上述一般特点在不同文化的交往中又有其特殊的性质，具体表现在以下几个方面：

首先，不同文化之间的交流和交往总是由一定的个人来承担的。这就要求个人要有较强的交际能力、广博的中外知识和积极慎重的交往态度。在当今世界趋于多元格局，各种力量竞争日益激烈的形势下，国际间的交往常常能为国内发展提供新的场所和机会。这就更加要求交际双方主动寻求机会，通过国际交往不断扩大活动领域，结识新的交往对象和贸易伙伴。闭关锁国或守株待兔都是不行的。

其次，语言、礼仪、民族心理等因素的不同，往往使得跨文化的人际交往殊感困难，而且容易引起不必要的误解，影响交际的正常进行。知己知彼，不仅要求交际者精通本国语和通晓外语（有时候翻译的效果是有限的），熟悉中外礼俗，掌握异族心理，而且要求双方有更多的相互理解和密切配合，才能保证交际过程的顺利进行。

再次，在同异族的交往中，人际关系以及影响人际关系的其他因素（如经济技术差距、文化教育差异、民族历史沿革等）所涉更多，更加复杂。人际关系和交际事件也更加难于控制，常常会出现始料未及的意外情况。这时，随机应变、因势利导、掌握主动就变得十分重要了。

最后，跨文化的交际由于时间、空间的不便和限制，或者由于交际任务本身的重要性质，往往举足轻重，必须态度严肃而慎重，计划周密并具有灵活性。交际中的疏忽和失误，看似微不足道，却能造成难以弥补的损失和影响，甚至导致关系恶化，引起武装冲突。因此，有人说，"战争是失败的外交"。

就人际交往的客观效果而言，跨文化交际兼有正面和负面的效果。从负面来说，跨文化交际的过程容易出现误解，交际者的心理焦虑往往会更强烈，处置不当时容易导致失败；但从正面来说，跨文化交际的吸引力和拒斥力都较强，潜在的互惠利益和交际成功的满足感也要强烈一些。对于有很高修养和很强交际能力的人来说，跨文化的交际几乎是事业成功的必要条件。例如，美国超验主义哲学的奠基人爱默生和英国历史学家卡莱尔的跨国友谊，维持了两个人共同交往的一生，留下了感人至深的交往书信，成为文学性书信的精品。他们二人也成为欧美跨文化交际的典范和世界文人伟大友谊的楷模。

说起书信体写作，不能不提一下孟德斯鸠的名作《波斯人札记》。这位法国启蒙运动的先锋人物，《法的精神》的作者，在他的这部书信体小说中，曾经借助黎伽之口，叙述了一个波斯人被巴黎人频频围观的窘境，以至于到了要脱掉本国服装，换上法国服装才算找到了保护色：

> 巴黎居民好奇到荒诞不经的程度。我初到巴黎，大家把我看成天上派来的人一样；男女老幼，无不以目睹为快。我一出门，大家都到窗口来看。我一到杜伊勒里，四周立刻围上一圈人……总之，从来没有人像我这样被人观看过。……这样的荣誉不能不令我为难，我不相信自己是个稀奇古怪的人……于是我决定脱下波斯服，穿上欧洲装……（《黄嘉略与早期法国汉学》，许明龙著，中华书局，2004年，第280页）

在现代国际事务中，国际组织是世界性人类事务的有效形式，而跨国公司是群体商业活动的理想效果。它们的建立和运营都需要很好的跨文化交际的能力和过程。此外，即使对于普通人的日常私人生活而言，跨文化的交际也会建立新的人际关系类型，改变人的生活道路和命运，甚至导致惊人的结果。

下面是一则关于现代跨国婚姻的体验和评论：

> 可惜二人婚后世界，不像经典的跨文化爱情故事那样，隔三岔五，彼此能给对方不同文化的温馨与惊奇。对彼此文化的尊重，也是知易行难，不知不觉地，他想以夷变夏，我想以夏变夷。反正在美国衣、住、行三方面，为经济条件所限，没有什么可变的，但在食上，由于胃口比心灵更有文化认同与忠诚性，于是我家的厨房就成了东西文化冲突的主战场。（载《世界日报》，瑞琦，2001.6.3）

虽然经历了种种曲折和酸甜苦辣，但结局和体验仍然是美好的：

> 平心而论，跨文化的婚姻很值得推广。因为可以透过日常生活的接触，彼此了解、适应。如果双方都有正确的态度、成熟的意愿、包容尊重、彼此接纳，并与之一块儿学习成长的话，生活里应是有很多情趣与惊奇，婚姻也将是加倍的幸福美满。那么"地球村"带给人们的，将是一个平等祥和的美丽新世界。（《嫁给洋鬼子》，婀姗，载《世界日报》，2001.6.18）

跨国婚姻虽然是热门话题，但不是人人都能经历的。然而重要的是，必须认识到，人际关系无论多么复杂多变，都要经历一定的逻辑历程，只不过跨文化的交往更加复杂、更加难以把握而已。不过，这一逻辑历程，在个人交往水平上，其阶段性更加明显可分一些罢了。

一般要包括注意、吸引、适应、依附、漠视、冷淡、疏远、分离等阶段，从而形成一个完整的全过程。

下面，我们试以一对青年男女交往中的一段小插曲为例，以小见大，来分析人际关系的一般逻辑历程。

表 3 中的关系历程所包括的若干步骤可以略加组织，概括为三大主要阶段，即发展阶段、稳定阶段、恶化阶段。下面分别阐述不同文化交往中人际关系发展变化的基本情况。

表 3   人际关系发展的一般历程

阶 段	图 示	言语与非言语交流的实例
注意		听到或看到对方："嗨，你好！"
吸引		面带微笑，表情积极，目光接触，身体前倾，"你笑得真甜！"
适应		伴随着非言语交流的微妙变化。"以前，我不喜欢慢吞吞地走路，现在，我已爱这样走了。"
依附		坐在一起，站在一起，增加抚摸。"让我们结婚吧。"
漠视		不听或不注意对方，"我没有听见你在说什么，你是对我说话吗？"
冷淡		没有面部表情和身体动作。"我可不在乎你干些什么。"
疏远		不管对方发出什么信息，表情始终冷漠，身体姿势不变，要有，就与过去显然不同。"我才不想做可爱的驯服小姐呢。"
分离		没有非言语的交流，面部表情消极。无论是坐着还是站着，双方都相隔很远。没有抚摸和身体接触。"我想和你分手——我又有了新交。"

*资料来源：《如何交际》，朱迪·C·皮尔逊著，徐金武等译，湖南人民出版社，1987年，第 61～62 页。

　　发展阶段包括人际交往中的注意、吸引、适应和依附。在个人水平上，跨文化交际同一般交际一样，双方的注意和吸引均以对方进入一定的注意视野和感知范围为条件，对外国人由于肤色、发式、衣着、姿态等外观因素的不同，更容易引起人们的注意，也更具吸引力。但是，注意和吸引并不意味着一定进入交往过程。这是因为人们对外国人的感知往往从本族文化的标准出发，产生陌生感和戒备心理，从而阻碍着不同民族间的主动接触和有效交流。事实上，许多人只不过是看一看而已。只有当吸引力大大超过戒备防范心理强度的时候，或者主动的一方甚至双方都意识到有交流之绝对必要的时候，交际才能立即开始。在群体交际水平上——即个人代表本族群体或某一组织进行交际的时候，人际注意和吸引有着更加间接和隐蔽的性质，例如，经济的或政治的原因常常在背后起作用，而个人关系及其相互吸引则只具有表面因素的性质。

　　地域的接近和文化的相似性对于跨文化的吸引和接触有重要影响。中国和日本的交往就有此种性质。另外，需要的互补性和态度的报答性也不可忽视。前者指的是一方所短恰好是另一方所长（如经济实力与技术发展所造成的差距），通过交际可以起到取长补短的流通作用（如以劳务出口和资源出口为代价换取资金和技术），因此产生互惠效应。后者指的是一方主动表示友好则会换来另一方的友好报答，如尊重对方领土主权完整和两国政府、两个政党立场的接近。随着接触的频繁，双方的友谊会逐渐加深。在个人层次上情感因素会更加突出。

　　交际中的适应和依附，意味着双方根据实际需要对自己的社交行为作出相应的改变和调节。这一方面是双方主动适应的结果，另一方面则是相互接触和交往中彼此发生影响所致。事实上，交际双方的行为改变既有趋同的方向，又保持着各自典型行为方式的基本特色不变，但与此同时，随着交往的深入，可能改变原有的印象和评价。到了双方都有了共同的语言和一致的目标，有了共同的利害关系并向着同一目标采取行动，就可以说有了相互间的依附关系。即便如此，一定的独立性对于双方仍是很重要的。这就是美国前总统尼克松在对周恩来总理答谢宴会上所说的："让我们在今后的五天里一起开始一次长征吧，不是在一起迈步，而是在不同的道路上向同一目标前进。"

交际双方的相互依附标志着关系发展的定型化，此后的进一步发展属于相对稳定中的发展和变化。定型化的标志是人际关系或群体关系的正式确立，如朋友关系的确立、夫妇关系的认可，或者国家之间的外交关系的建立、公司之间的业务合同的签订等。关系的稳定一般是公开的，但也有不公开的情况，不过必须为交际双方共同承认。关系的稳定有三层意思：（1）共同利益的一致（但未必明说，而是代之以"友谊"一类道德化说法）；（2）关系性质的暂时稳定（在外交上有着正式明确的文献说明，如"公报"）；（3）双方的言行准则在特定的关系限度内共同遵守、互相制约或监督执行（但也有潜在的变异和特例）。

实现关系稳定状态的机制有三种：（1）回避，即在发现对方有某些无伤大局的出格行为时，为了不致于影响现有的关系状态，故意采取佯装不知和不予理睬的态度。（2）疏导，当发现对方的"不良"行为不能置之不理，而必须采取某种措施才能使交往回到正轨上时，予以必要的提醒、劝导或警告，有时可通过第三方予以调停。（3）平衡，在一方或双方发现对方有偏离行为，危及既定利益和关系时，通过交谈、谈判或协商途径提出新的规约条件，往往是一方或双方作出某些让步，达成一定范围内的妥协，以便使关系继续发展或维持在原有水平上而不致于迅速恶化。

处于相对静止状态的关系可能向好的和坏的两个方面继续发展，并使之愈加复杂化。其能持续的时间长短取决于交际双方的初衷、合作任务的完成情况，以及交际艺术和水平的高下等因素，但尤其取决于双方关系的性质如何，以及影响这一基本性质稳定或变化的主客观条件。

俗话说，"天下没有不散的宴席"。在人际交往中，除了家庭关系、师徒或师生关系等这类长期的甚至是终生的依附关系外，许多关系都处于变动之中，在不知不觉中埋下了恶化的种子。在长期或短期的稳定之后，良好关系也会由一方或双方的漠视、冷淡逐渐走向其反面，最终导致双方互相疏远以至于分离。漠视和冷淡的产生可能有多种原因：一方或双方对现有关系的不满意或不满足，而又无法或无意保持现状或进一步发展；一方或双方对于对方产生不利的看法或不好的印象，却又不愿或不能使其向合意的方向改变；一方或双方受到新的交际对象的吸引所产生的新的与之不能共存的交际需要；另外，第三者的中途插入或从中挑拨，原有关系为舆论或社会所不容等，都可能引起关系的冷淡。至于活动地域或交际圈子的变化，交通通信的不便或阻碍，也会逐渐减少双方的来往，而发生冷漠和隔离，却未必一定要经过恶化阶段才能终止原有关系。这种情况，在跨文化的个人交往中可能更加普遍，即使在文化内的交往中也会时常发生。

态度的冷漠和关系的冷淡无论是起于一方还是由双方同时开始，最终将为双方所意识到。或许在经过必要的努力挽救证明无补于事之后，再产生疏远以致于完全分离。在疏远过程中若一方不愿放弃并表现出依附对方，可能有助于关系由紧张转为缓和甚至好转，但是也有可能会引起对方反感，反而加速关系的恶化。由于双方在关系亲密时，情感投入很多，当意识到分离已不可避免，往往会使一方或双方产生焦虑和痛苦。而在群体水平的事务性交际中断之前，则倾向于预计关系破裂之后所造成的严重后果，并提前采取措施减少损失或准备承担相应的义务和责任。

关系的恶化和破裂有时会突如其来、出乎意料，而且常常以加速度直线跌落，但是责任的分担和利益的归属则需要一段时间和精力来集中处理。这种情况甚至会动摇当事人断交的决心，从而使心理上和事态处理上陷入双重困境。这时，需要提醒的是：一种关系的结束，如同它的开始一样，有好和坏两种性质。原因不明的冷淡和恶化可能导致草率地作出结束关系的决定，从而使交际双方蒙受不必要的损失。但也有相反的情况：当断不断的暧昧关系有时候比当机立断可能会更加有害。

朋友，在耐着性子读完了这些大段的抽象描述之后，你不免要问：不错，了解这些是有益的，可是又怎么理解"人是聚会的动物"这一核心命题呢？对此，我只能简单地回答你：人际交往的一切奥秘可以归结为一句话，那就是：为了避免物极必反，必须争取善始善终。

人，又是复杂的存在。

2. 情境、角色与互动：以你个人的名义

国际交往中有些事情是十分复杂的，但一开始往往并不会显出其复杂性。

著名的"三巨头会议"就是这样。

1943 年 11 月 28 日至 12 月 1 日，正值二次世界大战处于关键时刻，苏、美、英三国政府首脑斯大林、罗斯福、丘吉尔在伊朗首都德黑兰举行了重要会议。会议讨论了盟军消灭德国武装力量的各项计划以及安排战后和平与合作等问题。三方一致同意：（1）由盟国分区占领战败后的德国；（2）将德国东部一些地区并入波兰；（3）苏联在适当时候参加对日作战。会议通过了关于 1944 年 5 月在法国开辟第二战场的决议，并于会后发表了《德黑兰宣言》和《关于伊朗的宣言》。

德黑兰会议第一次全体会议于 28 日下午 4 点在苏联大使馆的会议室内举行。当时的天气已很暖和，可是室内的布置却十分庄重厚实，显得有点儿沉闷。宽敞的屋子里摆着一张铺有绿色厚呢的大圆桌。每国各 4 人围坐在圆桌周围（除了三巨头还有随行官员和翻译）。担任会

议室警卫任务的是苏联秘密警察。

会议正式开始前，英国首相丘吉尔和苏军元帅斯大林共同推举美国总统罗斯福主持第一次会议，因为罗斯福是三巨头中唯一的国家元首。

罗斯福总统的开场白简练而轻松，因为他在三人中最年轻，便以美国人的随和开口说，他向比他年长的斯大林和丘吉尔表示欢迎。丘吉尔最善辞令且气度非凡，一开口便说"在我们的手中正掌握着人类的前途"。注重实际的斯大林则以主人身份先欢迎了宾客，然后说："现在让我们来谈正经工作吧！"

这就是当时的会议情况，如同一切交际活动一样，其中包括三个主要因素。

（1）交际情境：指特定的交际活动所发生的时间、地点，可以包括宏观和微观两个方面。前者是二次大战的关键时刻 1943 年和会议地点伊朗首都德黑兰，后者则限制在此时此地，即下午 4 点和苏联大使馆会议室。时间与空间的总和构成特定的交际场合的非人际方面。

（2）交际角色：即参加交际活动的双方或诸方，此处是三巨头及其随行人员，他们各自代表自己国家的政府和人民。狭义而言，则指三个人的具体情况及其情境暗示下的特殊关系，如年龄、职务等交际地位身份。具体的交际活动就是在以他们三人为首的三方之间进行的。这也是交际场合的一个极为重要的部分。

（3）角色互动：特定交际情境与场合内各方交际者，以其特有的角色，通过言语行为与非言语行为来表达和表现自己，并了解和作用于他人的交互作用过程。角色互动是双向的，其结果是相互影响的。在这次会议开头三巨头各自的开场白，既是后继互动的开始，其本身也是互动过程。

上述三个方面是如何交互作用的呢？尤其是三巨头为首的三方之间是如何互动的呢？下面以三个小插曲为例作简要提示和说明。

[A] 当晚，罗斯福请他的宾客吃菲律宾厨师做的牛排和烤土豆，并亲自调了美国典型的鸡尾酒招待宾客。[美方设宴]

会谈中，罗斯福提出进入波罗的海的问题。但由于翻译错误，使斯大林误解为总统指的是波罗的海国家，并据以作出原则上的反应。[误译与误解]

这一反应直接作用于提出问题的罗斯福。他欲言又止，豆大的汗珠从脸上掉落下来，赶紧用一只手哆嗦地按住脑门。[紧张与不适]

美国官员霍普金斯见状大惊，叫人用轮椅把总统推回房间请白宫医生检查。回来说总统是消化不良，于是大家松了口气。[退出与遮掩]

罗斯福退出后，丘吉尔借机提出波兰问题，巧妙地迎合了斯大林，并使英苏关系暂未激化。[巧妙迎合]

[B] 第二次会议前几小时，举行军事首脑会议，苏美两方赞成于1944年实施"霸王"计划，而英国则先是迟疑，后来又以地中海作战为由，主张可能推迟攻入法国的日期。[两种态度]

会上，斯大林竭力要求在5月份实施"霸王"计划。他说："我不在乎日子定在5月1日、15日、或者20日，但重要的是得有个确切日期。"[竭力坚持，主张明确]

丘吉尔重新点燃雪茄烟，然后说，英国政府也想早点开始实施"霸王"计划，但不愿因避免推迟一两个月而错过在地中海采取军事行动的大好时机。并说明双方的观点实际上并非相距甚远。[含糊其辞，消极抵抗]

丘吉尔说完以后，斯大林凑过身子说，他想提一个考虑得不太周到的问题，"英国人对于'霸王'计划是真有信心，还是只在口头上说说，意在安慰俄国人呢？"[怀疑动机，提出质疑]

丘吉尔叼着雪茄烟，怒目而视，拒绝作出承诺。会议不欢而散。[拒不承诺，交际中断]

[C] 当晚由俄国人设宴，食品丰盛。斯大林只喝少量伏特加酒，

他更喜欢家乡产的葡萄酒。身后站一魁梧的俄国人，着侍者服装。[俄式宴会]

宴毕，霍普金斯到英国大使馆去见丘吉尔。说明美国早在几个月前就确定横渡英吉利海峡突击作战的想法，且难以改变。[美方表态与私下疏通]

第二天一早，英国宣布没有异议。"霸王"计划的争议便告解决。[英方态度改变，三方达成协议]

此后，丘吉尔设法诱使斯大林谈论远东问题，但苏方不愿谈论此问题。[诱使无效]

会议结束后，由于一个偶然的机会，翻译发现那位俄国"侍者头儿"身穿少将制服。[会议警卫的真实身份及其作用]

朋友，在仔细考查了三巨头会议上的具体情境、各方角色及其互动情况之后，你一定能对下列问题作出自己的回答：

（1）会议的地点为何选择在德黑兰？

（2）会议召开的时间是根据什么确定的？

（3）具体地点设在苏联大使馆对会议有何影响？对哪一方更为有利？会场布置说明了什么？

（4）俄国警卫为何要假扮侍者在会议室出现？

（5）为什么要三方轮流主持会议？

（6）美式宴会与俄式宴会有何不同？

（7）翻译在会议上起何种作用？

（8）三巨头在会议上的言行是否都很得体？有何补救措施？

（9）三巨头的个人交际风格和性格有何不同？

（10）具体的交际情境和三国的不同地位与关系如何影响着三方的态度和表现？

像三巨头会议这样十分正式的最高级国际会晤当然有其非常重大的意义和极其正式的性质。其实，在一般的跨文化交往中也会遇到与之类似的情况，并需要交际者千方百计取得会谈的成功。这里只从三个方面来说明国际交往中要处理好的几对关系。

1）交际角色的对等与双方地位的不平等

俗话说，"弱国无外交"，说的就是这种情况。

人们都还记得，鸦片战争以后的清政府由于内忧外患，在同西方列强的外交谈判中屡次失利，致使中国被迫接受了一系列不平等条约，蒙受了惨重的损失。

孙中山所讲的一件事深刻地说明了个人地位与国家强弱之间的关系。

南洋爪哇岛上有一位华侨富翁，一天下午去朋友家聊天，一谈就谈到深夜。他本想回家，可是一摸口袋，才发现自己忘了带夜间通行证。按照当地法令，华人夜间出门要是没带夜间通行证，一经荷兰巡捕查获，轻则受罚款，重则坐班房。这分明是对华人的歧视。可是他又必须回家。怎么办呢？

朋友们商量良久，仍是一筹莫展。忽然，富翁看到对面有一家日本妓院，便有了主意。只见他向朋友告别，走出门去，花一元钱叫了个日本妓女，二人结伴而行，顺利地通过了荷兰警察的设卡——连盘问都不盘问。为什么呢？

因为巡警见一华侨与日本妓女同行，以为是日本人的客人，故未加盘问。

孙中山感慨地说："日本妓女虽穷，但她的祖国却很强，所以她的国际地位高，行动也就自由。这个中国人虽然很富，他的祖国却不强，所以连走路都不自由，地位还不如日本一个穷妓女。"

国家穷富与地位的不平等是否就意味着交际者个人身份的不平等呢？或者说，交际者是否能够通过自己的外交艺术，来实现其平等的交际呢？

晏子使楚的故事，说明了外交人员的积极努力及其可能取得的成就。

　　战国时的齐国派遣晏子出使楚国。骄横的楚王见晏子身体矮小，其貌不扬，便恶意嘲笑："齐国难道就没有个像样的人了吗？"晏子从容地回答："齐国首都临淄大街上的行人，只要一挥起衣袖，就把太阳遮住了，流的汗水像下雨一样，人们肩碰着肩，脚尖碰着脚跟，怎么会没有人呢？""既然有这么多人，为什么要派你这样的人为使臣呢？"楚王问道。

　　晏子巧妙地答道："是呀，我是齐国最没有能耐的人。不过，我们的齐王委任使臣是有准则的。最有本事的人就让他到最贤明的国君那里去，最没有本事的，就派往最无能的国君那里去。正因为我最没有本事，才被派到您的楚国来的。"

　　楚王面红耳赤，无言以对。

　　就这样，机警的外交家以自己高超的外交才能挫败了对方的傲慢，为自己争得了合法而平等的外交身份和发言权。

　　在和外国人交往中，有的人以为自己国家还不富裕，就抱有自卑心理，在外国人面前低三下四，这是要不得的。当然，夜郎自大，目中无人，不尊重对方，也是不足取的。

　　即便是受到不公正的待遇，却能够镇定自若，改变不利局面，争得平等的身份和权利，这是国际交往中首先要解决的重要问题。

　　2）坚持原则，分清是非与掌握分寸，适可而止

　　中国已故总理周恩来具有杰出的外交才能和革命家的伟大气度。他的许多事迹发人深省，催人奋进。下面是周恩来与日本人的交锋。

　　1972 年 9 月 25 日夜，首都北京人民大会堂宴会厅灯火辉煌，迎宾乐曲悦耳悠扬，中外来宾济济一堂。周恩来总理正在举行宴会，欢迎日本内阁总理大臣田中角荣访华。

　　田中角荣在致答辞中谈到日本侵华战争时说："过去几十年间，日中关系经历了不幸的过程。期间我国给中国国民添了很大的麻烦，我对此再次表示深切的反省之意……"

周总理听罢昂然站起身，声调铿锵地反问道："你对日本对中国造成的损害怎么理解？"不等对方答话，又以确凿的事实列举了日本的侵华暴行，然后以严肃地口气尖锐地问道："对这些你是怎么想的？"

田中回答说："都是事实，没有反驳的余地。"又说："我是诚心诚意地如实表达了自己的赔罪的心情。这是不加修饰的，很自然地发自日本人内心的声音。给你们添了麻烦的是我们。我认为前来赔罪是理所应当的，所以，尽管自民党有人反对，我还是来了北京。"

听到这里，周总理才"嗯"了一声，话题一转说："明白了。我们现在不去抓话把儿论是非了，还有比话把儿更重要的问题需要我们马上讨论。"

这就是周恩来的外交艺术：既勇于坚持原则，分清是非，又善于从全局着眼，适可而止。

坚持原则的基础是分清是非，把握话题到适当的程度便是成功。二者都需要针对不同的对象和情况，采取不同的策略，才会有效。

周恩来在促使日本内阁总理大臣田中角荣诚恳表态时，用的是单刀直入的询问，而在和美国国务卿基辛格的谈判中，却是经过三次迂回曲折的周旋才回到谈判的主题。基辛格呢？在面对中国政府在台湾问题上坚决反对制造"两个中国"、"一中一台"等阴谋的强大攻势下，则采取了较为圆滑的又能使中美双方都能接受的外交措辞，如"海峡两岸的中国人都认为……"，同样表现了高超的外交策略和谈判艺术。

3）"善败者不亡"与胜利者的风度

外交论辩上的唇枪舌剑与战场上的刀兵相搏时常交替进行，但两者都有类似的道德准则，在前者是"士可杀不可辱"，在后者则是给对方以台阶下和保住面子。

前面讲到的三巨头会议上有两个例子。苏美交谈中由于翻译出错致使关系骤然紧张，罗斯福总统感到不适即刻离场。霍普金斯转身回来时却说总统是"消化不良"所致。这就为美国一方保住了面子。英国首相丘吉尔面对斯大林的语气强硬的发问怒目而视不予回答，会后又经过美方的疏通，终于在第二天的会议上表示无异议，这既可看作是妥协的延迟，也可看作是为英方保全面子，甚至可看作是给调解者美国人以面子。

败者尚且要设法保全面子，胜者岂能不讲究一点儿宽容的大将风度？

1922 年，土耳其军队在凯末尔率领下一举把占领者希腊人逐出领土。当两位希腊败军之将前来凯末尔总部投降时，竟遭到土耳其士兵的当众辱骂。凯末尔却走过去握住他们的手说："请坐，两位先生。你们一定走累了。"在双方讨论了投降的有关细节之后，凯末尔以宽慰的语气对两位说："战争这种东西，最好的人有时也会打败仗。"

毛泽东的胜者风度却表现出另一种特色，并收到了更加长远的效果。

1954 年的一天，毛泽东在中南海宴请前国民党长春守将郑洞国，这时他已是新中国的国防委员会委员了。可在 1948 年 10 月，我军攻克长春时他却拒不投降，直到攻下长春他才承认自己的失败。此时，他当然是百感交集，心绪不宁了。

毛泽东主席却主动迎上去握住郑洞国的手，说："郑洞国，郑洞国，你这个名字好响亮啊！"

郑洞国羞愧难当，话不成语："主席，我……"

主席说："坐下，坐下去！这下，我们终于同坐在一条凳子上了么！"态度诚恳，语言风趣，却是言中另有所指。

毛泽东又对郑说："你还是对人民有功的么！"接着又回忆起当时的情况以及郑洞国回电蒋介石使六十军免遭飞机轰炸的事。主席还以自己接触工农的亲身体验说明立场的转变是不容易但又是可能的，使这位老乡深为感动。

"听君一席话，胜读十年书。"

郑洞国当即表示，愿以有生之年报效祖国。"如果台湾当局愿意和谈，我自愿报名，在去台湾和谈的名册上写上我郑洞国的名字。"

朋友，在读到这么多古今中外的交际事例之后，你对于跨文化交际中的情境角色与互动一定有了更加深刻的理解。与此同时，对于交往中一般情况下几对关系的处理也一定有了自己独特的体验和看法。不仅国际间的重大会晤如此，个人之间的跨文化交际也可以从中得到借鉴，从而形成你自己的一套。在下面两节，我们将着重讨论与外国人进行私人交往的问题。

3. 让关系插上体验的翅膀：陌生人、熟人、朋友

朋友，你一定有过这样的经历：当夕阳西下之时，你披着一身霞光，走出工厂或学校，骑着自行车行进在回家的路上。一天工作的疲劳在华灯初上的街景中渐渐地消失了。马路两旁的树木和高楼，连同匆匆行进在街上的行人，都没有引起你多少注意。你的心思都放在了温暖熟悉的家庭上，想快一点儿回到亲人的身旁。

忽然，一个似曾相识的身影从对面走来，你刚准备打招呼，却发现那张微笑的脸并不熟悉，你于是也只是笑笑就过去了。这其实并不奇怪，你是在陌生人与熟人中间作出判断。假如那真的是一位邻居或过去曾在一个单位工作过的同事，你就会用更加热情的方式向对方打招呼——挥一下手，唤一声名字，甚至下车寒暄几句，然后再各奔东西。要是一位多年不见的朋友呢？你一定会主动下车，握手言欢，问问近况，多半还要邀到家里好好地叙谈一番，看看要不要帮忙，才算尽了朋友之道。这样说来，你对于一般熟人和朋友自然是表现出不同程度的关注和热情了。

从道理上来说，从陌生人到朋友，自然是有不同的亲疏关系的。

墨子提倡"兼爱"，即无差别地爱一切人。孔子主张"仁"，却是根据不同的关系给予不同程度的爱和关照。两种观点，虽然出于不同的观察角度，而且也有人类存在层次的基本区别，体现出人类交往境界的分别，但作为理论主张，均有其道理。

人在社会上必然是有不同的人际关系的：不曾相识的陌生人；不失礼貌的点头之交；举手可帮的服务对象；公事公办的业务伙伴；长期共事的合作者；遇事可求的互惠者；常来常往的私人朋友；无话不谈的倾心知己；相互爱慕的恋爱对象；相依为命的终身伴侣；生我养我的父母；手足之情的兄妹等。其中有些关系是稳定不变的，甚至是不可选择的，如家庭关系、师生关系；有些则是可以选择和发展变化的，如恋爱关系到婚姻关系，然后又归于稳定不变或基本不变。有些是公众关系，如演员与观众、导游与游客；有些是市场关系，如店员与顾客、医生与患者——这些一般是临时的和短期的；有些则是长期的、私人的，如同学中的志同道合者、社会上的知心朋友等。

诚然，我们人类生活在不同的社会里，亲情在其中是不可忽略的，甚至关乎我们的幸福感，但是，难道对陌生人就不应该给予起码的关照吗？正是在对待陌生人的态度上，反映出一个社会文明之光温暖人心的程度，和人类基本的爱的感情的辐射广度，也就在这里，在对待陌生人的态度上，反映出不同的文化在不同程度和层次上的人性关照。

《中国翻译》2011 年第三期刊登了薛勇的一篇散文《对陌生人的责任》，英文标题翻译为"A World Without Strangers"（一个没有陌生人的社会），确实是发人深思。文章写在美国的万圣节，华人作者带着自己的女儿去并不熟悉的邻居家，受到陌生人的热情接待的故事。在最后的议论部分，作者有感而发，写下了这样一些文字：

　　许多美国人曾评价东亚社会中的人不懂对陌生者的责任。我在国内是见过见死不救的情景。我自己也曾经是那些见死不救的人中的一员。在日本，我也见过一个人出了交通事故，围观者人山人海，但在那里救助的，竟是两个不懂日文的外国游客。我们读经，《孟子》中也讲见人落井会本能地伸手救助。但我们做起事来就不一样。我们是个亲情的社会，却不是陌生人的社会。我们缺乏陌生人之间的信任和友爱。不能不说，我们不是像我女儿这样长大的。我们过去的生活，没有培养我们这方面的本能。

"爱你的邻人。"这样的训导，几乎在各种文化中都有。但是，这样的精神在不同社会中的存在形态却有天壤之别。我们面临的挑战不是如何记住这样的话，而是如何使之成为我们的生存状态。

在下面的章节中，我们的讨论将主要涉及陌生人、熟人和朋友这三种关系，而以最后一种关系作为归宿。其实，从陌生人到熟人再到朋友，差不多是一个连续过程中几个前后相继的发展阶段，但就某一特定的关系而言，它停留在人生经验的某一阶段又可以视为这一连续过程中某一阶段的"固着"状态。

1）扩大活动领域，变陌生人为熟人

什么是陌生人？你一定会说，这还用问吗？陌生人不就是不认识的人吗？是的，但也不完全是。因为陌生人并不包括你认识的人以外的所有人，而是在具体活动场所已为你所注意到的人。

假如你在火车站或机场等候时，有半个小时的时间你无法打发，那么，你很可能要环顾周围过往的或坐在附近的旅客，然后从中找一位你从未见过面的陌生人闲聊一会儿。

假如你是一位品貌端庄、穿着入时的美妙女子，你也许会被一位热心的画家拦住，求你是否能给一点儿时间，让他这位陌生人为你画一张速写，以作为他创作的素材。

假如你是一位涉外公司的经理或推销员，你可能只是偶然碰到一位你感兴趣的外国产品的主人，就想向他打听一下：他是在哪里买到的。你当然也可以四处打听，然后再让熟人或朋友领着你特意去登门拜访你从未见过面的人，以便达到同样的目的。在上述任何一种情况下，你都注定要和陌生人打交道。

人们和陌生人之间的交际一般具有下列特点：

a. 礼貌热情而又比较严肃拘谨，且比较敏感。

b. 交谈一般是泛泛之谈，不冒然叩问。

c. 双方涉及私事较少，互动不够频繁。

d. 保持距离，掌握时间，适时结束交谈。

一般说来，中国人比较重视熟人关系，陌生人似乎并不在人们的注意之列。甚至有的人对于陌生人的需要不予起码的关注，对陌生人比较没有礼貌。这在跨文化的交际中至少会构成一定的心理障碍。有些人不善于交际，在陌生人面前很不自然，更不用说在外国人面前了。西方人说中国人腼腆，或许不无道理吧！

但也有相反的情况。有的人有和外国人交往的迫切愿望，便不顾场合不加选择不注意分寸地去接近，结果往往事与愿违。也有的人在打招呼以后不知谈什么好，或者只是一个劲地向外国人提问题，自己则很少开口。这就容易造成交际的单向流通，也容易使关系冷淡，甚至使交际中断。

还有一种情况，可能纯粹是出于好奇，有的人对外国人围观、哄闹。有的人则可能是出于好胜，对外国人的友好和善意不屑一顾，甚至出言不逊，不讲究起码的礼貌和道德。这是要不得的。

同外国人首次接触要注意下列问题：

（1）要让自己具有吸引力——增强人际吸引。

（2）你和对方一般儿高——注意关系的对等。

（3）不要因事小而不为——举手之劳可帮人。

（4）寻找共同的话题和任务——找到突破点。

（5）注意礼貌与表达清楚——取得小的成功。

（6）适可而止以便继续交往——要有发展眼光。

2）增加接触次数，变熟人为朋友

俗话说："一回生，二回熟。"与外国人交往也是如此。从陌生人到熟人或许不要太长的时间，因为陌生人毕竟是一个短暂的概念；而从熟人到朋友，却需要较为频繁的交际互动，并要逾越一个个心理上的防线，才能逐渐建立关系，结下双方都承认并珍惜的友谊。

何为熟人？熟人就是业已认识但仍不能算作朋友的人。熟人涉及的范围很广，如一般关系的同学、同事、同行、邻居、老师。除了这些较为稳定的关系之外，还有随机的关系，如每周一次的舞伴、俱乐部成员、经常光顾的商店和邮局职员。一般说来，熟人是有情境性的，双方接触的侧面不多，了解也不深刻。你和外国人交往，大部分属于熟人的范围。

你见了熟人，总要打一声招呼，寒暄几句，交流一下近况，以示相互间的注意和关心。否则，就有可能倒退到陌生人阶段，尽管你们已经认识。和熟人交谈，内容可以广泛，气氛比较随和，交际距离缩短，心理依赖和安全感都在增加。熟人之间的自我表露，带有较多的个人色彩，有些在陌生人、朋友中不方便的话题，甚至也可以在熟人中间谈论，但不宜作过分的深入交谈。

不同的文化在陌生人、熟人和朋友之间可能有不同的区分标准。一般而言，中国人十分严格地区分陌生人和熟人，所谓"人熟好办事"，但熟人与朋友之间的区分似乎并不明显，如比较容易受人影响，被人说服，对熟人不适当地讲只有朋友才可谈论的私事。相反，欧美白人尤其是美国人，即使对于素不相识的人都给予起码的人的尊重和尽可能的方便和帮助。但从熟人进入朋友圈子则不那么容易，故不免使人觉得打交道容易，交朋友难。

英国作家毛姆讲了他在美国的交友经验，可供我们参考。

　　旅美外国人一定都注意到了一件事：尽管多数美国人都认识一大群人，但很少有人真有朋友。他们有业务伙伴，有打桥牌的牌友，玩高尔夫球的球伴，有一起钓鱼、打猎、驾帆船的哥们儿，有一块儿觥筹交错的酒友，有一同战斗的战友，但仅此而已。我在美国碰到的那么多人里，只有两位是紧密的朋友。他们会相约一同去吃晚餐，然后闲聊上一晚，因为有对方做伴他俩都感到很快乐。他们彼此之间没有秘密，两人都对对方所关心的事感兴趣，就因为那是对方所关心的。说来，考虑到美国人大多喜欢社交，热情友好，这种现象就很奇怪了。我能想到的解释就是美国人的生活节奏实在太快了，没几个人有时间去培养友谊。要把"认识的人"变成"至交"是需要闲暇的。（《作家笔记》，毛姆著，陈德志、陈星译，南京大学出版社，2011年，第358页）

　　这里的"认识的人"就是熟人，而"至交"，比一般的朋友要更亲密一些。

　　从陌生人到朋友，至少要有相隔不长的几次会面，并能保持联系，才有可能不使熟人只限于熟人关系。事实上，熟人之间的关系如何，在某种意义上反映了某一社会文化中人际关系良好与否。在团体内部的熟人关系如何，标志着该团体凝聚力的强弱。西方文化由于社会化程度较高，生活设施和娱乐活动往往在社会上提供。加之人们严格区分人我关系，尤其具有明确的财产感、义务感、责任感，就使得一般的熟人关系相对而言比较单纯，涉足不深，打交道也就比较容易。在我国，熟人之间的帮忙有时会打破应有的个人界限，甚至公私不分，假公济私以徇人情，为某些不正之风开了方便之门。这一点在和外国人打交道时要十分注意，因为一般说来，他们有较强烈的自我意识和公民意识。

　　在和熟人打交道的过程中，为了保证人际交往的途径畅通，你也许会用下列方法：

a. 改变你的装束和外貌，使你在对方眼里始终具有新鲜感和吸引力。女子更善于此道，但对男子也会有效。

b. 改变交谈的内容和方式，使相互了解达到多侧面、多途径。如回忆童年、谈论艺术等。这样不会使人感到和你在一起没有意思。

c. 改换交往的环境和情景，使双方在交往中获得新的感受和经验，不要老待在室内，可到公园、野外去边玩边熟悉，或在餐桌茶座上边吃边谈。

d. 改变惯常的见面时间，适当延长或缩短持续时间，如不一定总在中午下班后会面，可在周日清晨、周三黄昏或夜间相聚，使单调的交际程序发生微妙的感觉变化和心理体验。

e. 改变表达友谊的方式，使相互感情依赖在无形中发生质的变化，如打电话、写信、献花、跳舞等。但要注意把握时机和分寸，过犹不及，切勿过多打扰或失之草率。

f. 改变活动的内容和方式，使双方在具体的完成任务的过程中，在自然而然的互动关系中学会适应和配合。如听音乐会、打球、玩桥牌、出席他人婚礼等。

g. 改变或拓宽原有的交际圈子，不要只限于单独的个人交往，也不要只限于具体的工作单位和职业性质。如介绍新朋友、拜访老师或家长、参加必要的公众活动等。这样可以在新的社会关系和广泛的社交活动中不断增进友谊。

3）加深相互了解，保持朋友和友谊

人是感情动物。古往今来的名人、哲人和普通人对于朋友和友谊有多少切身体会的赞美之辞，又有过多少深入的探索和独特的见解！无论是中国人还是外国人，都十分重视和珍视友谊，因为这种崇高的关系和体验往往给人生以情感寄托，给行动决策以关注和参考，在困难时给人以力量和希望，在孤独时使人从中获得安全感、依恋感和归宿感。

为了朋友，你必须注重同陌生人和熟人的交往，因为后者是前者的开端、先导和背景。朋友之不同于熟人有两点：第一，朋友是经过选择和考验的熟人，第二，朋友是相互信任和可依赖的人。朋友是这样一种关系，它在自由选择的基础上自然而然地发展起来，得到双方承认并以积极态度对待之。

我国古代贤哲十分注重朋友的选择和鉴别。孔子的《论语·季氏篇》曰："益者三友，损者三友。友直、友谅、友多闻，益矣。友便辟，友善柔，友便候，损矣。"译成今天的白话就是："有益的朋友有三种，有害的朋友也有三种。同正直的人交朋友，同诚实的人交朋友，同见识广博的人交朋友，这是有益的。同惯于走邪道的人交朋友，同善于阿谀奉承的人交朋友，同惯于花言巧语的人交朋友，这是有害的。"除了"三友"，孔子还有所谓"三乐"，指喜好以礼乐节制自己，说人长处，多交贤德朋友为有益之乐。态度骄傲，喜好闲游，大吃大喝，则是有害的习惯，必须克服。这些古训，加上时代气息、个人风格和重视语言沟通，便可为今人交友之借鉴。

西方有人将友谊归纳为下列几点：

a. 可期可托：即遇事可以相托而不使你失望。要想赢得朋友，必先以朋友的态度待人。

b. 共同活动：指朋友之间要有共同的活动或类似的活动，即志同道合，但不必苛求友人在每一具体问题上与你态度和看法完全一致。

c. 互相关心，互相依赖：遇事互相商量是做朋友的基本条件。对他人漠不关心，只知一味满足自己的需要，是不可能有长久朋友的。

b. 以诚相待：诚实坦率是友谊的试金石。即便是对待朋友的缺点和错误也应予以觉察，及时适当地提醒、告诫、指点或开导、劝告之。

e. 彼此理解：好的朋友不仅理解你的正常行为，甚至可以设身处地理解你的反常行为。但需要注意，这种理解会有不同的表达方式。

f. 保持同感：同感不同于中立和同情。中立是遇事不介入的旁观态度，同情是一种自发的优越感，含有对人怜悯或恩赐的消极意味。而同感则是有意识的、理性支配下的积极情感投入。同感意味着关注与参与，并能从他人的角度观察和体验整个世界。

在交异族朋友的过程中，经常思考下列问题可能是有益的：

a. 回想初次见面的情景，何者主动接触？双方反应如何？由何交际契机引发？

b. 回忆双方继续交往的基本历程，使你动心的是什么？是否较多地涉及个人生活？涉及哪些方面？

c. 你们的交往中谁掌握主动权？有哪些具体的活动安排？关系推进的速度如何？

d. 预测这种交往的局势和发展。你是否满意目前已建立的关系和交往模式？准备把关系导向何处？

e. 进一步交往的困难何在？有无中断的可能？中断的条件是什么？要是现在中断或不久的将来中断关系，你是否会后悔？你打算以何种方式保持或中断现有的关系？

不同的文化对于朋友和友谊有一定的选择和评价标准，有不同的期待和要求，交往的方式和珍重的方面也不尽相同。虽然这些差异一般是隐而不显的，但却必须引起人们的注意，并在同外国人的交友过程中加以区别对待。

a. 西方人一般待人坦率、热情，尤其表现在语言上，甚至在初步认识后就以朋友相称或向别人介绍。中国人交友一般比较慎重，注重观察其言行等方面，关系发展比较缓慢，只有感到关系成熟后才以朋友相称。

b. 西方人一般不太重视与人交往中的同吃同喝和分享物质财富，也不以礼品的轻重来评价朋友的诚意如何。东方人却比较重视请客送礼，讲究跟朋友"沾光"或者"吃得开"。

c. 西方人在朋友之间也保持一定"距离"，即在对人处事上仍然坚持奉行自己的原则和观念，保持自己的独立性，德国人尤其如此。中国人和日本人则比较容易受感情支配，也易于被朋友影响和说服，常常为了关系和面子牺牲一些原则，较多地表现出哥们儿义气和合伙性。

d. 西方人有较强的自我观念和个体独立性，朋友之间虽然也会谈及私人的事情，但一般并不希望朋友插手，例如异性关系、宗教信仰、政治态度等。中国人往往认为朋友的事情就是自己的事情，喜欢打听和介入朋友的私事，并努力求得态度的相同和一致，否则便认为双方不是一路人或者对方看不起自己。

e. 西方人的朋友关系常常以社会地位、职业活动、交际角色等因素的变动为契机发生变化，其交友动机有较强的功利性和实用倾向，比较侧重个人能力的强弱。中国人交友择友则较多受到年龄因素、家庭状况、性别因素等制约，注重全面考察某人的综合情况，尤其是人格的高下与名声的好坏，表现出较强的道德化倾向。

f. 西方人与异性朋友交往比较自由随便，开始年龄较早，持续时间较长，交往数量多，性欲作为交往动机的情况比较普遍。恋爱中的异性朋友并非皆以结婚为目的，婚前性行为和婚外恋现象较为普遍，故有"lover"（情人）一说。与此相反，中国人的异性朋友以恋爱关系为基础的多以婚姻关系为目的和归宿。婚后的异性朋友较多注重工作关系和事业上的合作基础，而未必以性爱或情感依赖为准则。

g. 西方人的交友行为一般比较积极主动，不一定通过他人介绍，其交涉面较广，包括不同种族和文化背景的朋友。除了功能性目的之外，有些人追求的是个人活动范围的扩大和个人生活体验的满足。而中国人、日本人，甚至印度人的交友行为倾向于寻求倾心知己，渴望被人理解和得到支持，有时也有增强自身活动能力的考虑，但与异族文化中的人交朋友不及西方人广泛深入。不过，在西方人之间，尤其在英语国家的人们之间，却未必有我们中国人所理解的那样一种统一感或认同感。

在谈到个人对较大群体的取向的时候，不可忽略的一点是英语国家的人没有中国人所理解的类似"同胞"或"华侨"等概念。当然这种理解不是从政治上考虑其国籍问题。英语国家的人对其他讲英语的人可能有一种操同一语言者之感，却不会将这种感情拔高到"同胞"或"英侨"的高度，即不会将加拿大人、澳大利亚人或南非人都看成自己的"同胞"或英国侨民。(《跨文化非语言交际》，毕继万著，外语教学与研究出版社，1999年，第86页)

当然，了解了以上中外文化中人们对待朋友和友谊的不同看法，将有助于你更广泛地认识人类复杂的关系中这一珍贵的特别关系，也将会有助于你和外国人建立良好的人际关系。不过，话又得说回来，道理是可以这样讲的，而朋友却要自己去交往的，友谊是要自己去体验的。朋友——请允许我们这样相称——让你的交友活动插上体验的翅膀，飞越国界超越文化吧！

4. 敞开自己的心扉：酒逢知己千杯少

人际交往有一种功能，就是可以把心里话对别人倾诉一番。倾诉内心，求其友声，乃人之常情所在，不足为奇。

可是，也会有不尽如人意的时候。

例如，你和一位素不相识的老人由于偶然的原因坐在一起，你本来并不想和他交谈，只是出于礼貌打个招呼。可他却打开了话匣子，从他的不幸身世一直谈到年轻时的英雄壮举，从人到中年的苦闷再扯到现在的孤苦伶仃。对于他的这番长篇大论你会作何反应呢？

　　有位朋友向你介绍了一位新朋友，你们在多次的交谈中却只限于业务来往。你曾经向他讲述了你的心思，可他对于自己的情况却只字不提。你几次顺便问起，他也是吞吞吐吐，含糊其辞。对于这样的交往，你又会作何感想呢？

　　你当然会觉得，这两种情况都不怎么样。在陌生人面前大谈特谈自己的历史，毫无顾忌地透露内心隐秘，不说令人生厌，也很难使人发生兴趣。当你把他作朋友看待，希望能对他有所了解时，他却守口如瓶，滴水不漏。这种表面化的交往也实在难以继续下去。这两种情况，都属于自我表露方面的问题。

　　你是否想到过，由于长期受到中国式交谈方式的影响，你自己的谈吐也可能有意无意地出问题了呢？例如，一种叫做"间接化"的方式，就是我们不太注意的习惯性交谈方式，而在和西方人的交往中，就会成为一个问题——一个让人觉得你说话模棱两可的问题。

　　　　间接性，在中国人的讲话中无处不在。它甚至在英语翻译中也到处都是，这点让美国人感到非常迷惑。"可能"和"也许"是一种文化工具。"也许我会和你一起去"通常意味着"我会去的"，"对你来说，走的话可能太远了"就是说"我不会让你走的"。如果说某事"不方便"，最有可能的意思就是"不可能"。但在这里并不是只是言语的间接性在起作用。没有声明某事绝对不可能往往暗示着可能还有讨论的空间；所以，在这种情况下，最后情况出现了大逆转并不代表有明显的让步。（《跨文化成功交际研究》，朱晓姝著，对外经济贸易大学出版社，2007年，第79页）

　　自我表露不仅在个人层面上，在集体层面上也是可以的。例如，在汉诺威举行的世界博览会上，中国馆的设计就给人一种要向世界表达中国的形象的意思。从民族形象的角度来说，那也就是中国人的自我表露了。余秋雨先生对此有一个文化形象学的分析，当然也包含了一种文化心态的批评：

> 中国馆找不到主题，更没有艺术设计构思，门外照例是长城照片和京剧脸谱，里面除了有一个简单的三峡工程模型外，稍有印象的只有两点，一是幻想中的中国人登上月球的模型，二是以一个针灸穴位人体模型为中心的中医介绍。这实在是太离谱了，不知骄阳下排着长队的各国观众，看了作何感想。(《行者无疆》，余秋雨，华艺出版社，2001 年，第165 页)

这里的批评是多重的，例如，印象化的不动脑子的陈列，把幻想作为现实或科学研究成果，把古文明的常识作为推介的重点，等等。相比之下，2010 年上海世博会的中国馆就了许多改进，请读者根据自己的了解予以分析。

进一步而言，读者诸君不妨就自己的知识和兴趣所及，有选择地分析下面各国的 2010 年上海世博会国家馆设计要点及其背后的文化理念：

1. 德国馆；
2. 法国馆；
3. 英国馆；
4. 印度馆；
5. 希腊馆；
6. 非洲综合馆；
7. 印尼馆；
8. 西班牙馆；

9. 沙特馆；

10. 丹麦馆；

11. 其他。

现在，让我们回到跨文化交际语境下个人层面上自我表露的概念上来。

所谓自我表露，指的是在人际交往中，你主动地、有意识地把自己的真实情况和想法向他人透露出来，所透露的信息又是他人通过别的途径无法获得的。可见，主动性、有意识、真实性、独特性，是自我表露的基本标志。就表达手段而言，自我表露可以用语言表述，也可以通过表情和动作予以暗示。在不同的人面前，自我表露的内容和方式都会有些不同。

现在，请你配合作一点测试，指出下面哪些情况属于自我表露：

（1）你迟到了，老师追问迟到的原因，你不得已说了出来。

（2）你喝醉了酒，无意间对妻子说出你有私房钱。

（3）餐桌上，你对外宾说，你不喜欢吃西餐，不过会逐渐习惯的。

（4）你对女朋友主动说明你以前谈过三次恋爱，但有些细节没有讲出来。

（5）为了表明自己有能力在外资企业任秘书工作，你过分夸大了自己的外语能力。

（6）朋友的一席话，使你有感于他的诚恳，你于是把本来没打算讲的自己的情况讲了出来。

（7）美国朋友问起你对美国政府的看法，你觉得不便谈起，便没有讲什么。

（8）男朋友向你求爱，被你婉言谢绝。

（9）你经过深思熟虑，决定接受女朋友的爱，于是，你第一次拥抱了她。

（10）为了安慰母亲，你说你有足够的钱养家，事实上你差不多是一文不名。

（11）你在同学面前爱讲自己的缺点，在老师面前表现自信，在家里却从不开玩笑。

（12）你在谁面前都爱讲自己那一段光彩的历史，其实你不讲，人家也知道。

测试答案：以上属于自我表露的有：3，4，6，8，9，11。

自我表露同自我认识、自我印象、自我评价等有密切关系。自我认识不清，自我印象不好，自我评价不高的人，很难有适当而成功的自我表露。而这几个方面较好的人，自我表露的水平一般也较高。自我表露的理论基础以"乔海瑞之窗"（见图2）最为著名。

	自知	自不知
他知	① 自知 他知	② 自不知 他知
他不知	③ 自知 他不知	④ 自不知 他不知

图 2   乔海瑞之窗

根据这一理论框架，不仅可以知道交际以前你的自我中自知与他知各部分和局限，而且可以从中推测出交际过程中自知与他知的发展变化情况。事实上，这些认识也正是在交际活动中才逐渐得以实现的。

在理想的交际情况下，方格①的领域和深度都在扩大和加深，由于自我表露的作用，方格③中自知他不知的情况逐步转变为方格①中自知他知的情况。同时，又经过他人的反馈作用使方格②自不知他知的情况向方格①转化。方格④的自不知他不知的情况虽然难以搞清，但可以通过梦境分析、投射技术测试、自我反思等途径达到对自我的部分认识，从而为方格③自知他不知提供进一步自我表露的条件和内容。

　　进一步的理论研究从不同角度提出了不同的观点。交往论认为，人际交往是建立在平等、公平、互换基础上的。你对我讲了你的情况，我也应当对你讲讲我的情况。只有平等互换信息，彼此心灵沟通，才能使关系协调和交往顺利。吸引论认为，我们愿意对具有吸引力的人进行自我表露，作为对他人的积极的反应、回报和关注。这样，对方也会从我们的倾心相待中感觉到他正在受到尊重和信任，并进一步促进相互之间的交流。信息论认为，一方的自我表露不仅为对方提供了自己的真实情况，而且以表露自我的行为向对方暗示：他也应在此情此境中表露一下自己。可见，信息论强调的是交际情境这一重要因素。上述几种理论均有一定道理。

　　乔德拉和同事们对于自我表露的具体情况作了不少研究，其主要结论如下：

　　（1）自我表露随着双方关系的亲密而不断增加。

　　（2）自我表露在得到回应时趋于增加。

　　（3）自我表露随着双方关系的不确定的消除而增加。

　　（4）自我表露是在互动过程中相互促进的。

　　（5）女子比男子有较多的自我表露。

　　（6）女子倾向于对自己喜欢的人进行自我表露，男子倾向于对所信赖的人进行自我表露。

　　（7）自我表露受到交际合适性规范的调节。

　　（8）人际吸引与积极的自我表露有关，与消极的自我表露无关。

　　（9）积极的自我表露更倾向于在非亲密关系和半亲密关系的双方之间进行。

　　（10）消极的自我表露随亲密关系的进展而更加频繁。

　　（11）自我表露处于适中水平时，双方的满意程度为最佳。

上面谈到的积极的自我表露和消极的自我表露涉及自我表露的分类。所谓积极的自我表露包含对自己的正面的信息和肯定的态度，消极的自我表露则涉及负面的信息和否定的态度。例如，你说："跳舞是一件有益身心的娱乐活动。我近来每周六晚上跳一次舞，觉得心里舒服多了。"这就是积极的自我表露。相反，当你对同学说"我感到数学很难学。我这个人头脑真笨，恐怕学不好数学"时，这就是消极的自我表露。

值得注意的是，积极的自我表露和消极的自我表露可能会引起对方与之相反的反应，这也可能是表露者所期望的。例如，同学在听到你说自己脑子笨，恐怕学不好数学时，一般不会表示同意，而是说："你一点也不笨。"或者予以鼓励，例如说，"是呀，数学是不好学，但我相信你经过努力一定能学好的。"另一方面，积极的自我表露常有自己心情很好，愿意参加某项活动等暗示作用。例如，你上面说到的跳舞，就可能暗示你近来或在谈话时心境很好，甚至有暗示你想和对方一起跳舞的意图或愿望。相反，消极的自我表露则暗示你心境不好，不想谈论某一话题，甚至是拒绝对方此类帮助的委婉表示。成功的自我表露，在涉及别人对你的形象时，应注意使两者各有适当的比例，否则可能给对方留下片面的印象，如自负或自卑。

自我表露还有低危险度和高危险度之分。这是从可能引起对方的不同反应的角度来辨别的。例如，你对外国朋友说，"我跳不惯迪斯科，但我喜欢京剧"，或者说"我有时候感到交个外国朋友能使我增长知识，但也常常觉得语言方面不知如何表达才好"。这就是低危险度的自我表露。但是，如果你对一个尚不很熟悉的外国人提出你想去他的国家留学，并希望他能给你写推荐信，这就是高危险度的自我表露。因为这涉及对方要为一个不十分了解的人承担责任的问题，就可能使对方为难，甚至遭到断然拒绝。

低危险度和高危险度的自我表露并不是一成不变的。它是随着双方关系的亲密程度，具体的交际场合和表露的深度、性质和方式等而变化的。例如，表明你想出国留学的想法，在上述情况下可能要冒一定的被拒绝的危险。但是，在关系熟悉之后，当对方对你的业务水平有较好的了解，心情比较好，场合适宜，而且你表露的方式也比较得体和诚恳的情况下，危险度就可能降低，成为对方可以理解的、愿意提供帮助的事情了。

另外，自我表露还有言语和非言语之分。在和外国人打交道的时候，需要注意的是，自我表露的规范模式和具体情况会受到不同文化的影响，注意到这里的文化差异是十分重要的。

首先，中国人的自我观念和西方的不同，其强弱程度、明晰程度和表现方式也有所不同。一般而言，欧美人强调个体，性格趋于外向者多。又由于西方人把人际关系看作纯粹属于私人的关系，因此西方人在交往中的自我表露一般较多。美国人尤其如此，但英国人则比较保守。相反，中国人的自我观念一般较弱，倾向于把自己看成社会关系的集中点而似乎不是独立的个人。例如，在个体认同上倾向于说自己是某某人的儿子或某某人的同事，又由于好面子的想法和腼腆的举动，有时会影响跨文化交往中自我表露的主动性和积极性。更不用说还有别的顾虑和过多的想法了。

教育水平的高低也对自我表露的内容和方式产生影响。教育水平低的人一般比较直率和较少顾忌，比较容易谈及自己的经历、状况等具体事实，而不愿作抽象议论和婉转的暗示。而教育水平高的人则喜欢谈论自己的个人爱好和生活习惯，讲自己对一些问题的认识和看法，注重心理体验和理性思考，表露的方式有时会更加曲折、间接和隐蔽些。由于教育水平差异和自我观念差异，两者会同时起作用，这就使得自我表露在不同文化之间更加复杂和难以尽述。

其次，高危险度和低危险度的自我表露在不同文化中的表现方式和判断标准也不一致。例如，中国文化比较重视家庭关系和师徒关系，一般不允许晚辈对自己的家长和师长发表消极的评价，也不允许长辈在晚辈面前进行消极的自我表露，否则就会招致高危险度。而西方人强调人际之间的平等，年龄因素不太重要，家庭观念也不太强，类似的自我表露就不大会招致多少危险。例如，你对一位美国老人说，"老年人太古板、太保守了，和我们年轻人之间的代沟无法消除。"他可能只是一笑置之，甚至会表示同意你的看法。但若是以同样的口气说给你的中国父亲听，他很可能受不了，甚至会大发雷霆。类似的情况在异性之间也会发生。假如你对你的男朋友说："我不爱你，别再纠缠我了。"他会如何反应？假如你是男的，对女朋友这样说，又会引起怎样的反应呢？

积极与消极的自我表露，也因文化的不同而各异。西方人具有较强烈的不加掩饰的爱恨，因此常用极端的词语来表明自己的情感和态度。"太好了！""见到你真高兴！""我恨你！"相反，中国人的自我表露在程度上趋于适中，例如，"这个问题比较容易解决"，其中的"比较"并无多少含义，在英文中则说"This problem is easy to solve.""我的想法和你的不太一样"，则相当于"I don't agree with you.""我有点儿不太适应"，英美人会说"I can't adapt to this"。

最后，在涉及自我表露的合适性的时候，无论是与本族人交往还是与异族人交往，都必须考虑交际情境、交际对象和交际目的等因素，然后才能做到把握分寸，有利于交际。

交际情境对自我表露的影响是显而易见的。大庭广众之下，人们一般不宜有多少自我表露。除非是向公众表明自己的立场和态度，否则是要予以控制的。在半公开的场合，例如在有屏风掩遮、空间相对封闭、谈话气氛幽静自然的咖啡厅，两三个熟人之间就可能有较多的自我表露。在只有两个人的私人房间里交谈，自我表露的深度就会自然增加。除了空间因素之外，时间因素也十分重要。企图在几分钟的谈话中就了解到对方的心理，或者谈话尚未到达火候，就只管把自己的想法一股脑儿地抛出来，是难以奏效的。相反，有足够的时间和频繁的互动，是使得双方自我表露不断增多、相互了解不断加深的必要条件。

不同的交际对象之间会有不同的自我表露，并因关系的亲疏而不同。人们同陌生人的交谈多涉及时事消息、旅途见闻等较为宽泛的话题，很少谈起自己的私事。而熟人和朋友之间却有较多的自我表露。所谓"酒逢知己千杯少"，则说的是知心朋友之间在餐桌上有说不完的知心话。不过这一问题又会涉及高危险度和低危险度的问题。可能正由于此，有些话对陌生人和朋友可以说，而对于半生不熟的人反而不可以说。

有一次，列车上一位素不相识的年轻人对我讲起他的女朋友上大学，他仍在工厂工作的情况，并且直率地表明他的担心。有感于他的坦诚和苦闷，我便讲了自己的看法，帮这位陌生的朋友消除心理负担。我想，也许他不便于对周围熟悉的人讲起这件事，才对我说的吧。

人的交际活动多有不同的目的，自我表露也是如此。在公事公办的生意谈判或气氛紧张的司法审讯中，由于交流信息是主要的甚至唯一的目的，自我表露便服从于这一特定目的，与此无关的自我表露是不适当的，甚至是有害的。相反，在以发展关系为目的的私人交往中，双方的自我表露则会比较详细而深入。同样这里的自我表露也是逐步的，甚至是严格控制的。在跨文化交往中，自我表露的文化因素会增加交际者的心理屏障，双方的亲密程度易受限制，特别是涉及个人形象和民族形象的时候，双方都异常敏感。因此，除了特殊的交际情况，一般不宜作过分消极的自我表露。同时要注意严守国家机密，不可图一时的痛快或者讨好对方而说些不适当的话。这就是常说的"内外有别"。

在自我表露过程中，言语行为是最重要的，非言语行为的作用也不可忽视。下面对于言语行为与非言语行为应注意的问题和应用技巧作简要说明。

A. 自我表露的言语技巧

（1）使用第一人称单数"我"，多用"我想"、"我觉得"、"我相信"、"我认为"。假如你习惯于用"我们"，那么，除非你同时代表别人，应改为"我"。

（2）使用明确的肯定语气或否定语气，避免使用"大概"、宁可说"差不多"、"有点儿"等冲淡你的意识的修饰语。

（3）语言直接了当而不必含糊其辞，拐弯抹角，躲躲闪闪。宁可说"对不起，我不能告诉你。"而不要说"我本来想告诉你，不过，还是不说的好。"

（4）尽量用完整的句子表达你的思想感情。说半截话虽然也是一种语言技巧，但在自我表露中会使对方觉得你不够坦率，甚至态度勉强。不要说"我嘛，有时候觉得……"。

（5）去除不必要的"谦虚"。例如，在谈到你的英语学习的体会时，不要说"你知道，我的英语不如你，可是我也有些体会。"可以直接说"我对英语学习的体会是……"。

（6）不要用事实的陈述代替自我表露。不要说"凡是读过雪莱的《西风颂》的人都会被诗人的豪迈气概所打动"，而要说"我很喜欢雪莱的《西风颂》，我被它深深地打动了"。

（7）不要把情绪和感情的自然流露罩上一层说教式的表述色彩。表示感激之情就直接了当地说"非常感谢您的帮助"，绝不能说"我想我应该感谢您的帮助"。在接受外宾感谢时不能说"我们的宗旨是为人民服务"一类使人不得要领的话语。

B.自我表露的非言语技巧

（1）保持适当的交际距离，面对交谈对象。远离别人会给人以疏远感，侧对或背对别人给人以不礼貌和不愿意交谈的印象。

（2）保持目光接触，活跃面部表情。目光躲闪或死盯着对方都是不适当的。过分严肃呆板的面部不利于吸引对方和表现自己。

（3）适当地运用手势和身体动作，"以姿势助说话"。两手下垂、正襟危坐会使人望而生畏，过于拘谨会显得不自然和缺乏自信，动作过大易于冒犯听者。

（4）逐渐靠近对方，适当接触对方。挪开身体或频繁看表给人以你想要退出谈话的印象。适当地靠近对方显得关系密切，或表示谈意正浓。偶尔接触对方身体，如拍肩和触手，有时会收到语言所无法表达的意外效果。

正确地使用语言手段，恰当地运用你的身势，相信你是能够表现出自己的，因为你是一个有许多东西想让别人理解的人。在自我表露的过程中，你不仅会学会表达自己，而且能更深入地了解自己。人和人的交往在于心灵的沟通。朋友，当你以诚待人，向别人敞开你的心扉的时候，相信你的外国朋友也会向你敞开他内心的秘密。心和心的相通，情与情的交融，会在你面前打开一本你从未读过的书，向你展示出一个完全崭新的人的世界。

三、学会倾听

和外国人交谈，最令人焦心和难堪的是听不懂对方在说些什么，因此也便无从应答，交际自然无法继续下去。这是许多人都会遇到的问题。

你也许见过这样的情况：

一位外国妇女走在大街上，急匆匆地好像要找一个地方。只见她遇到谁就停下来询问几句，叽里咕噜地没人能听懂。她又焦急地伸手比划，一会儿指指自己的肚皮，一会儿又指指自己的嘴巴。周围渐渐地围拢了一堆人，大家好奇地观看着，猜测着，议论着，可是谁也帮不了这位"老外"的忙。反而搞得她更加焦急，更加狼狈。

你也许会说，要是有个人会讲她说的语言就好了，可是你别忘了，她说的并不是什么"天方夜谭"，问的也并不是什么深奥的哲学问题，只不过是要解决一个每个人每天都要解决几次的生活中的一点儿小问题，只不过她讲的英语带着浓厚的西班牙口音罢了。

朋友，我记得你不是懂得一些英语吗？更何况周围懂英语的人肯定还不止你一人呢。

没学过一天外语的人总是以为，只要学过一门外语就能听懂用这门语言讲的话。可是，从中学上到大学连续学过八九年英语的人，却经常问托福班的辅导老师如何才能提高听力。看来，听懂听不懂并不仅仅是一个语言问题，而且要涉及许多语言以外的复杂问题。其中一个重要的问题，就是会听与不会听的问题。

1. 会听与不会听：不是语言问题

20 世纪初，列宁和妻子克鲁普斯卡雅离开俄国，开始了职业革命家的流亡生活。当他们还在西伯利亚的时候，曾经把一整本书从英语译成俄语，应当说，英语掌握得相当不错了吧。可是当他们来到伦敦这个讲英语的国家的首都的时候，却发现自己根本无法同别人交流——没有人能听懂他们讲的英语，也没有一个人讲的英语他们能听得懂。

这是为什么呢？

你也许会说，列宁和他的妻子虽然学过英语，但都是书面语，他们没有用口头语和英国人交流过，当然一下子听不懂了。不错，可是问题还不只是这样简单。

有一位外宾来到一所大学和一些学者座谈，讲的是同一专业内的学术问题，可是双方都感到交流困难，不得不一次次地中断。还有一次，交谈的内容属于一般的情况介绍，并且请了一位外语教师做翻译，可是翻译竟然由于听不懂外宾的意思而无法开口。这又是为什么呢？

更有意思的是，不少 TOEFL 得分很高且听力似乎没有什么问题的留学人员，到了美国竟然很难和美国人沟通，甚至听不懂讲课。这又是为什么呢？

有一位英语教师在美国留学，发现自己听力不行，便下定决心，买了一台电视机。每天足不出户，只守着电视机边看边听，边听边看，硬着头皮看懂和听懂电视上所有的节目内容。两年以后回国，成了本单位英语听力最好的人，口语表达也有长足进步。这又是为什么？

看来，听不懂的问题主要可归纳为：

（1）语言本身的障碍，说明听力不过关。

（2）所听材料不熟悉，超出了理解力。

（3）由于文化差异，摸不准对方的意思。

（4）不知如何倾听，影响了听的效果。

解决上述所有问题，超出了我们的能力。这里只涉及积极倾听，也就是如何听的问题。

要知道，即便是用本族语交谈，也并非没有听的问题。这正如人人都有眼睛，却未必都懂美术，人人都有耳朵，却未必都懂音乐一样。甚至还会出现视而不见、听而不闻的情况。

人们常常错误地以为"听见"、"倾听"、"听懂"是一回事。实则不然。"听见"是一种生理活动。声源通过声波振动由空气作媒介传入耳际，神经末梢受振动刺激而产生电荷，电荷传到人脑的特定部位被还原为声音。由于耳朵不像眼睛那样可以"关闭"，而是一种始终处于"开放"状态的监测装置，因此不管你想听还是不想听，只要有声波在其有效范围内传入耳际，你就可以听见声音。

"倾听"是一种积极的心理过程。它既包括对声源的注意，又包括对进入大脑的各种声音符号赋予指定的意义。在语言则是一种"解码"活动，就好像说话的人是用声音把要说的意思进行"编码"一样。

积极倾听的理想效果是"听懂"。听懂不仅涉及听者的努力，还会涉及听到的内容本身以及说话者的编码水平，甚至涉及听者与说者的关系以及交际的情境因素，等等。可见，听懂便有赖于交际双方的积极参与及其信道的畅通无阻。

然而，人们并不总是在进行积极的倾听，而是通过消极的倾听来达到几项事情兼顾，或者兼顾娱乐和休息的目的。例如，漫不经心地边听妻子说话边看电视新闻，或者一边做作业一边听流行音乐，或者一边听故事一边想心思。俗话说"心无二用"，这正说明消极的听在效果方面不及积极的听，甚至根本没有听懂或听进去。

积极倾听与消极倾听的区分在人际交往中具有重要意义。巴巴拉在概念上作了下列区分："积极听的人把自己的全部精力，包括具体的知觉、态度、信仰、感情以及直觉，都或多或少地投入到听的活动中去。消极听的人仅仅把自己当做一个接收声音的机器，既不施加任何个人的感觉和印象，也不产生什么好奇心。"

如果说消极的倾听是漫不经心地听，三心二意地听，甚至压根就不愿意听，那么，积极的倾听便是聚精会神地听，全心全意地听，一心一意地要听懂对方的意思。积极倾听的人可以有不同的目的，例如，努力从对方的说话中获得有益的信息，揣测对方此时此刻的心境，弄清对方的感受和感觉，对对方表示理解和支持，和对方一起分享交谈的乐趣，企图和对方一起解决某一具体问题，等等。总之，积极倾听是有特定目的的积极主动的交流活动，而不像一般人所认为的那样只是消极被动的接受行为。在某种程度上甚至可以说，在和外国人的交际和交谈中，听懂对方的意思有时比说清楚自己的意思更加困难，更加耗费精力。不少人都是有类似的体会的。

一个值得注意的问题是，并非每一个积极倾听的人都是会听的。例如，在和外国人交谈时，一般人都是全神贯注地听，可是仍然有听不懂的问题。甚至还有这样的情况：你越是集中注意去听，反而听懂的越少；你越是紧张和着急，就越是感到听不懂。由此可见，过分集中注意不仅无益，反而有害。这是因为，过分集中注意会造成大脑皮层的抑制现象，有损于保持倾听的清晰和感受的锐敏，使头脑反应不够灵活，甚至造成过分紧张，以致于影响理解力和领悟力的发挥。相反，在积极倾听时保持身心的放松状态和理解的开放状态，反而可以听得好一些。事实上，真正听力过关和会倾听的人，并不是用百分之百的精力去倾听的，这就像会开汽车的人可以有闲暇瞥一下窗外的景色，或者和乘客随意聊上几句一样。

注意力的正确分配是学会积极倾听的首要因素。目不旁顾，全力倾听固然是积极倾听的必要条件和基本要求，但是只限于倾听过程中的极少部分时间，就如同观看一幅画时禁不住走到近旁仔细察看一些细节一样，其余大部分时间都是退后几步，站在适中或稍远的地方进行效果品味的。另一方面，精力过分集中不但会使自己拘泥于细节而失掉整体，而且容易造成迅速疲劳，精力不支，甚至使听的兴趣减退，产生厌倦心理。这是得不偿失的。

有的人在听的时候过分注意语音因素，仿佛要听清楚每一个发音才行，要听清每一个单词才放心。其实不然。听人说话犹如听一首优美的乐曲。你要是想听清楚每一个音节，就有可能忽略了整个旋律。在外语倾听中，除了有意义区别的语音要予以集中区分一下之外——例如 thirteen（13）和 thirty（30），plant（植物）和 planet（行星）——在大多数情况下要集中听懂整个句子甚至整段话语。因为人们在说话时并不是有意要造成语音的相近——除了语音方面的修辞手段之外——以难住听者。甚至依言谈的习惯，也不一定说成完整无缺的句子，而是以整个一连串的话语表达一个完整的意思的。

抓住主要信息是听懂语言表达的技巧之一。并不是说话的人把每一句话都看得同样重要，有些话只是为了引起听者的注意，有的只是补充性的话语，有的是集中表达思想和感情的，有的则是用来说明观点的根据或理由的，等等。如果你要听清楚每一句话，就不能集中精力倾听太长的时间。如果你要记住每一个句子的意思，你就不可能抓住一段话的主要意思。

只听自己最感兴趣的部分，或者可以理解的部分，或者在具体的交际情境中直接有用的部分，或者能对自己发生永久作用的部分。总之，你必须有所选择。两个人听同一个人说话，作出的记录并不完全一样，甚至对听到的内容的理解也不完全相同。这是不足为奇的。不要以为听懂就意味着你的理解一定达到和说者的意思完全一致，也不是说听话时就不能有自己的理解。同样看一部小说，不同的人会记住不同的要点，而且也会作出完全不同的解释。更何况你是和一个用外语向你说话的人交流，而且他显然是来自一个对你来说并非十分熟悉的社会，有着不同于你的个人经历和思想感情呢！

虽然如此说，可是在倾听外国人的说话时仍然会发生注意力分散的问题。这种注意力的分散并非由于你不集中注意，而是有其比较复杂的原因。注意力的分散有下面三种情况，分别指向交际情境中的干扰因素、交谈中的信息本身，以及交际者的说的方面而不是听的方面。

1) 环境的干扰，尤其是噪音的干扰，例如建筑工地上轰轰作响的气锤和街道上吵吵嚷嚷的人声。背景音乐有时也会吸引你的注意力。另外诸如特殊的气味（狐臭、香水、烟气）、耀眼的光线、窗外的美景、室内的摆设等，均可能干扰你集中精力去倾听。突然闯入的人尤其会使你的倾听中断，甚至影响说话者的连贯表达。因此，谈话时选择幽静合适的交谈环境是十分重要的。

2) 交谈的信息本身也会造成干扰，影响听者的注意力。一种是事例性注意力分散，指的是说话者为了表达明确或深入浅出，用了具体的事例来说明他的观点、态度或经历、处境，但听者往往只记住了形象具体的事例而忽略了对方的要点和意图。当你听到一个生词时，你可能用几秒钟时间积极思考和想象，以便抓住这个词的意思，但却因此中断了倾听，造成上下文不够连贯的现象，这就是语义性注意力分散。有的时候你可能觉得对方说得太快，你很难跟上，只好放弃一些词语一跳一跳地"抓听"，或者听一会儿，"停下来"，思考回忆一下前面几个句子。这就是思维性注意力分散。另一种情况与之相反，如果你听的速度快于对方说话的速度，你就可能暂时开一会儿小差，想点儿别的什么，然后又回过头来注意倾听对方的说话。这同样是一种思维性注意力分散。因此，为了克服几种注意力分散的不良习惯，集中倾听对方谈话内容的要点是十分重要的。

3) 倾听时针对交际本身而不能适当集中注意听话的内容，包括两种情况：一种是对说话者抱有成见，因此便不想听对方说话的内容，不管这些内容本身有无价值。另一种是不能脱摆自我中心的束缚，老是急于表现自己，所以就听不进别人的话。这两种态度是十分有害的，要尽量克服。

如果对方讲得太快或太慢、讲得不够清楚或不够流利，或者讲话的口音令人感到不舒服，或者讲话的内容引不起听者的兴趣，都会导致听者对说者的注意力集中出现问题。其次，对方讲话时引用的事实和材料与我们掌握的不一致，对方所持的态度和观点与我们的相对立，或者对方不属于我们同一组织的成员等，也会影响集中倾听，或者干脆不予理睬。而讲话者的地位高低、年龄大小、身份贵贱、形象好坏、性格特征等方面也会使听者产生先入之见。一般说来，人们对于身份高的人、较年长的人、较有权威的人以及自己所喜欢和推崇的人的讲话易于接受，甚至不加分析辨别地盲目接受，而对其他人就未必同样认真倾听了。而态度认真又有经验的听者，却能尽量客观地去对待他人的表述，至少能从中听到一些自己认为是新的和有益的东西。

有的人在和别人谈话时，不注意倾听别人的意见，却喜欢把注意力集中在自己身上，或者老想表现自己的多闻多识和情绪状态，以致于不能公正地对待他人，更谈不上和他人平等交流。原因之一是认为自己比别人懂得的多。例如，教师认为自己总比学生懂得的多，便不认真听学生讲；家长认为自己比子女有经验，对子女的想法常听不进去；专家认为自己总比外行人有能耐，甚至拒绝倾听。这就是个人优越感在起作用。有许多人在听到人家说的话顺耳时就能听进去，而一旦对方讲话涉及他们的缺点和不足，涉及他们在感情上不易接受的敏感话题，就自觉不自觉地产生抵触情绪，甚至不顾事实，有意找寻一些莫须有的理由加以反驳——当然并非总是说出来。这样就有可能歪曲对方的原意，甚至形成对说话者不利的主观印象。还有一些人在和任何人谈话时都以自己为中心，根本不给对方说话的机会，即便有些话题是由对方引起的，也要不顾一切地"抢"过来。这就是自我中心主义在倾听时的典型表现。这样的人实际上是很难和别人谈得来的，更不用说和外国人交谈了。

　　请分析下面两位外国妇女在电话里的交谈情况，并指出哪一方不善于倾听对方的意见而是一味地表现自己。

　　　甲：喂！
　　　乙：喂，南希吗？你好吗？
　　　甲：还可以，劳拉，很久没有听到你的消息了，近来怎么样？
　　　乙：唉，忙极了，又是上班，又要上夜校，一点儿空余时间
　　　　　都没有。
　　　甲：我知道，我也是一样。我还……
　　　乙：你也那么忙？我可没见过比我更忙的人了。……你应该
　　　　　来看看我这个房间。噢，你是怎么收拾房间的？
　　　甲：哦，我刚拟了个日程表……
　　　乙：日程表？我连拟这玩意儿的时间都没有。你看过法拉的
　　　　　日程表吗？一个每天只睡五个小时的人，你说，会那么
　　　　　精神吗？
　　　甲：我不知道一个人到底该睡多久。
　　　乙：是啊，我也不知道她是否有时间参加社交。你好像挺忙
　　　　　的，那么，我就不打搅你了。
　　　甲：好吧，我也这样想。
　　　乙：有人在敲门了，我以后再和你联系。
　　　甲：再见！

　　像电话中乙那样只顾讲自己的而且不断打断对方的做法，实际上是不愿意倾听别人的话——更谈不上会听与不会听的问题了。

2. 学会积极倾听：做一名合格的听者

现代社会是信息社会。信息的沟通和交流在人们日常生活中占有十分重要的地位。根据有关研究：

a）人们在每天醒着的时间里，用于听的活动约占到 30%；

b）人们在交谈等信息交流活动中，听的时间约占 42%～66%；

c）人们用于听的时间是读的 3 倍、写的 5 倍、说的 1.5 倍；

d）人们知道的事情有 85% 来自积极的倾听。

在和异族文化的交流过程中，在和外国人的交际活动中，听的比例可能还会增大。可惜人们有关听的研究远不及说、读和写，而且许多人对于听，远不如对于其他活动那么重视。

为什么要积极倾听别人的谈话和意见呢？

首先，通过积极倾听可以增加我们的信息量，尤其是最新消息。尽管这些消息并非都是科学的和可靠的，但若闭目塞听，与世隔绝，那我们的生活将是不可想象的。

其次，注意倾听和听懂别人的想法和建议，能够有效地减少人际交往中的误会。事实上，人际间的冲突有许多并不是由于根本性的原则分歧，而是由于双方不善于倾听或者没有听懂对方的意思而产生误解，引起争吵的。夫妻间的争吵，有不少都属于此列，国际事务中的争端也不乏其例。

再次，积极的倾听是对对方的尊重，也是顺利交流的必要条件。交谈中的双方之所以愿意谈下去并感到有意义，是因为有人在听，并因而使其感到自己是重要的。另外，积极的倾听还会相互诱导和激励，使双方在表达和反馈中不断增加互动，缩小心理距离。

还有，善于倾听别人的人总会有不少的朋友。你也许并没有多少深刻的见解，但只要你善于倾听不同的人们的谈话，并表示出理解，你就会在人们的心目中占有一席之地，人们就愿意把心里话讲给你听，将你视为知己。

最后，多听取他人的消息、经验、意见和劝告，可以使你自己消息灵通，办事稳妥，实际上有助于一些实际问题的解决。许多人的错误，甚至包括伟大人物的错误，都在于听不进去别人的意见，尤其是相反的意见。马寅初的意见要是早日听得进去，中国的人口问题也不会发展到今天的严重局面。

善于倾听的好处是多方面的，增加信息，减少误会，激励反馈，改进工作，促进关系，就此几条——假如再没有别的好处的话——就已经足够说明问题了。

那么，怎样才能做一个合格的听者呢？

让我们先来看这样一件事情：

一天早上，一位怒气冲冲的顾客冲进迪特毛料公司创办人迪特的办公室。他是为了 15 美元从外地专程前来芝加哥的。［小题大作］

原来，这位顾客因为购买迪特公司的西装毛料，欠了该公司 15 美元。公司信托部门给他写了几封信催促他还清，可是他却忘了这笔欠款，而且认为是公司弄错了，于是便收拾行装来到芝加哥，要弄个水落石出。［来者不善］

怒气冲冲的顾客一进办公室，就一口咬定是公司搞错了。他说他不但不付这笔钱，而且一辈子再也不买迪特公司一分钱的东西。［蛮不讲理］

迪特耐心地听完顾客的牢骚和气话，没有打断，直到客人说完，他才心平气和地说："我要谢谢你到芝加哥来告诉我这件事。你帮了我一个大忙，因为如果我们的信托部门打扰了你，他们就可能打扰了别的顾客，那就太不幸了。相信我，我比你更想听到你所告诉我的。"［设身处地］

顾客做梦也没有想到会听到这样的回答，甚至因为他的牢骚话和

生气的态度没有引起想象中的效果而有点儿失望。[出乎意料]

　　迪特接着说:"你是一位十分仔细的人,只有一份账目,不大可能出错。而公司职员要管几千份账目,反而容易出错。请放心,这笔账将一笔勾销。既然你不再买我们的毛料,那么,我就向你推荐别的毛料公司。"[一笔勾销]

　　迪特还和以前一样,请顾客共进午餐。顾客不好意思地勉强接受了。吃罢,回到办公室,顾客竟和迪特签订了一个更大数量的订货单。[新的关系]

　　事情结束了。双方都感到心情舒畅,对得起对方。可是不久,迪特意外地收到了一张 15 美元的支票还有一封致歉信。原来,那位顾客回家后又重新看了账单,发现有一张放错了地方,因而遗漏了。[主动认错]

　　迪特说:"后来,这位顾客和妻子生了一个男孩,还以'迪特'给孩子命名。直到这件事发生了 22 年之后这位顾客去世,他一直是迪特公司的顾客和朋友。"[永久纪念]

　　在读完这个真实的故事以后,请你回答下列几个问题:

　　(1) 这位顾客和迪特公司是什么关系?

　　(2) 一开始的错误和责任在谁一方?

　　(3) 迪特是否一开始就知道这些?

　　(4) 迪特有没有追究对方的错误和责任?

　　(5) 迪特是否用的是积极倾听?

　　(6) 迪特为什么要请对方吃饭?

　　(7) 对方为什么要和迪特签订新的订货单?

　　(8) 错误是怎样纠正的?

　　(9) 顾客为什么要给孩子起名叫"迪特"?

　　(10) 这件事对于双方的关系有什么影响?

　　在和外国人的交谈中要真正理解对方的意思,实际上包括理解对方的言语含义和言外之意两个方面。这两个方面往往又是互相交融，很难截然分开的。这里仅提供一些要点，供读者在交往时参考。

（1）迅速记住和设法了解对方的名字、身份、专长、口音等，以便迅速预测其来意和谈话的基本内容、题目和范围，从而形成一个大体印象和可以依托的交谈条件。

（2）在开始谈话的最初几秒钟和几分钟内，注意熟悉对方的口音和谈话方式、谈话习惯等方面。要是有听不懂的，不要太着急，可以请对方讲得慢一点儿和清楚一点儿，甚至通俗一点儿。

（3）在进入较深入的交谈时，一定要从对语言的表达形式中摆脱出来。不要过分注意和计较对方的表达形式，而要集中精力听懂对方的谈话内容，并注意听懂大意和抓住要点。

（4）尽量不要打断对方的谈话，以便在对方把意思表达完整和清楚的基础上再作出反应和评论。但若有表达不清的地方和你不熟悉的关键词语，也可适当提请对方重复说过的话或解释一下用语。千万不要不懂装懂或给人留下类似印象。

（5）要一面听对方讲话一面注意观察对方的非言语方面，包括身体姿态、面部表情、目光含义和手势动作，不要只埋头记录或只听不看。因为非言语行为也会传达出重要的信息，甚至可以补充和纠正言语信息。

（6）从交际的具体情境、交际者双方的关系及其互动情况等方面来综合把握对方的意图和意义暗示，尤其是要注意对方有意无意流露出来的情绪状态，并且适时作出反应。

（7）如果对方的谈话题目引不起你的兴趣，可以在照顾其他在场人的前提下，用提问的方式或者借解释对方意思的机会将谈话引入你感兴趣的题目。如果对方发觉很难交流，并询问你的态度，应有礼貌但实事求是地说明你的希望，从而使交谈顺利进行且有意义。

在交谈和倾听过程中，倾听的一方也要利用自己的言语和行为作出适当的反应，因为没有一个人愿意或有耐心对一个毫无反应的人讲话，在你自己也是一样。

倾听中的非言语技巧包括下列方面：

（1）采取面对面的开放姿势，放松自己。无论是站着还是坐着，都要面对说话人，这样既有利于倾听对方的讲话，也便于观察对方。保持身体略向前倾，集中听要点时可以侧耳，但不能太久。不要抱臂和盘腿，这种封闭性姿势说明你在心理上也是封闭的。精力集中，但身体放松，不要紧张，一定要自然。

（2）适当靠近对方，保持适当距离。不同的文化有不同的人际空间距离。一般外国人尤其是欧美白人不喜欢过分靠近身体。但是，在客厅、会议室等有固定沙发座位的宽敞空间则不可能过分靠近。这时适当靠近，一是能听清对方的讲话内容，避免环境干扰。二是表示你的尊重和兴趣，并让对方看清和听清你的反应，便于交际中的互动。

（3）保持目光接触，活跃面部表情。对方能从你的眼神看出你是否注意倾听，东张西望是注意力不集中和缺乏兴趣的表现。微笑、疑惑、严肃都可以给对方提供反馈信息，面容呆滞则说明你没有兴趣或没有听懂，甚至可以理解为你不是在积极倾听和动脑筋思索品味。

（4）利用头部动作和手势来表示你的反应。头和手是对方比较注意的身体部位。用点头表示鼓励、赞许和理解，摇头表示否认或不理解，或者用适当的手势表示你的情绪和反应，都是恰当的。但不能用太大的手势或身体动作，如挥舞手臂或坐立不安，更不能走来走去，使人觉得你心神不定。但听得久了，适当调整一下姿势还是可以的。

（5）用声音作出反应和鼓励对方说下去。在倾听过程中，用对方听得见的轻柔的声音进行反馈是适当的。例如点头兼用"噢"、"嗯"、"阿哈"等表示"听懂了"、"是的"和"惊奇"、"惊喜"等意思，既是理解也是鼓励。它不但不会打扰对方，反而可以补足对方说话时的停顿，或者增加你倾听过程的连续性。例如，一面倒茶一面以声音表示你在继续倾听，让对方继续讲下去。否则，对方也许以为你以此暗示要他休息一下，以致使交谈中断。

积极的倾听不仅需要积极的非言语行为作为反馈和鼓励，而且需要听者以有声语言进行积极的配合和合作。没有言语行为的相互配合，交际就很难长时间地继续下去。积极倾听的言语行为包括下列各点：

（1）除了使用声音作出反应之外，还要用简洁明晰的语言作出应答。但要注意的是，不能机械呆板地老用点头称是，而要不断变化答语，例如用"是的"、"对"、"你说的对"、"是这样的"、"明白了"、"真是太好了"，等等。简单地重复说"是"和"对"给人以随声附和的印象，甚至令人觉得你漫不经心。

（2）使用明确的肯定性答语，避免使用否定性应答。例如，说"我知道"，"我理解你的想法"，而不说"我可不这样看"，"你这样说不能让我同意"。否定性答语一般是不礼貌的。除了有绝对必要，尽量不要纠正讲话者无关紧要的言语错误。但对方说的与事实不符，则可婉转地予以适当订正。

（3）不要使用含糊不清的字眼或者表现出模棱两可的态度。这会使对方不知所措，不知是否应该这样说下去。避免说"是吗?"因为这样会使对方觉得你不相信他说的话。也不要用抽象宽泛的话来表示肯定对方。假如你说"每个来过中国的人都会这样说"，这就等于宣布对方的话没有价值和必要，可改为"你的看法真是与众不同"等说法。

（4）使用描述性的答语，避免评论式答语。评论对方会使他觉得你高人一等，而使用描述性的答语则让人感到你在尽量理解对方。尤其要注意不要使用众所周知的说法或套用国内流行的评论或语言，否则会让人觉得你是以集体代表的名义而不是以你个人的名义和别人对话。这一点是初次和外国人交谈时最需要尽量避免的。

（5）请求对方补充说明，建议对方讲得更具体更详细些。可说："请再说下去"，"还有其他的吗?""这件事你觉得怎样?""是否可以谈谈你个人的看法?"等等。这样反应,对方往往会为你提供更多的信息。

(6)重述对方谈话中的关键词语,简要复述对方的谈话内容。用这种方法,可以表示自己在认真倾听并努力记住对方的要点。但一定要简明扼要,不要重复过多。

(7)补充自己的类似经验和意见。在对方说话的停顿和间隙处,适当插入自己的有关信息和看法,既是一种理解和赞同,也可以使不同文化中的观点态度、价值观念在共同基础上得到有效的交流,从而加深理解。

(8)阐述自己的理解。用你自己的语言说明自己对对方谈话内容的理解,并试图作出解释。但只限于沿着对方的思路和话题加以引伸,因为它不同于借题发挥来表示自己的详细意见。可以用此类话语:"如果我理解正确的话,你的意思是……","我这样理解你的意思对吗?"等,征得对方的首肯。

(9)试图解释对方的意图。在对方的意图没有充分表达的情况下,试图以你自己的语言从你个人的角度予以解释。这样会将谈话引向深入,同时也表明你是一个善解人意的听者。

(10)用简洁的提问方式引导对方继续说下去,或者用问题巧妙地把对方引入自己感兴趣的话题,或者诱导对方说出自己的看法,或者询问自己的理解是否就是讲话者的原意,等等。总之,善于提出问题是做一个合格听众的最简便的方法。但是要注意的只有一点,那就是不要就一个问题发表一连串的提问,也不要问连自己都无法回答和使对方陷于困境的问题。问题提得不恰当,会给对方造成以为你在质问他、怀疑他、套他的话等不良印象。

积极倾听,顾名思义,就不是一个被动的接受过程,而是一个积极的反应和思考过程。作为一个听者,你并不是消极倾听,而是及时适当地作出反馈,不管是言语的还是非言语的。反馈可以是评价性的,即评价说者的言行、品德、人格等方面;也可以是解释性的,即试图对说者的言语行为作出确定的含义解释。支持性反馈说明你对对方的赞成与否；探询性反馈则试图获得更多的信息，或者进一步弄明白结论性的反应。最后，理解性反馈旨在完整准确地把握对方的言行及其含义。

下面给出几组对话和谈话。请注意分析听者一方的反馈是否适当、及时，用的是什么技巧，效果如何。并由此总结出作为一个合格听众，在跨文化交际中所要具备的素质。

A：外宾：北京的秋天真美呀！一年四季都是这么美吗？

　　导游：我并不觉得怎么样，可能是习以为常了吧！

　　外宾：啊？！

B：外教：昨天真够刺激的！雨中上山，真过瘾！

　　学生：是呀！你们爬到山顶了吗？

　　外教：我们飞也似地登上山顶，发现一个小木屋，走近一看，里面挤满了人。

　　学生：后来呢？

　　外教：我们只好挤着站在屋檐下，可是，浑身还是湿透了。

C：导游：先生，能谈谈你对古城西安的印象吗？

　　外宾：当然可以。我总的觉得西安是一个很古老又很美丽的城市，特别是城墙，很壮观。就是尘土太多，还有……

　　导游：东京的尘土多吗？

　　外宾：不，日本的气候与这里不同。

　　导游：你刚才说"还有"什么？

　　外宾：啊，没什么了。

D：植物学家：（讲了许多植物学知识）对不起，我可能讲得太多了，占了你不少时间。

　　听　　者：不，不。我觉得受益匪浅，我从来没听到过这么有意思的谈话。我真希望能拥有你的知识。

植物学家：你太客气了。其实，非洲丛林里的植物才有意思呢。

（又讲了一会儿）

听　　者：太好了。我真希望能和你一起去非洲漫游一番。真的。

植物学家：那倒也不必。你的花园里不是有不少花草吗？但愿我能够对你有所帮助。

听　　者：你真是太好了。我真的希望能再见到你。

植物学家：当然，我们会再见面的。你是我遇到的最有魅力的交谈者。

E：青年：教授，能请你谈谈对中国学生的印象吗？

教授：当然，我觉得中国学生十分勤奋，很友好，很可爱。

青年：能否谈谈他们的英语学习？

教授：一般说来，学得不错。可是，在课堂上不够活跃，不像美国学生那样喜欢提问题，也不爱发表自己独特的见解。还有，阅读不广泛。

青年：教授，您是否觉得这是中国式的精读课传统造成的？

教授：有这方面的原因，但是也有学习方法问题和兴趣问题。

青年：我同意。那么，你觉得应该怎么摆脱精读课本的束缚呢？

教授：把课本扔到垃圾箱里去。然后，跳到英语交际的海洋里去游泳！

青年：（惊奇）啊？！不过，我觉得你的建议很有意思。你对于写作怎么看？

教授：用英文写作？

青年：嗯，是的。

教授：我的想法是……

3. 同感与理解：没有不可理解的人

前几年走在街上，顺便就进了书店。看到一本叫做《爱之路》的书，实际上是俄国著名作家屠格涅夫的散文诗集。首先是为那书名所吸引，便买了回来。

随手翻到《爱情》那篇，原想着可能又是老一套地要把爱情比喻为花朵呀、春天呀、金子呀之类的话，其实却不然。作者匠心独运，写道："另一个的'我'，深入到你的'我'里，你被扩大了，同时你被突破了；……"

这一个爱情的新定义，在今天看来，就是人际交往中所谓的"同感"。

"同感"一词在英语是 empathy。它来源于德语的 einfiiling，意思是"感觉相同"。其核心在于交际的一方体验到对方感觉时的感觉，用通俗的话来说，就是能设身处地，用对方的眼光来体验和观察世界，这实际上也就是爱。一如基督教义所说，"爱你的邻人如同爱你自己"。又如古希腊哲人所说，"爱你的敌人如同爱你的朋友"。这并非敌我不分，而是一种更为广泛的人类之爱。

人常说"同情不是爱"，可事实上许多人仍然把"同情"与"同感"相混。同情是一种自发的感情，其中也可能有爱的因素，但最多的是"怜悯"，甚至看成对人的恩赐。因为同情往往表明对于对方不幸状态的关注，并暗示自己的优越地位和优越心态。因此，同情是以不公正、不平等为前提的。鲁迅说，"处于别人的同情之下，就已经是不自由了"，而一旦对方意识到你对他的关照是出于同情，而不是出于诚恳的爱心，对方的自尊心和自我形象就会受到伤害。在与人交往中也会这样。例如，当对方忧心忡忡地告诉你他没有考及格时，你说"我真为你感到难受！"他也许受不住要哭出来，因为这句话比不及格更使他感到难受。

每种文化都有自己的优越心理，就如同每个人都有不同程度的优越感一样。不过，在跨文化的交往中，这种优越心理常以个人优越感的形式出现，而且是隐蔽得十分巧妙的。例如，美国白人中产阶级的优越心理，在同亚洲人的交际中常常会有意无意地表露出来。但是一开始，你也许认为美国人是出于关心和爱心。时间长了，接触的人多了，你才会发现，这是一种普遍的民族心态。

美国人在很早的时候就把自己看成世界的中心，认为世界上其他的民族，在经济、政治、文化等方面，都应该受美国的支配和领导。这种优越心理，在其和日本人的交往中，最容易被看出来。可是，由于战后日本经济的崛起，日本人也滋长了一种优越心理。但是，和美国人惯于自我吹嘘不同，日本人喜欢找出自己文化中外国人不懂的东西，例如插花、茶道一类，加以渲染，以显示自己的优越。但是不可否认，日本人在产生优越感的同时，甚至在对亚洲其他民族更具优越感的同时，仍然保留了一些自卑，不过是能巧妙地加以掩饰而已。

不同民族中的个人身上所具有的本民族的优越感（或者再加上自卑感），便是与外族人交往过程中彼此很难理解对方，甚至也不能正确对待自己的心理基础。不管这种心理以何种形式表现出来，只要它表现出来并为对方所察觉，就会妨碍跨文化交往中的同感理解。这种不理解在民族之间关系紧张时会更加典型和突出。例如，二次大战期间，一位日本高中学生对朋友说："昨天我看见一名美国士兵，我真不知道在他那蓝色大理石般的眼睛后面闪着什么鬼念头。我看他能否思考都成问题。"

不难理解，战争状态下的敌对双方自然有严重的对立情绪，而在和平时期，不同的民族心理则会产生长久而牢固的跨文化偏见。例如，英国人心目中的俄罗斯人的优越感，被描述为一种无法理解的"爱国主义"。

俄罗斯人的爱国主义很奇怪，它充满了狂妄自大；他们觉得自己与其他民族不同，并因此沾沾自喜；他们说起本国农民的无知时自鸣得意；他们大肆炫耀自己的神秘和复杂；他们重重复复地说自己用一副面孔看西方，换上另一副面孔看东方；他们为自己的缺点而骄傲（就像一个粗人对你说上帝就是这样造他的），洋洋得意地承认自己的确是愚蠢且无知，做计划时混乱不堪，行动起来优柔寡断。但是别的国家称之为"爱国主义"的那种复杂情感，他们却似乎没有。（《作家笔记》，毛姆著，陈德志、陈星译，南京大学出版社，2011 年，第 158 页）

如此强烈的对异民族的反感情绪，在跨文化交际中会有何表现和结果，可想而知。

可是，当我们知道上面一席话的作者就是下面一席话的作者时，那我们又如何评价这同一作者对待自己本民族的感情呢？

对我来说，单单是地图上英国的形状就意义深刻，它让我脑中生出万千意象：多佛的白色悬崖和茶色海水，肯特郡宜人的蜿蜒小道和苏塞克斯郡的丘陵，圣保罗大教堂和伦敦池，诗篇锦句，柯林斯卓越的颂歌，马修·阿诺德的《博学的吉普赛人》，济慈的《夜莺》，莎士比亚的台词选段和一页页的英国历史，德雷克和他的海船，亨利八世和伊丽莎白女王，汤姆·琼斯和约翰逊博士，我的朋友们，维多利亚火车站上的海报；还有隐约感受到的庄严、力量、传承；还有，天知道为什么，还有这样一幅画面：一条三桅船鼓满了风帆驶过英吉利海峡，火红的落日挂在天边——哦，气宇轩昂的航船，你撑起白帆，是要去往何方。这样的情感和千百种其他感受汇集成一种情感，这种情感让人乐于牺牲，这种情感中兼有自豪、渴望和爱，但它是谦逊而不是自负的，并且不排

斥一点幽默感。(《作家笔记》，毛姆著，陈德志、陈星译，南京大学出版社，2011 年，第 159 页)

读了这篇优美的文字和体味了这份真挚的感情，很少有人不被感动。当我们认识到，这是一个普遍的正面的情感的时候，我们又觉得民族的优越感，有其十分正当的理由和正常的人类心理，完全是可以理解的了。也就是说，只要一个民族的优越感不越过反感他人的民族优越感的地步，就不会影响到跨文化的交际效果。

除了基于优越感的同情之外，跨文化交往中影响双方理解和同感的因素便是"中立"。"中立"是一种同感缺失状态，甚至连同情都没有。它是从局外人的角度和立场出发看待对方和自己，既没有参与其中的动机，也不对对方表示关切之情。交往中持有中立态度的人不仅会使人感到冷漠、生疏和疏远，而且会使对方产生不愉快和抵触情绪。"外国人"的观念，除了具有较多的吸引力这一正面心理效应之外，便是包含着"局外人"这一负面的戒备心理和防卫心理的反映。

当你坐在摆设讲究、礼仪严格的谈判厅里，严肃的气氛和宾主分明的界线就会把你这一方和对方截然分开——不仅在空间上而且在心理上截然分开。肤色、服饰和语言的不同，双方关心的问题和交谈方式的不同，在一定程度上又强化着你的上述感觉，使你很难走出自己的视野而进入对方的心境。这就是缺乏同感。假如在交谈过程中对方又只是限于泛泛而谈和使用外交辞令，就很难使你感到亲切。"话到嘴边留三分"将不断地在你的耳际回响，使你很难和对方有推心置腹的交谈，反而认为对方缺乏人情味。你的评价就会多于同感，冷静多于热情，因为你很难设想你和对方会有类似的职业经历和生活经验。此情此景，对方可能也和你有同样的隔膜的感受，也许心中正在回想印地安人的祷文："神啊！帮助我们吧。别让我们去评价他们，除非我们也经历过他们的生活。"

　　这种情况并非仅仅存在于不同的民族之间，存在于严肃的外交场合。在同一民族同一文化中的人们之间，甚至在以亲密关系为特征的夫妻之间，也会发生类似的情况——中立体验。请设想一下你在工作中遇到人际关系方面的问题，没有协调好，你忧心忡忡地回到家里，向爱人倾诉心中不快。可是爱人的态度却是严守中立，连一句表示"同情"的话也没有说，只是像法官念判词一样向你传授为人处世之道的条文。你又会怎样想，怎样感受呢？

　　显然，人们对不同的人际关系要求不同水平的同感，这种期待会随着关系的熟悉和密切程度增加而上升。表达同感也是如此。对于熟人、朋友、家庭成员，人们比较容易表示同感，也比较容易找到适当的表达方式。可是，对于陌生人，局外人，经历不同、态度不同、观点不同的人，要表示同感就不那么容易了。更何况对于不同社会文化背景的人们呢！

　　对人抱有同感和表达同感需要交际者具有下列素质和条件：

　　（1）你需要能够触景生情，生动地回忆起自己以往的经历以及重新体验到当时的情绪和感觉，以便从中找到与对方此时此境相类似的或相同的经历和感受。

　　（2）你要明察秋毫，通过对方的言语和行为体会到对方此时此地的心境，从中找到类似的线索，以便在你和对方的世界之间建立或假设某种联系。

　　（3）你必须先分清人我，即把自己在理智和情感上的反应与对方的反应加以区别；这样就不会把自己的反应强加给对方，也不会把对方的反应误认为是自己的反应。同时，不要急于给对方下判断和结论，以便保持开放的态度。

　　（4）你还要善于移情入理，也就是说，能够从对方的言语举止中准确地推测对方的真实心境，同时，设法使自己进入对方的精神领域，以便把自己的类似体验和情感"移入"对方，从而理解对方。

（5）你需要根据先前对对方的了解，加上自己的类似经历和经验，以自己的认识对对方所提供的信息线索做出适当的解释和正确的推论，然后产生创造性的看法。

（6）你要能够通过自己的反馈，包括言语行为和非言语行为，及时适当地向对方表示出自己的同感理解，并注意对方的反应以便确定自己的反馈是否真的有效。

与人保持同感理解，并非可有可无或得不偿失，而是一种使人充实高尚的珍贵的人生体验。作为一种理智的、有意识的、以他人为指向的情感反应，同感在人际交往中有助于我们重新发现自己以往的经验并对自己有新的发现和体验。同感使我们更好地了解别人的忧乐疾苦并给予必要的人道的关心，从而使我们更好地认识人生和世界。最后，人际交往中的同感可以促进人际关系的协调发展，进一步改进和密切人际关系。因为人际之间的心理和感情隔阂在双方的交往中会留下病态的"结核"，而同感正是消除误会和隔阂，处理好人际关系的良医妙方。通过同感，我们和他人融合在一起，共同体验，苦乐与共，肝胆相照，起码此时此地在心灵上能够变想象为现实，共同超越我们自己，超越我们不同的文化。

在跨文化沟通中，同感是不同文化中有教养的人出于对人类本性的深刻理解和对他人存在的人道关注所表露的自然的又是有意识的良好情感。只有当这种情感能够为他人所感觉到并在对方的心灵上引起共鸣和共识时，同感的作用才能得以体现，并产生相应的结果。因此，一定的同感总是通过得体而适时的言语行为和非言语行为表现出来的。

（1）通过一定的语言诱导，让对方把心中话说出来。这就意味着你对对方感兴趣，因而给人提供机会，鼓励对方继续做深一层的自我表露。例如，你可以说，"请继续讲下去。""你能讲得更详细点吗?""请说说你当时的感觉。""你现在觉得好点了吗?"

　　下面一个小对话反映了同感言语技巧的应用情况，旨在让对方把心里话说出来。

　　外教：请进，请坐。你找我有什么事儿吗？

　　学生：（拘谨地）就是为了那次作文的事……

　　外教：啊，总的说来还不错，一开始学外文写作总难免要出错的。

　　学生：可是，我的错误太多了。语法错误再加上拼写错误，有十多处啊！糟透啦！

　　外教：这不要紧。你还有什么感觉？

　　学生：我觉得好像有许多想法，可就是表达不出来，要是用中文写就好了。

　　外教：是呀。我要是用中文写比你的作文还要糟。（笑了）

　　学生：（感到对方能理解自己）Smith 教授，请说说我的问题在哪儿，好吗？

　　外教：当然。据我看……

　　（2）寻找共同的经验和想法，使对方感到你是能理解他的，能设身处地为他着想的。只有在这个基础上，双方的感情才有共同的基础，也才能顺利地进入深层次沟通。上面对话中外教用自己写中文来说明学生写英文不容易，从而消除了学生的顾虑，使谈话直接转入指导性意见。要是外教说："你是怎么搞的？连我的上小学的孩子还不如？"那将会是另一番局面。

　　有时候，当你正为自己的失败和无能而烦恼时，你的朋友却为了他的成功而高兴，在这种心情的强烈反差下，你要表示同感可就不容易了。

　　甲：（正在宿舍里对着自己的作业 C 发呆）

乙：（唱着歌走了进来，没有注意甲的情绪）我真高兴，这次终于
　　得了个 A。三个月的苦功没有白费啊！

甲：（机警地）我很为你高兴。祝贺你（起来拥抱乙）。

乙：我原先总以为自己不是学数学的料儿，数学太抽象，太神秘，
　　太枯燥。可是现在我明白了，数学的王冠谁都可以戴，只要
　　努力就行。

甲：（从对方的话中受到鼓励和启发）我这次没有考好。你看，得
　　了个 C，心里真不好受。

乙：啊？真不敢相信。你的数学一直不错嘛！别灰心，胜败乃兵
　　家常事，会学好的。

甲：其实，我并不觉得数学难学，只是这几个星期家里有事儿，
　　心绪不能集中。下一次，看我的。

乙：这才像话。（神秘地）我上一次没考好，还哭了一鼻子呢。

甲：我可不想哭。（反而笑了）咱们打球去吧。

（3）要用信任和鼓励的语言和肯定而积极的答语使对方感到亲切
可信，有人理解。例如："你准行"；"我相信你能够"；"你的观点是正
确的，会被公司采纳的"；"我相信你能够克服困难，取得好的成绩"
等。

患者：（有气无力地）大夫，我怕是活不成了。

大夫：不，你不会死的。

患者：可是，我真的不想活了。这次工厂的损失太大了，我没能
　　　及时从火中救出那台仪器，损失太大了。

大夫：不，不，你不能这样想。你已经尽了最大的努力了。厂里
　　　来人，都盼着你早日康复，回厂去看看呢！

患者：唉！（心里十分感激，但仍有所顾虑）

大夫：请相信我。（凝视对方片刻）你要相信生命的力量。我相信
　　　你能够战胜自己，我们会尽力而为的。

患者：谢谢！我感到好多了。

（4）肯定他人的情感，以你自己的语言来核实对方的反应，并表示自己的理解。不管你用什么样的好话，只要你的话指明或暗示了对方情感的不真实，你就有意无意地否认了对方的情感，表明你对人缺乏同感。相反，用不同的语言重复对方的思想和感觉，解释对方的信息，试图肯定对方的主观动机，就可以收到好的沟通效果。

下面两则对话发生在丈夫和妻子之间，可是由于丈夫的反应不同，取得的效果便截然不同。请注意加以鉴别：

A：丈夫：（下班回家，妻子示意孩子已睡，并将他引到厨房餐桌
　　　　　前坐下）晚饭吃什么？我可真饿了。

　　妻子：今晚我真的搞不到什么好东西给你吃。家里只有面包和
　　　　　黄油，别的什么也没有啦。（说着倒茶）

　　丈夫：（看着简单的食物）那也行。不错。闻着挺香的。我可
　　　　　真饿了。（过了一会儿，边吃边问）我们还有多少钱？

　　妻子：没几个子儿啦，连这个月的房租也不够交。

　　丈夫：还欠多少房钱？能想点办法吗？

B：丈夫：（瞪大眼睛看着那一堆欠单，不相信地说）我把挣来的
　　　　　每一个便士都给了你，心想料理家务是你的事儿，可是，
　　　　　到头来你还是没有料理好，欠了这么多！

　　妻子：（背过身去，望着摇篮里的孩子，委屈地）反正我也没
　　　　　有把钱白给别人，还不是一分一文都花在你和孩子身
　　　　　上。我连件像样的衣服也没舍得买。（抽泣起来）

　　丈夫：（不知所措）对不起，我不是这个意思。我不怪你。我

是说，要是没有那么多欠债，就好了。

妻子：（止住哭泣）我想我去帮人洗点儿衣服什么的，再挣点儿钱贴家用。

丈夫：（心痛地）不，不，你不方便。还是我加个夜班，晚上还可省一顿呢。

妻子：那怎么行，太苦了你呢。……

丈夫：（苦笑，但固执地说）别争啦！明天我就加夜班。

（5）使用清晰的话语和真诚热情的语调。许多人际交往中的误会都来自说话中的信息，但语调反映的情绪同样具有影响作用。怒气冲冲地大声斥责别人为什么生气，这无异于火上浇油。暗含讥讽和冷嘲的语调，更会无中生有地激起对方的反感。有时候说什么似乎无关紧要，怎么说倒反而引人注意。下面是一个"友谊商店"售货员和外国顾客的谈话，接着又和中国顾客的谈话，请注意她判若两人的态度。

顾客甲：这里真漂亮，有这么多东西！

售货员：想买点儿什么吗？（异常客气，满脸堆笑）

顾客甲：有日本产的剃须刀吗？给我看看。

售货员：有，你看这种好吗？

顾客甲：嗯，可以。不过电池不好配。还有别的吗？

售货员：（耐心地拿出五六种）你看有合适的吗？

顾客甲：让我看看。啊哈，这正是我要的。多少钱？

售货员：50元人民币，要外汇券，美元也行。

顾客甲：给你钱，是外汇券。

售货员：谢谢！欢迎再来。

顾客甲：再见。（转身离去）

顾客乙：（已等在旁边多时）请把这种剃须刀给我看看。

售货员：（没好气）你要哪一种？

顾客乙：就是刚才那位外宾要的那一种。

售货员：（不相信）你有那么多外汇券吗？

顾客乙：（有点儿不高兴）有。

售货员：先交钱，再看货。

顾客乙：（生气地）哪能这样？我不看好货怎能决定买不买呢？

售货员：（没好气）货不就在玻璃柜里，你看不见？！

顾客乙：（恼怒地）你刚才怎么服务的？真是阴阳面孔！

售货员：（受不了）你说什么？

顾客乙：我说你应该一视同仁，还写着"为您服务"的招牌呢！

售货员：就是不为你服务。（转身欲走）

经　理：（听见吵声，走了过来）对不起，你要哪种？

顾客乙：这一种！（接货，付钱）

经　理：谢谢，请多包涵。我和她谈谈。

顾客乙：没什么。再见。

（6）适当地保持沉默，并以其他方式表示同感。有时候，过多的语言反应会打断对方，或者不便于用语言表示时，可以适当保持沉默，暂不发表意见。让对方讲述自己的经历和感受，适当地以目光、表情、身体接触等，含蓄地表示你的同感，效果可能会更好。

请分析下面对话中几个人对于墨顿先生的反应，找出造成不同效果的原因。

墨　顿：（带着买到的西装来到商店，找到那位店员想说明西装褪色弄脏了衬衫领子）

店员甲：（没听完）这种西装我们卖了几千件，你是第一个抱怨的人。

墨　顿:(认为对方是说他是一个爱找麻烦的顾客,二人吵了起来)

店员乙:(插过来说)所有深色的西装,因为颜色的关系,一开始都有点儿褪色,这是没有办法的。这种价钱的西装都是如此。

墨　顿:(认为对方暗示他买的是便宜货,更火了)

经　理:(一言不发,耐心倾听墨顿从头讲到尾)你要我怎么处理这套西装呢?我完全照你的意思做。

墨　顿:(此时改变了主意,也消了气)我只要你的忠告。我要知道这种情况是否是暂时的?是否有办法补救?

经　理:你可否再穿一个星期看看。如果还不满意,拿来再换一套你满意的。很抱歉,给你添了这么多麻烦。

墨　顿:(满意地走出西装店。一个礼拜后,西装不褪色了。他对这家西装店的信心又恢复了。)

4. 自我辩解：让人家明白你的意思

交际是双方的活动,要人家了解自己,就得先学会表露自己。

学会积极地倾听对方的思想,以人对人的同感去理解人,还只是交际的一个方面。假如你在和外国人的交往中不能够恰当地表达自己的立场和观点、思想和感情,那么,对方还是不能够了解你的需要,甚至会对你产生误解和抱怨。这样,同样会影响交际的效果——即便对方是一个善解人意的合格的听者。

假设你学习英文写作,教写作的是一位澳大利亚教育专家,他认为你的作文意思不够清楚,专门把你叫到办公室和你交谈。而你却不能对他说明你想要表达的思想,对方又怎么能够按你的意思修改你的作文呢?

假如你是一家海外公司的产品推销员，国外客户对你的产品质量提出抱怨，而你却不能向用户清楚地讲述你公司产品的各种性能指标和质量标准及使用条件。那么，又怎能使对方觉得责任不在你公司一方以致于不再坚持退货呢？

病人不能向医生说明自己的病情，妻子不能对丈夫说明自己的想法，约会迟到的小伙子不能对女朋友作出合情合理的解释，同室居住的同学不能向室友说明自己的作息习惯，所有这些都是自我辩解无能的表现。

自我辩解不同于自我表露。如前所述，自我表露是在人际交往过程中，你主动地、有意识地把自己的真实情况和想法向他人透露出来，所透露的信息又是他人通过别的途径所无法获得的。这里指的是以人际关系为目的自愿暴露自我内心及有关情况的言语和非言语行为。而自我辩解虽然也含有自我表露的成分，其目的却侧重于在具体交往任务中通过适当的言行维护自己的正当权益，但又以不侵犯别人的权益为前提。它是建立在尊重对方与自我尊重的对等基础上的，即在真诚而坦率地表达自己思想感情、意愿信念的同时，也要让别人表达他自己。自我表露必须表达同自我有关的信息，而自我辩解却不一定。例如，你向外教说明你作文中要表达的思想和感情时含有自我表露的内容，但并不是为了让对方了解你自己以建立私人关系，而是为了提高写作能力这一实用性交际目的。而在你作为推销员代表你的公司向用户讲述产品性能等问题时，你基本上没有涉及和自己有关的信息，而是将自我辩解的内容指向产品，虽然在这里维护你和用户双方的利益和关系都显得同样重要。

让我们来看一个实际的例子，以便进一步说明自我辩解问题。

你从报纸上看到一家外资企业的招聘启示，并顺利地通过了初试。然后你按照约定的时间到招聘办公室外面等候复试。15分钟后将要轮到你进行复试时，从外面匆匆走进一位年轻人，看样子也是赶来参加复试的。时间到了，秘书准时喊你的名字，你还没有回答，那年轻人却起身向秘书说他很忙，要先参加复试。这时，你该怎么办呢？

（1）你失望地重新坐下，一声不吭，忍受着不公平的待遇和不礼貌的举动，等候秘书再来叫你。

（2）你坦率而又礼貌地对秘书说，你已经在外面等候了一刻钟，只是为了如约准时参加复试，并不想抢到别人的前面。你相信现在走进办公室同经理面谈进行复试的应该是你，而不是别的什么人。

（3）你情绪激动，对秘书大声说，你早已在外面等了半天了，受到如此待遇令人难以忍受，还指责这家企业的工作作风不好，你不要这个工作了。说罢，不等秘书答话，瞪了那位年轻人一眼，你便愤然离去。

在以上三种做法中，第一种没有自我辩解行为，从而放弃了自己的合法权利和复试机会（暂时的），显然是自我辩解无能的表现。第三种以激烈的言辞和过激的离开行为向对方发泄心中不平，以至于伤害了秘书的面子及其公司的名誉，对那位后来的年轻人也不够尊重。只知道维护自己的权利却不顾及他人的尊严，这属于交际中的侵犯行为——且不说发泄一通又放弃了复试的机会！

只有第二种才属于自我辩解：既说明了你的处境和立场，又尊重了对方而不伤和气，同时也没有伤害第三者（那位年轻人）。结果，很可能秘书会把你叫进去而让那位年轻人等一下。当然，按照中国文化中的价值观，在弄清楚那位年轻人确有急事而你又自愿让出这个机会的话，也可以使问题得到解决，但不属于这里的讨论范围。

笔者在美国曾经历了这样一个小插曲。

我们有个中国语言文化班，在某大学的学生文化中心上课，时间为下午4点整。一次，当我们几位提前到达时，里面正在放录像，估计也快结束了。我们便等了一会儿。我想，4点钟要不能放完，推迟几分钟上课也不要紧，免得让大家扫兴。可是时间刚到4点，我们班一位美国学员就向中心工作人员提醒，上课的时间到了。工作人员二话没说，就立即停止放映录像。其他观看的人只好散场，但无一人抱怨。这位美国学员的自我辩解其实只有一句话："是否 4 点钟起本教室归我们中文班使用？"对方承认。这样便维护了自己的权利，其他人也不视其为是不公平的侵犯行为。

自我辩解一般需要辩解者一方有积极的自我认识和自信心，同时也需要双方都尊重对方的权利和利益，以便在平等与公平的基础上妥善地消除人际关系中的潜在冲突，实现顺利的合作。自我辩解能够避免或消除人际交往中可能的猜疑和误解，解除交际双方对问题的疑虑心态，从而有利于人际关系的改善和具体问题的解决。

交流信息的技巧对于自我辩解者有关键作用。这里涉及言语行为和非言语行为的综合表现，例如措词的强弱、说话的多少、辩解的程度和方式等方面。实际上，自我辩解的程度和方式与人际交谈的效果密切相关，并不是不善于自我辩解的人都是默不作声的——交谈的内容和方式起着关键的作用。

下面一则对话发生在一对男女朋友之间，而女方（萨莉）的自我辩解不足和不当直接影响到男方（弗雷德）的理解和反应。其中的问题同不少中国人和外国人交际时的表现十分类似。

萨：唉，你这话真傻。如果我们今晚不见面了，你同意吗？[态度不够坦率]

弗：为什么？[不明其中奥妙]

萨：没什么。我想明天晚上咱们可以去看一场电影。[避开提问，以新话题绕开]

弗：可以啊！不过，为什么不可以今天晚上就去呢？[反应积极，但坚持要明了为什么]

萨：嗯，是啊！哦，对了，我妈妈说我今晚必须照顾弟弟。[说出

　　理由，似言不由衷，不能自决似的]

弗：你为什么刚才不这么说？我们当然可以明天晚上去，这没什么。[有点儿责怪对方，重复自己的反应]

　　请想想你在同外国人的接触中有没有萨莉式的心理和言语表现，并想法为萨莉改进一下她的谈话方式以便进行较强的自我辩解。当然，由于中西文化差异，有些外国人会认为这是中国式的交谈方式，而有经验的交谈者也许不会打破沙锅问到底。这样，实际上会在外国人心中留下不真实的甚至不愉快的印象。尽管对方出于"礼貌"没有继续询问。在你一方，也许你永远不能意识到这中间还有你该说而没有说或者说得不够坦率直接的东西。

　　在同外国人尤其是欧美人的交往中，东方人往往不能有效地进行自我辩解，从而在无形中增加了让对方了解你的障碍，甚至丧失了维护自己正当权益的机会。而适当和必要的自我辩解则会使对方坦诚相见，在思想感情的碰撞和交流中迅速推进交往的进程，使结果早日水落石出，避免不必要的绕弯路。

　　假如你是一位乘客，并遇到下面对话中的类似情况，你是否能像那位外国乘客那样运用自我辩解的技巧迅速搞清楚有关规定并做出决策，而不至于莫名其妙地服从，或者抱着侥幸心理与服务员发生争执？

服务员：让我把你这几只短毛狗也带去托运吧。

旅　客：不用了，谢谢。我想上飞机的时候把它们带在身边。

服务员：你不能把它们带上飞机，先生。

旅　客：我想不必托运吧。上机后我就把它们放在行李箱里。

服务员：你不托运这几只小狗的话，到时候可能上不了飞机了。

旅　客：这我可不知道。

服务员：飞行安全规则禁止私人带狗上飞机。这是为了你的安全，也为了别人的安全。

旅　客：好吧，办托运吧。

　　假如你是那位服务员的话，你是否也能这样进行自我辩解，而不是不讲原则私自放行，或者不讲清楚道理只是到时候拦住不让旅客上飞机呢？你也许知道，在人际交往中，除了很特殊的情况以外，双方都有合作的善意，但同时也有不了解的东西。这样，只有通过自我辩解才能达到相互理解，顺利地实现交际的目的。

　　那么，如何借助必要而恰当的言语行为和非言语行为来进行自我辩解呢？

　　（1）首先，在和外国人的交往中，要始终保持清晰的自我意识和对他人尊重的态度，既不要把对方看得高不可攀，也不要把自己看得高人一等。你要敢于和善于维护自己的权益，但又不要有伤害对方的念头——特殊情况除外。

　　（2）中国文化中的"忍"字就连中国人在互相交往时也不一定能起到多少积极的作用。因为它往往在不能或不愿意为自己进行合法申辩的情况下，给对方以可乘之机和侵犯你的可能。而你在"忍无可忍"之时，又会突然间借机寻衅，向对方无节制地发泄一通，往往根本不顾及后果。这种心理应当去除，否则将不能顺利进行跨文化交往。

　　（3）由于中国文化不强调语言表达的直率和明晰，而是借助于情境的暗示和非语言的暗示，这种交际方式西方人一般并不理解。因此，一定要在同时利用情境和非言语暗示的条件下，尽量运用清晰透彻的语言进行自我辩解。即使发生口头争执也不像你想象的那样严重，只要不是出口伤害对方就可以了。因为西方人当面说到，即按答应的去做，过后并不一定记在心中。除了日本人和儒家文化圈中的民族之外，欧美人的"面子"观念并不严重，倒是我们自己由于过分顾及"面子"，往往不敢当着对方的面直言其事。

（4）在自我辩解时，要采用开放而礼貌的姿势，运用适当的手势和生动的表情来表明自己的坦率态度，同时保持目光接触——既不要死盯着对方，也不要目光躲闪。要显出自信心。

（5）在自我辩解的语言运用上，要理直气壮，口音清晰，选择有份量又适当的字眼和语气来申明自己的处境和看法，不要用不肯定的赘语，也不要吞吞吐吐，断断续续。要说出一连串完整的句子来完整地表达自己的思想。

（6）直接运用"我"来叙述，例如"我想"、"我觉得"、"我相信"、"我需要"等，来表达你的需要、愿望、想法、感觉。在询问对方时，要能设身处地，平等待人，积极征询对方的思想和情绪，例如用"你是不是觉得……"，"你希望……"，"你需要我的帮助吗?"等语言。同时，可以运用"我们"将双方包括在内，以表示你相信对方，愿意和对方一起分享你的经历、观点和体验。"我们"是一种有利于对方接受使双方感到亲切的合作性语言。多用"我们能够……"，"让我们……"，"如果我们……，怎么样?"等合作性语言。

（7）不要运用恐吓、威胁、贬低对方的语言。例如，不能说"我警告你"，"你要当心哪"，"如果你不……，就会吃苦头的"等语言向人说话。另一方面，尽量避免评论性、指责性的语言"你真笨"，"没有人会像你那样不可理喻"，"你应该如何如何"等。你这样对人说话，只会引起对方的反感和行动上的不合作。

（8）要敢于说"不"，而且要说得艺术。这在自我辩解中有时是不可避免的。不好意思拒绝对方的要求，不敢否认自己不愿意接受的无稽之谈，这是自我辩解无能或无力的表现。请设想你要拒绝下面的要求、服务或邀请，你该怎么说才不伤害对方而又能表达自己呢?

A. 你领孩子走进超级市场，售货员向你的孩子推荐一种新式玩具，可是你最近刚买了一件与之大同小异的玩具，孩子又有点儿想要，你该怎么说"不"呢?

B．外国朋友邀你周末一起去跳舞，你根本不会跳舞，也不愿意去，而且，你周末还有更重要的事情要做，也抽不出时间。这时，你该如何谢绝对方的好意呢？

C．旅客由于自己不小心，丢失了东西，却反而责备和抱怨你们宾馆的服务不好，安全措施不周。你该如何进行自我辩解，才能既分清事件的责任，又不致于伤害对方呢？

D．你上礼拜借给一位留学生几本书，供他写论文时参考。今天你抽空去看他，想问问他写作的进度和困难，可是刚一见面，他却误认为你是来要书的。你该如何向他解释你的来意？

E．你出于专业便利和职业原因，帮助一位外国人解决过不少的问题。外宾过意不去，临行前非要送你一件贵重的礼物，而你知道这东西对他十分重要，所以坚决不收。这时，你应该如何说明自己的想法，又不使对方感到为难呢？

（9）调动一切语言手段来具体地表达你的意思，不要脱离交际情境和具体话题去谈一些不着边际的事情，以免大而无当。也不要遮遮掩掩，说话绕弯子或说半截子话，让对方费心思去猜。一般说来，外国人不像中国人那么有耐心去猜心思，他们更喜欢坦率和把话说透。

（10）使用必要的强调和重复。在用外语表达思想的时候，我们的表现力总是不如用汉语那样透彻有力。你自己认为表达清楚的，对方未必就听得很明白。因此，要设法把自己的要点用重复和强调的手段表现出来，让人得其要领。还有，交谈中一闪而过的话语很容易忘掉，重复强调有助于对方的记忆和理解。

（11）永远不要相信你和对方具有共同的经验和相同的听力水平。要常常假设对方对你所说的话的背景并不了解，或不十分了解。只有这样，你的自我辩解才能找到起码的心理基础和知识基点。在和外国人交谈时，许多事情往往需要重新考虑、从头说起。

最后，在学习了自我表露和自我辩解之后，让我们再结合倾听与同感理解等理论，一起分析一个简单的案例，来说明在跨文化的交际过程中误解究竟是怎样发生的。

> 约　翰：看起来我们这周六要加班了。
>
> 吴先生：知道了。
>
> 约　翰：你周六能来吗？
>
> 吴先生：嗯，我想可以吧。
>
> 约　翰：那真是太好了。
>
> 吴先生：嗯。但您知道，这个周六很特殊。
>
> 约　翰：什么意思？
>
> 吴先生：是我儿子生日。
>
> 约　翰：这样啊。希望他过得愉快。
>
> 吴先生：谢谢。非常感谢您的理解。

[分　析]

1. 吴先生按照中国人的表达方式，没有直接拒绝加班，却说了周六特殊，是儿子生日，实际上是不想加班。

2. 约翰对于"我想可以吧"这样勉强的应付话，按照美国人的习惯，感觉是答应了。因此，在听说他儿子生日的时候，只作了礼节性的应答："希望他过得愉快"。

3. 对于这个对话的结果，双方的理解，很可能是有歧义的。在吴先生一方，觉得我既然提出儿子生日的事，你也没有说"不"，还说了祝贺的话，说明你答应我（不加班）了。因此，他说了"谢谢。非常感谢您的理解"。

4. 在约翰一方，我问你能来加班吗，你的回答是"嗯，我想可以吧"。说明你已经答应了。至于你儿子生日的事，我已经表示祝贺，不失礼节了。他在心里甚至在感叹，中国人虽然说了儿子过生日还答应来加班，真是不错。

　　就深层的跨文化交际的理论而言，这里首先涉及直接表达和间接表达的关系。在美方是直接表达，在中方是间接表达。中方认为我已经间接（委婉地）表达了我的意思，而美方认为你既然没有直接表示拒绝，那就是答应了（何况你的语言是答应的口气）。

　　另一方面，也涉及其他理论。例如，高情景文化和低情景文化的理论。在高情景文化（例如中国）中，多用间接表达，潜藏的语义要通过具体的交际情景来推测，而在低情景文化（例如美国）中则是直接表达，较少依赖交际情景推测对方的意思（何况我已经问过你"什么意思"了）。

　　此外，还可以从民族心理的角度来说。中国人认为，给儿子过生日很重要，可以是一个拒绝周末加班的理由，况且天伦之乐乃人之常情，怎么说都得给我这个面子吧。而美国人认为，周末加班虽然是自愿的，但我毕竟是老板呀，你既然答应了，就会来加班，至于给儿子过生日，也是可以理解的，所以我按照礼节，表达了我的祝贺之词，总不会说我不懂人情吧。

　　进一步从交际情景的角色方面来判断，作为雇员或学生，吴先生不可能采用直接拒绝上司的方式来拒绝自己的老板，尽管约翰作为老板，不一定认为周末加班就不能不来（因为毕竟是自愿的，何况还有尊重自我和民主等其他深层政治理念在起作用），他还是希望吴先生能来。假若吴先生真的没有像约翰理解的那样，前来加班，约翰反倒会责怪他没有事先直接说明自己的想法。假若吴先生真的直接说明了他不来加班，约翰肯定不会有任何不高兴的地方，尽管对于儿子过生日这样的理由，他也许会有所保留。

四、语言的妙用

基督教《圣经·旧约》里记载了世界形成的过程，叫《创世记》。说的是上帝耶和华在一周之内创造了世界上的万事万物，最后一天造了人。这人便是亚当。上帝又让亚当给世上的山川河流、日月星辰、花草树木、飞禽走兽都起了名字，于是就产生了语言。

亚当和他的子孙们原来说的是同一种语言。后来，他们朝东方迁移到一个叫希纳的地方，这里是一片平原，于是便定居下来。有了定居之地，人们就成群结队地日夜工作，要建成一座顶天立地的塔，叫"通天塔"——一直通到上帝所在的天国。

这件事让上帝知道了，他就说："看啊，他们是同一种人，说的是同一种语言，如今便干起这等事来，将来想干什么还管得了吗?"于是，上帝就把人们的语言搞乱，令其言语互不相通。这样就有了世界上各种各样的语言。

上帝搞乱了人类的语言，人们彼此难于交往，便四散迁徙，分布到世界各地，从此在各处安居乐业，可是总归不能团结起来，成就一件惊天动地的事业。因为人类既然言语不通，无法交流消息，沟通思想感情，又怎能采取统一的行动呢?

这虽然只是一个神话，可是却说明了人类社会群体之间由于语言不通所造成的交际困难。我们今天要在各民族的交往中互相学习、取长补短，寻求更好的世界秩序，就一定要克服语言上的障碍，才能顺利地交往。

　　语言的不通既是人类诸民族相互交往的障碍，同时不同的语言又是人们进行交往所要凭借的重要手段。那么，该如何运用语言这个手段实现跨文化的人际交往呢？

1. 言为心声：常开君口才能表情达意

　　有人说："语言是思想的直接现实。"

　　有人说："语言是一套符号系统。"

　　有人说："语言决定人的世界观。"

　　有人说："语言是自由思考的牢笼。"

　　不管怎么说，要和外国人交往，就要懂得外语，而为了学习外语，人们花费了大量的时间和精力。可是，当面对外国人，第一次要开口说这种不属于自己本族语的人类语言的时候，很少能有人不心情紧张的。这难道是"叶公好龙"的心理在作怪吗？抑或是一种普通的"恐语症"？朋友，请相信这只是初上阵的战士那样一种暂时的紧张心理吧！就好像你第一次拿起麦克风面对成千听众那样，紧张的心理终归是可以克服的。

　　君口将开，要有必要的心理准备。

　　就拿英语来说吧，许多人都是从只会说几句简单的应酬话开始的。可他们的勇敢精神却是了不起的。

　　甲：How do you do?

　　乙：How do you do? Are you a student?

　　甲：Yes, I study physics.

　　乙：Physics? Good. Do you like it?

　　甲：Yes. I like it very much.

　　乙：But your English is also good.

　　甲：Thank you. I'll talk to you later.

乙：Good-bye!

甲：Good-bye!

你看，用不了多少词，只用很简单的句子，就可以和外国人交谈一小会儿。

当然，实际生活中的交谈不会如此简单而空泛。即便只是回答一个简单的问题，也不会如此简单。

假若你是一个酒店服务员，你的外国客人问你酒店里有没有游泳池。这时，假若你用一个现成的短语"Of course"（当然）回答他，他可能会觉得你这个不言而喻的回答使得他的提问相形见绌，似乎他刚才问了一个愚蠢的问题。于是他的即刻反应是一声"Sorry"（对不起），甚至"Thanks"（谢谢）。可是，你毕竟还是没有清楚地回答他的问题，即便你知道酒店里是有游泳池的。要是没有呢，也应当明确地告诉他才对。于是，下面两种回答就成了你可能的选择：

Case 1. Sure, we have one, in the backyard. （当然，我们有，就在后院。）

Case 2. Sorry, we don't have any, but if you don't mind, we could help you to the beach. （对不起，店里没有，但你要是不介意，我们可以帮你联系海边。）

当然，要有实质性的更为复杂的交谈，就需要有所准备。最简单的办法，就是提前想好要说的几句话，或者要解决的问题。必要时可以用一个小纸卡，把关键的词语记下来，做成一个"备忘录"，以便在非常时刻看上一眼，心里也有个谱，就不慌了。

其他简单易行的方法也可一试：

（1）带上有关的书面材料，围绕其中的问题交谈，会使你心中踏实得多，也会使谈话比较自然。例如，随手带一本美国文学史，和外教谈论美国文学就比较容易。虽然不一定要看书的内容，但能够见物生情，仿佛书里的东西都在你的脑海里一样。又如带上几张照片谈你的家庭和朋友，带一张中国地图或本市地图，向外宾介绍某些旅游景点等，都不妨一试。

（2）利用你熟悉的自然环境和室内布置作为交谈的话题或引子，不仅是一个顺乎自然的交谈程序，而且会增强你的信心，并使谈话内容易于表达。有些人认为，和外国人交谈一定要谈抽象的重大的题目，甚至要到大宾馆的豪华房间里去，其实未必。你可以把外国人邀到你家里，一边喝茶，一边交谈日常生活，或者领到你的工厂，边参观边介绍。因为你讲的是你熟悉的事情，并且是在你习以为常的生活环境或工作环境中交谈的，你自然比较有把握。

一位外籍哲学教授在某校任教期满，临结束前全系教师在系里的一个大教室开欢送会。有几位中国教师的致词都是很正式的，甚至有书面准备。可是那位外教却只指着讲台上的几盆鲜花，触景生情，借景发挥，形象地表达了美中人民友好的情谊就像这些鲜花一样美好和珍贵。

另一位美国学者在学术交流会期间，巧妙地借用中餐的布置和用餐程序，对中国文化的精神作了形象而生动的描述。其象征之深刻，表达之自然，令所有在场的中外学者拍案叫绝，叹为观止。

（3）从对方的语言表达中借用一定量的词语，作为你交谈的即兴话题，或作为你的交谈要使用的语言材料的临时补充。这是人们常用的一种谈话技巧。它不仅使你的谈话变得容易，而且使你和对方之间有一种语言使用上的默契，便于情思交融和相互理解，尤其使对方感到亲切。

下面是美国前总统尼克松访华时给周恩来总理的祝酒辞的片段，每一段文字中都运用了一些交谈的借用技巧（见黑体部分）。请先读这几段文字，然后再注意其中的语言技巧的有关提示。

总理先生，今天在座的诸位贵宾：

我谨代表你们的所有美国客人向你们表示感谢，感谢你们无可比拟的盛情款待。中国人民以这种盛情款待而闻名世界。**我不仅要特别赞扬那些准备了这次盛大宴会的人，而且还要赞扬那些给我们演奏了这样好的音乐的人。**我在外国从来没有听到过演奏得这么好的美国音乐。

总理先生，我要感谢你的非常盛情和雄辩的讲话。就在这个时刻，通过电讯的奇迹，看到和听到我们讲话的人比在整个世界历史上任何其他场合都要多。不过，**我们在这里讲的话，人们不会长久记住。我们在这里所做的事却能改变世界。**

……

因此，**让我们在今后的五天里一起开始一次长征吧，不是在一起迈步，而是在不同的道路上向同一目标前进。**这个目标就是建立一个和平和正义的世界结构，在这个世界结构中，所有的人可以在一起享有同等的尊严；每个国家，不论大小，都有权利决定它自己的政府形式，而不受外来的干涉或统治。全世界在注视着，全世界在倾听着，全世界在等待着我们将做些什么。

A. 他借用周恩来总理精心安排的现场演奏的美国音乐，自然地表达了他当时的喜悦之情，并巧妙地感谢和奉承了中方的盛情款待。

B. 他创造性地套用了林肯总统在盖底茨堡古战场上的演讲辞中的一句话（"我们在这里讲的话，人们不会长久记住，而勇士们在这里的行为，将会与世长存"），既暗示了自己作为美国总统的决心和身份，又加强了中美建交的历史使命感和重大意义。

C. 他有意识地从中国政府常用的"长征"一词中寻求比喻，而又赋予不同的含义，语义深长地表达出中美关系发展的共同目标和不同道路，具有发人深省的深刻哲理和外交意味。

（4）采用少讲多听适当插话的交谈策略，"以逸待劳"地进行交流，并可使自己"劳逸结合"，较长时间地适应，然后再逐渐加大说的比重。这种方法不仅可以避免初次说话的紧张心理，而且可以减少"言多必失"的机率。而在对方讲话的时间里，你可以从容地考虑下一步的反应。这种交谈方式还有一个好处，就是在多听的过程中让自己原先从书本上学到的语言材料逐渐地转化为有声材料，以便于轮到你谈话时再从记忆贮存中提取出来，予以应用。当你头脑发热，词语朝外冒的时候，你的谈资就已形成了。

聪明的读者当然知道，以上几种方法主要属于初次和外国人接触交谈时的权宜之计，主要是为消除心理紧张状态和准备语言用的。不过，在较高的层次上也可以使用。

实际上，就语言运用而言，跨文化的交际可以分为三个阶段：

（一）学习阶段：即为交谈而交谈的阶段。这主要是寻找机会和外国人交谈，去除畏难情绪，熟悉交际情况和练习语言材料的阶段。交谈的内容多是一般性的，在广度和深度上都不够，而且不一定有实际的交际价值和实用价值。

（二）实习阶段：听和说的比例发生变化，说逐渐增多，内容逐渐广泛和深入，能给对方留下较深刻的印象。此时，畏难情绪已经去除，语言运用较为自如，错误减少。能和对方建立某种联系，并解决一定的实际问题。

（三）实用阶段：即为交际而交谈的阶段。听说自如，基本上没有表达上的问题，也不会感到交际困难，能应付日常接触并交流专业学术等。具有保持和建立人际关系的能力和经验，较顺利地实现跨文化的交流、沟通和其他实用价值。

第三阶段当然是一种理想的境界，自不待言。在第二阶段的语言运用方面，要注意以下几点：

（1）先说出主要的思想，然后再加以适当补充和必要修正，使表达完整、准确。

（2）保持语言的流畅性和话语的连贯性。可用插入、倒装等语句结构和填充语，以免表达中断。

（3）注意用词的规范和准确，避免生造词语和用外国人听不懂的表达方式，如"干部"、"群众"等汉语特殊词的外文对应说法。

（4）学会用同一方式表达不同的思想，或者用不同的句式表达同一思想。注意语言的结构和功能之间的异同关系。

（5）能根据不同的交际对象和语用情境，选择恰当的礼貌用语和表达语气，避免造成语言失误和语用失误。

附栏 2：英语 Thanks / Thank you 的交际功能

1. 承认一个较大的帮助。

2. 承认一个诸如传递东西之类的小恩惠。

3. 肯定一个对将来的事情的感激。

4. 打发一个人或者一个人的服务。

5. 接受一个让谈话结束的建议。

6. 结束谈话。

7. 接受一个恩惠。

8. 当一个邀请被拒绝时（"不，谢谢"），使听者感觉好些（应酬功能），或者当一个人回答一个关于健康的询问时（"好，谢谢"）。

9. 讽刺、挖苦、无理。

10. 负面的要求（"如果你不……，我就谢谢你了"）。

（《跨文化成功交际研究》，朱晓姝著，对外经济贸易大学出版社，2007年，第 194 页）

下面是笔者在美留学期间的一则逸事，其中包含了关于致谢词语的用法和笔者的困惑：

　　某晚，和 Rupp 去餐馆吃饭。吃毕，起身离开。

　　半路上，忽然发现丢了东西（我的公寓钥匙）。即回头去找，餐馆正门已关。

　　绕至后门，灯火尚明，里面正在收拾。一女招待隔窗望见，过来开了门，问明来由，转身取回丢失之物。

　　接过失物，我心里感激，便对女招待说："Thank you!"

　　女招待送我们出门，对 Rupp 说"Thank you!"

　　Rupp 答曰："You are welcome!"

　　门既出，女招待返回。我问 Rupp，"为什么你要说'You are welcome'？她帮咱们找到失物，我们应该感谢她。她反过来谢咱们，你又说'欢迎你来'，是什么意思？"

　　Rupp 说，"她谢我们，是营业上的客套话。我说'You are welcome'，也是礼仪上的客套话，并没有别的意思。"

　　但我总归觉得，You are welcome! 更适合于主人对客人的致谢反应，总不能宾主不分，以至于反客为主吧。

　　也许宾主不分，正是其中的奥妙呢！

　　（《彼岸集：旅美散记》，朱墨，西安地图出版社，2000 年，第 135 页）

　　朋友，你能用附栏 2 里的提示，分析上述对话中的致谢用语吗？

　　为了更进一步深入讨论跨文化交际的语言运用问题，让我们关注以下几种有关语言的代表性理论。

　　A."语言是思想的直接现实"。这句话的意思是说，当人们思考时，人必须借助一定的语言才能进行。虽然一些特殊的思想活动可能并不一定借助语言，但是大部分人的大部分思想活动却离不开语言。例如，中国人用中国语言（汉语）来思考，英美人用英语来思考。离开具体的语言形式，思想内容就无从寄托。

这句话的交际意义在于，真实地表达自己真实的思想和感情。你是怎么想的，就怎么说；你想什么，就说什么。有许多人在初次用外语说话时，由于缺乏自己的思考，只是简单地把学过的句子背诵出来或者略加改变复述出来，机械地拼凑到一起，这实际上并不是在交际和交流思想。还有的人，自己也不明白要说什么，也不明白自己在想些什么，因此说出一些几乎没有意义的让人莫名其妙的话语来。

《艾丽斯漫游奇遇记》中有一段出色的描写，说明了艾丽斯要找的地方自己也不知道，别人当然无法向她提供指导了。

艾："请您告诉我，我该从这里的哪一条路走出去呢？"
猫："那得看你到哪里去了。"
艾："往哪儿去都行。"
猫："既然这样，你随便走哪条路都可以。"
艾："只要能到某个地方就可以了。"
猫："哦，你肯定会到达某个地方的，只要你走得动。"

初学用外语交谈的人应该牢记，当你自己都没有想好要说什么的时候，最好就不要说话。事实上有许多言语失误都是由于没有想好而造成的。换句话说，学习一种语言，首先就是学会用这种语言去思考，去说话。当然，这中间有个过程。

B."语言是一套符号系统"。这是语言学家的观点。它包括下列几层意思：

（a）语言是一套符号系统，和数学符号、化学符号、音乐符号一样，是由一个一个单独的符号（发声的和书写的）组成的。

（b）这种抽象的符号系统与它所表示的实际事物相对应（词语），按照一定的规则组合成一个序列（句法），具有任意性和抽象性、表意性和规律性。同样表示人，汉语用"人"[rén]，英语用 men [mən]，并不相同。

（c）不同的语言在实际的交际中变成言语。也就是说，交际者对一定的思想内容用特定的语言符号进行编码，成为言语行为并表示一定的意义；对方则把收到的这种信码加以解码，破译出其中的意思。就好像发电报和收电报一样。交谈就是这样一种不断编码和解码的过程。

在交际活动中，使用不规范的、不规则的词语和句法，对方就听不懂；用词不当，指代不明，对方就会产生误解。要是用文学课上学过的莎士比亚时期的语句，恐怕不是专家就不知所云。如果再把汉语中的词语（如"干部"）硬译成 cadre，尽管字典上是这么说的，但英美人不会懂，因为英美社会生活中没有这个概念。

由于不同的语言符号和规则的不同，所指和意义的不同，甚至产生歧义，因此言语在跨文化的交际中所造成的局限是显然的，所造成的损失甚至是无法估量和无法挽回的。

1945 年，德意法西斯在欧洲战场已经缴械投降，同盟国给日本帝国主义下了最后通牒，要求其投降。日本国首相召开了记者招待会，在会上公开表示他将"默杀"（mokusatsu）同盟国的最后通牒。可惜这个词选得太不好了。首相原意是说他的内阁准备对最后通牒"予以考虑"，可是这个词还有一个意思，就是"置之不理"。事也凑巧，日本的对外广播机构恰恰选中了这个词的第二个意思并译成对应的英语词语 take no notice of。此条消息一经播出，全世界都听到了日本已拒绝考虑最后通牒，而不是正在考虑接受。

这一语词上的误译使日本为之付出了惨重的代价。美国闻讯后，即派出 B-29 飞机飞临日本国上空，在广岛、长崎两地投下两颗原子弹，造成人类战争史上最严重的核武器杀伤——成千上万的人当即身亡，更多的人终生蒙受残疾和耻辱。

假如"默杀"一词没有误解也没有误译的话，假如日本首相选用另一个意义明确、不会产生歧义的词的话，或许就不会有这种惨烈的悲剧发生。

C. "语言决定人的世界观"。这是语言相对论者的观点。其代表人物是美国语言人类学家沃尔夫，称为"沃尔夫假设"。其主要观点是这样的：

（a）语言不仅仅是人们思想和交际的工具，也不仅仅是一套任意的、抽象的符号系统。语言是人们在认识客观世界的过程中基于共同的或类似的生活经验，按照约定俗成的原则逐渐创造和形成的。

（b）语言的创造和形成过程凝聚着同一群人对世界的共同经验和认识，因此每一种语言的词汇和语法都含有这一群人能够理解和应用的生活经验，即意义。

（c）当人们在语言形成之后学习和使用这种语言时，人们就不知不觉地接受了语言符号和规则系统中所包含的意义，即受到这种语言意义的认识制约。因此可以说，不同语言决定着不同的人对世界的不同认识，也就是世界观。

（d）每一种人类语言在其特定的人群中都可以顺利地进行交际和沟通。但在讲不同语言的人群中要进行交流，困难的还不仅仅是语言的不同，更是这种世界观的不同所造成的心理上的隔阂。

在和讲不同语言的人们交往时，首先要注意的是，不同的语言不仅有不同的词汇，而且每一具体的词所指的意思也不尽相同，甚至很不相同。例如，英语中用 home, house, family 三个词分别指家园、住房和家庭成员，而在汉语中一般只用一个"家"字。在汉语中表示搬东西的具体词很多，如"扛"、"抬"、"拿"、"顶"、"担"、"抱"、"夹"，可是在英语中只用一个较抽象的概括词"carry"就可以了。

这种词汇的不同划分，实际上是不同的文化通过语言的词汇系统将周围常见的事物人为"瓜分"的结果。从图 3 可以看出英语和另外两种北美、南美语言对于人体手臂部位的不同划分和命名。望读者看完以后再加上汉语对同一人体部位的划分和命名。

推而知之，语词的切分功能反映了认识的侧重并随时代发展而发生变化。爱斯基摩人生活在冰天雪地，对雪有许多词进行描述；阿拉伯人离不开骆驼作为沙漠运输的工具，能把骆驼身体各部位详细命名；法国人能叫出并谈论许多酒类及其品位；中国古代许多字分别指各种颜色和特性的马；直到今天，中国文化中的亲属称谓系统仍然可以说是世界上最复杂的。由此可见，词语不但瓜分世界并且反映复杂的社会关系和事物之间的各种联系。尤其重要的是，语言通过词语和句法的认识作用反映人们对世界的主观认识。这些认识因文化的不同而不同。

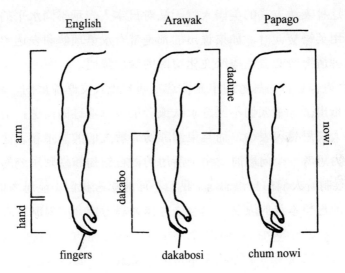

图3　英语等三种语言对手臂的不同划分和命名

美洲河皮印地安人不会说 I stayed five days（我住了五天），只会说 I left on the fifth day（我在第五天离开）。这是因为，河皮人只能把天作为一个单位一天天计算，而不能像英美人那样把五天看作是一个连续的过程并用复数想象成一个单位。学习英语的中国学生常感到英语时态太复杂，这是因为汉语中没有那么多时间概念的详细区分。虚拟语气也令中国学生头疼，无非是说明中国人不能像英美人那样习惯于把主客观截然区分，并在此基础上建立各种虚拟和假设关系。同样，英美人对于中国哲学中的"道"看得很神秘，我们自己在用英语论"道"时也很难找到恰当的对应词。无论是音译为 Dao, Tao，还是意译为 nature, law, logos，终觉不尽如人意。这就使得和外国人论"道"很难沟通。

学习和运用一种语言，实质上就是学会和运用那种语言中所包含的认识结果和表达方式。日语中有许多"敬体"，针对不同社会等级和亲疏关系均有合适的词语和表达方式。可是，不讲究社会等级认识和不习惯这种表达方式的美国人就无法对日本人表示不同水平的敬重。当我们用英语交谈时，如果说出的都是带有汉语理解和表达习惯的英语，这种情况势必会造成跨文化交际的深层障碍。

D."语言是自由思考的牢笼"。这是西方现代文学流派的一种观点。它强调指出了一个人们不愿意承认或者很少思考过的问题：语言不仅在帮助人们思想和表达，而且束缚和妨碍着人们的思想和表达。当人们在努力思考一个问题时，由于所用的语言结构和规则系统的有形和有限，限制着人们的自由思考。我们不可能思考我们不能思考的东西，既是人的思想本身的限制，也是语言作为思考媒介的限制。表达也是如此。

因此，当我们用某种外语和外国人交谈时，要尽量注意下列几个方面：

（a）要努力跳出汉语思考的框架和理解的滤色镜。用地道的外语表达自己的思想，按外语本来的意思来理解对方的语言。

（b）借助语言以外的理解和表达手段，例如姿态、手势、表情、眼神来了解对方和表达自己，以便补充语言本身的不足并进行必要的暗示。

（c）努力寻求日常生活中双方共同具有的相同的或相似的经验，

作为理解和表达的认识前提和心理基础。要能设身处地或深入浅出，求得在特定交际情景中的共同语言。

（d）及时反馈并注意对方的反馈信息。包括语言的和非语言的信息，必要时用提问等方式鼓励和检验自己的表达效果是否为对方正确地理解，并根据情况调整和改换说话方式。

（e）不管是在口头表达还是书面表达上，都尽量避免用汉语思考之后再用外语表达，尤其不要逐句翻译。且不说翻译本身需要特殊的知识和技能，而且时效和效果很有限，在面对面的交谈中，你自己边听边说边译边记，事实上是不太可能的。

著名作家张爱玲在说到中国人的说话习惯时，指出了喜欢引经据典这样一种习惯，实际上包含着某种意义上的批评。不妨引用如下，供大家参考和讨论：

中国人向来喜欢引经据典。美丽的，精辟的断句，两千年前的老笑话，混在日常谈吐里自由使用着。这些看不见的纤维，组成了我们活生生的过去。传统的本身增强了力量，因为它不停地被引用到新的人，新的事物与局面上。但凡有一句适当的成语，中国人是不肯直接地说话的，而仔细想起来，几乎每一种可能的情形都有一句适当的成语相配。替人家写篇序就是"佛头着粪"，写篇跋就是"狗尾续貂"。我国近年来流传的隽语，百分之九十就是成语的巧妙的运用。无怪乎中国学生攻读外国文的时候，人手一编《俗谚集》，以为只要把那些断句合文法地连缀起来，便是好文章了。（张爱玲：《洋人看京戏及其他》，载《张爱玲作品集》，北岳文艺出版社，2001年，第469页）

2. 活学活用：说话的学问与语用的误区

交际是一种需要，同外国人打交道是改革与开放的需要。如同今日古城西安周围的乡间老太婆见了外国人也会喊一声"Hello"，告别时也会喊一声"bye bye"一样，早在半殖民地半封建时期的旧中国的沿海一带，劳动阶级为生计也不得不和洋人交往一番。可是，那时候外语教学还不普遍，贫苦人也没钱进洋学堂。于是便在和外国人打交道的过程中用汉语的发音去类推模拟英语简单的口语，"创造性地"说出一套洋泾浜英语。还编出一套大众学习的歌诀：

来是"康姆"（come）去是"谷"（go）

廿四铜铀"吞的福"（twenty-four）

是叫"也司"（yes）勿叫"诺"（no）

如此如此"沙咸鱼沙"（so and so）

真崭实货"佛立谷"（fully good）

鞋叫"靴"（shoe），洋行买办"江摆度"（comprador）

小火轮叫"司汀巴"（steamer），"翘梯翘梯"（吃 tea）请吃茶。

"雪堂雪堂"（sit down, sit down）请侬坐

烘洋山芋"扑铁秃"（potato）

东洋车子"力克靴"（rickshaw）

"麦克麦克"（mark, mark）钞票多

红头阿三"开泼度"（keep door）

自家兄弟"勃拉茶"（brother）

爷要"发茶"（father）娘"买茶"（mother）

丈人阿伯"发音落"（fathar-in-law）

这其中的牵强附会式的发音谬误自不待言，可是毕竟凑合着满足了最简单的跨文化交际的需要，而这首启蒙歌诀，如今也没有完全送

入博物馆，甚至还在当年的小车夫中间传诵。

读者诸君也许感到好笑，可仔细想来，确实又给人以启发：

（1）不开口讲外语便永远不敢讲，不下水学游泳便永远学不会游泳。

（2）交际自口头始，今日之外语教学，却有本末倒置之嫌，有许多人仍然停留在书面语上。

（3）理想的交际，除了讲究能用不同的语言准确地表达自己的思想感情，还要注意避免由于文化上的差异所造成的语言运用上的误区。

如何才能较好地表达自己的想法，而且能让人家听得懂又不至于感到被冒犯呢?下面先就说话中的准确达意的一般问题作几点提示：

1）根据不同的交谈对象和情况选用不同的语言。

语言是有不同变体的。你若留心倾听外国人的谈吐就会发现，在英语之内有口语和书面语之分，有标准语和非标准语之分，有日常英语和学科用语之分；不同的地区有不同的方言，不同的阶级和民族有不同习惯说法，甚至每一个人都有自己的谈话风格和习惯用语。你在谈话中如果注意选用适当的语言类型，根据不同需要来组织自己的思想和谈话，你的交际水平就会提高。另外，交际场合的正式与否，交际者关系的亲疏与熟悉程度，都会影响人们的语言运用。

讲英语的国家不只是英国和美国，还有加拿大、新西兰、澳大利亚等国，因此英语便有不同国家的英语。这里我们只简要涉及一下英语和美语的区别，这些区别反映在发音、词汇、句法等各个方面。请先看表 4 的英美词汇差异，然后再注意句法等方面的不同之处。

同一个词语所指的事物不完全相同，例如，表示一楼、二楼、三楼，美国用 first floor, second floor, third floor，英国则用 ground floor, first floor，second floor。

表 4　英美词汇差异

British English	American English	Chinese Equivalent
flat	apartment	公寓
lift	elevator	电梯
sweets	candy	糖果
tin	can	罐头
note	bill	钞票
form	blank	表格
petrol	gasoline	汽油
luggage	baggage	行李
lorry	truck	卡车
holiday	vocation	假期
baron	/	男爵
/	gopher	美洲香槐
/	bayou	北美南部的牛轭湖

句法上的不同请对照下列几组句子：

（1）a. It's faster to go by plane than by boat.（美语）

b. It's quicker to go by air than by sea.（英语）

坐飞机比坐船快些。

（2）a. The clerk helped me select what I want.（美语）

b. The assistant helped me to choose.（英语）

营业员帮我挑选。

据说，英国著名小说家狄更斯在美国访问期间，有一次对公众演讲，说他看到台下有不少的 homely faces。他当然是以"诚朴的面孔"来取悦美国听众，可是在美语中却指"姿色平常"，与 ugly 无异。难怪听众，尤其是女士们要嗔怪了。

2）运用简洁明晰的语言表明你的意思。

首先是要明确自己要说什么，然后还要注意运用直接了当的语言说清楚自己的意思。尤其是要指代明确，叙述清晰。不要绕弯子，也不要说些没有多少信息的话。指代不清常常引起误解，或者增加听者的困难。下面一段对话本来是可以大大压缩的：

甲：请把那篇论文递给我。

乙：哪一篇？

甲：就是那篇。

乙：这篇吗？

甲：不，是你手里拿的那篇。

乙：我手里有三篇论文呐，你要哪一篇呢？

甲：有关细菌学的那一篇。

乙：是有实验室指南的那篇呢？还是有论文摘要的那篇？

甲：有摘要的那篇。

在面对面的交际中，指代关系本来是比较清楚的，只需稍加描述就可以了，何以如此说不清楚呢？下面一则问路的对话，则需要较好的记忆力、想象力和明晰的语言表达技巧。

司机：劳驾，请您告诉我，去那家以三十一种味道闻名的冷饮店，
　　　应该朝那个方向走？

行人：三十一种味道？哦，嗯，我知道了。你知道那颗橡树吗？
　　　嗯，我记得那儿还有一个记号。到了那儿，你就往左拐——
　　　大概是朝南的吧。然后，沿着那个方向朝前走一会儿，你
　　　就会看到，这家冷饮店就在你车上的乘客坐的那边。

司机：可我的车上一个乘客也没有啊？

看来，司机的问话和行人的答语都有些问题。假如能换一种说法加以改进，双方的麻烦就少多了。

　　司机：劳驾，请您告诉我，往巴斯金罗斯冷饮店怎么走？
　　行人：往前走到第一个标记那里，往左拐，接着向前走两个街区，
　　　　　就在你的右面。绝对没错。

3）运用解释、释义和重复手段提高谈话的明晰度。

你所用的词语假如别有含义，或者认为谈论的事物外国人不熟悉，或者表达一个比较复杂的思想时，都有必要作一些解释说明或者重复强调出其中的要点，以便使对方准确无误地理解你的意思。

毛泽东在延安同美国记者安娜·路易斯·斯特朗谈话时，用了"纸老虎"这个比喻。因为英语中没有现成的说法，汉语中也没有，翻译译成了"稻草人"。毛泽东作了纠正并予以比较解释，说明"稻草人"是农民插在地头吓走飞鸟的，而"纸老虎"却不仅可以吓小孩儿，也可以吓唬大人，形象地说明了帝国主义和一切反动派都是外强中干，不足畏的，可以打败的道理。

美国英语中有 bite the bullet 一说，为了让外国人懂得它的意思，Special English 节目广播员作了反复的解说：

A. 先说福特总统在电视讲话中号召全国以"bite the bullet"的精神节省开支，增加储蓄，忍受困苦，作出牺牲，以便度过通货膨胀难关。

B. 然后说明这一短语的意思是迅速采取行动，决不拖延，准备承受难挨的行动后果。

C. 接着追溯到这个说法的来源，说明战斗中伤员因药物缺乏以牙咬子弹忍受巨痛的场景，以形象地唤起人们的想象和情感投入，更好地把握 bite the bullet 的意思。

D. 最后，又以 1968 年尼克松总统用 bite the bullet 来向国会证明自己下决心提高税收的政策为例，进一步强调了这一说法的政治含义。

这样通过反复说明和释义，即用不同的语言表达同一个主要思想，bite the bullet 这一习惯用法在听众的脑子中就活了起来，印象深刻。

4）抓住事物的主要特征，用具体形象的语言描述出来。

要使你的谈话具体形象、生动确切，就要抓住事物的本质特征加以形象描述，以便给听者留下深刻的印象。至于判断和评价，则可以让听者自己去做。

请判断下面两个证人对警察提供的证据，哪一个更具体、含有更多的可用信息，为什么？

A. 警察：请你说说这个抢劫犯的样子，好吗？

证人：他跑得很快，我看到他戴着一顶防风帽，架着一副墨镜，穿件蓝色牛仔裤。看上去有点儿像个"摩托阿飞"。你也知道，这些人是怎样穿着打扮的。他们到处捣乱，搞得人家没法安宁。

警察：你说这个人戴防风帽。你看见他是骑摩托车跑的吗？

证人：哦，我看到两三辆摩托车停在街那边。所以，我想他是骑摩托车逃去的。

B. 警察：你能说说这个抢劫犯是什么样子的吗？

证人：他大概有 6 英尺高，体重约 190 磅。眼睛和头发都是褐色的。他的脚也特别大，身着蓝色牛仔裤和褐色皮茄克，还穿了一双笨重的靴子。

警察：要是叫那些嫌疑犯站在这儿排成一行，你还能认出他吗？

证人：我想能吧。

5）运用比较、对照、举例等方法把要说的意思讲清楚。

　　说话过于笼统和一般化会使听者不得要领，适当举几个例子就可说明问题。运用比较和对照便于指出事物的差异，也有助于思想的明晰。例如，你要说明在一种文化中得体的言行在另一种文化中未必行得通，就最好能举例说明一下。你可以说日本人见人鞠躬，美国人只是一挥手再喊一声 Hi。美国男子要主动为女子开门，可是日本人却不这么干。但这并不能说明美国人或者日本人就比对方更讲礼貌。因为礼貌在世界上没有统一的标准，是随文化而定的。举例和列举不同，列举是逐个列出要说的项目，举例则是以一两个例子说明一个问题或道理。请注意下面一则对话中的列举和举例。

　　外　宾：啊!真漂亮，这就是你们的工艺品?

　　讲解员：是呀。你看，这是大连的贝雕画，这是沈阳的羽毛画，还有锦州玉器。都是些国内出名的产品，还销售到东南亚和欧美一些国家呢!

　　外　宾：品种还真不少。那边陈列的是什么?

　　讲解员：是中国的传统乐器。你看，这就是古筝，是一种五声弦乐器，已经有 2000 多年的历史了。

　　外　宾：那也是筝吗?怎么弦比这个多一些?

　　讲解员：这是乐器厂新研制的十二调转调新筝。筝弦由原来的十二根增加到二十五根。音域音量都扩大了，音色也改进了。请听一下新筝演奏的乐曲，好吗?

　　外　宾：(倾听)真是太妙了。中国的乐曲和乐器都是举世无双的。

　　讲解员：谢谢!

6）注意讲话的条理和逻辑。

　　不论是随便交谈还是有主题的大段讲述，都要讲究说话的条理性和逻辑性，不能自相矛盾，也不能条理不清。虽然说话不像写文章那么严格，而且话题也可能随时变换，但是杂乱无章总不能取得好的交际效果。叙述事件要按时间顺序，不能用太多的插叙和倒叙；描述事物要有透视角度，一般按空间顺序依次描述；讲道理要有理有据，避免大而无当；就是讲自己的感受也要按自己对事物体验的心理顺序，显示出一定的条理来。

下面对话中的年轻医生在对外宾介绍中医烙法治疗时，先用操作时的先后动作序列来说明如何实施，然后又通过几组因果关系回答了病人为什么不会感到疼的疑问。

医生：Blake 教授，你看，这位患者患的是慢性扁桃体炎。我们准备用这根铁丝进行烙法治疗。

教授：铁丝？这么简单的器械？能行吗？

医生：能行。先把铁丝一端用火烧红，蘸上芝麻油。然后用压舌板压住舌头，再把烧热的一端顺压舌板送入咽喉去烙扁桃体。不用药物，病人也不觉得疼。

教授：为什么不感到疼呢？这么高的温度……

医生：你知道，扁桃体组织上痛觉神经很少，再加上操作手法快，就不会感到疼痛。另外，为了防止撕裂组织引起痛苦，还在铁丝上蘸了芝麻油。

教授：我明白了。中国的医学真是了不起！

以上讲了如何将你的思想表达清楚。可是在同外国人的交往中，表达清楚只是一个基本要求。更重要的是要注意你的语言运用要符合具体的交际情景，符合你的身份及与对方的关系，这就是语言运用的得体与合适性。不合适和不得体就会出现运用不当，即语用失误。语用失误的原因很多，但基本上可以归为两种：一是外语语言本身掌握得不好，一是没有考虑外国文化的因素对交际的影响，又以后一种原因最为重要。归结为一点，即是未能从语言的运用上跳出汉语的表达习惯和交际价值观，其中有少数则是个人一般语言能力（反映为汉语能力）不强所致。例如：

（1）In my opinion, my favourite movie is *Gone with the Wind*.

（2）Sorry，I haven't finished it yet. Can you give me an extension?

（3）You look nice and youger wearing this dress.

上面列举的句(1)属于一般语言能力不好，既然你自己最喜欢《飘》这部电影，又何必再加上"在我看来"这个短语呢？句（2）本身并没有错，但语气太直，可能是受了汉语说话的习惯影响，改一下可能要好些：I'm afraid I haven't finished it yet. Do you think it possible for me to get an extension? 句（3）没有考虑到具体的交际对象和文化因素。本来想奉承西方女士，说她（中年妇女）穿上这套衣服显得年轻，反而暗示了她本来就不年轻这一冒犯对方的事实。倘若对一位老年妇女这样说，或许还不为失礼。

语言运用的误区需要详尽讨论，但篇幅所限，恕不一一涉及。

下面给出一些测试题供你自测之用。相信你能够在同外国人的交际实践中学会走出误区，实现理想的交际目标。

（1）假如你是翻译兼导游，在参观完一个展室后引外宾到下一个展室，你应该说：

　　a. This way，please.

　　b. Come here!

　　c. Follow me!

　　d. Move on!

（2）一位外宾在街上撞了你，她对你道歉说 I'm terribly sorry，你应该说：

　　a. It doesn't matter.

　　b. Never mind.

  c. That's all right.

  d. Don't worry.

（3）一位留学生对你说 I wonder if you'd mind posting this letter for me on your way home, Mr. Zhang? 你应当说：

  a. You are welcome.

  b. I don't mind.

  c. I don't care.

  d. Yes, sure.

（4）你是宾馆招待员，外宾夸你英语不错，说 Your English is quite fluent. 你的反应应该是：

  a. No, no, my English is poor.

  b. No, not at all.

  c. Thank you. It's very kind of you to say so.

  d. Oh, no. Far from that. I still have a long way to go.

（5）你应邀去一外籍专家住处参加一个聚会，不知那位妇女是否是专家的妻子，你应该这样问：

  a. Is she your…?

  b. How are you related?

  c. Who's that woman?

  d. What's the relationship between you and that woman?

（6）宴会上你想主动认识一位客人，该这样介绍自己：

  a. Hi, I'm…

  b. Hi, I'd like to meet you.

  c. Hi, I'm… Do you know many people here?

  d. May I introduce myself to you and make your acquaintance?

（7）有人介绍你认识一位长辈，你应对他说：

  a. How are you?

b. Hello.（再鞠一躬）

c. Hello, it's nice to meet you.（握手）

d. Hi! Glad to know you.（挥手致意）

（8）你是经理，邀请外籍商人吃饭并谈生意。饭毕，对方起身告辞，你欲留他再坐一会儿，你该对他说：

a. Do you really have to go? Could you at least stay for another cup of tea?

b. Oh, no, you can't.

c. Oh, come on. You've got time for one more cup of tea, surely?

d. Well, it's still early. There's no hurry.

（9）主人请你再吃点儿，可你真的不喜欢西餐，你应该这样对他说：

a. I'm fed up.

b. I don't care for that.

c. Sure, I'd love some more.

d. Thanks, but I'm really full.

（10）宴会上你想起身告辞，该怎么办？

a. 说 It's getting late and I'd better be going.

b. 说 I'm sorry, I have to leave now.

c. 等待主人开口。

d. 找一个理由脱身。

（11）同车有人想抽烟，问 OK if I smoke here? 但你对烟过敏，该怎么说比较好？

a. It's not OK.

b. Can't you stay without smoking?

c. Would you mind if I said no?

d. No, of course not.

（12）去学校影院的途中，你看到 Blake 教授也去影院，该怎么跟他打招呼？

    a. Where are you going, Professor Blake?

    b. Good afternoon, Professor Blake.

    c. Are you going to the film, sir?

    d. Oh, we are in the same direction. Don't you think?

（13）听完演讲，你走到台前对外教说：

    a. You must be very tired. You'd better have a rest.

    b. Hello. It's nice to hear from you.

    c. Can I ask you a question?

    d. We should thank you for your excellent speech.

（14）你在一家外资企业工作。晚上加班完毕，老板进来说 Thanks a lot. That's a great help.你的回答是：

    a. You are welcome.

    b. Never mind.

    c. It's my pleasure.

    d. Thank you.

测试答案：

（1）a　（2）c　（3）d　（4）c　（5）a　（6）a　（7）c
（8）a　（9）d　（10）a　（11）c　（12）b　（13）c　（14）c

3. 唇枪舌剑：巧妙的提问与灵活的应答

在跨文化交际中，就语言交际中的问题与回答而言，两个地方都容易出问题：一个是提错了问题，使自己或对方陷入尴尬，另一个是遇到了棘手的问题而难以回答。

关于第一个问题，我们只举一个例证。

一个到德国留学的中国学生讲了自己的一段经历：

> 我曾经犯过这样一个错误：有一次在工作间隙，我和一位有经验的德国同事 B 先生聊天。他跟我聊了很多，而且很耐心地回答了我问的好多问题。但是当我问他每个月挣多少钱时，他开始含糊其辞好像突然牙疼似的。迟疑了一会后他才说"我每个月挣 6000 德国马克"，然后他在墙上写了一些数字，向我详细解释了他的工资构成。最后他又迅速地擦掉那些数字，并且嘱咐我不要告诉别人。他说这是秘密，给我的感觉好像他在讲个笑话。直到一年以后我才认识到我犯了一个错误。在德国，人们忌讳别人问自己的薪水。（《跨文化成功交际研究》，朱晓姝著，对外经济贸易大学出版社，2007 年，第 145 页）

不仅在德国，在西方许多国家，甚至在世界上的其他许多地方，人们都视工资收入和储蓄存款为个人隐私，是不能去打听的。所以，这位中国留学生的问题显然不得体，好在他后来意识到了，不过那已经是一年以后的事情了。另一方面，我们也能看出，即便受到不恰当的提问，这位德国同事还是很有风度的。他讲了自己的工资构成，显得很有条理而且很真诚。同时，也告诉对方不要讲给别人听，以便为自己保密。这样，既交上了朋友（没有批评所以没有得罪朋友），又保守了自己的秘密（通过善意的提醒和嘱咐）。

下面是一个在突如其来地遇到棘手问题时，如何可以从容作答的故事。

20 世纪 60 年代，日本地球物理学家高桥敷到拉美一些国家进行科学研究工作。他本来并没有准备上课，可是，由于"美洲国家组织"派来的一位教授受到当地学生抵制而退下讲台，高桥敷只好操着生硬的外语走进教室。教室里有 150 多名人种不同的男女学生等待着新来的老师。日本教授精神抖擞地出现了。

"诸位，"没想到刚一开口，就被学生自治会的代表打断了。

"我们还没有承认您是教授。不如说，您是被看作带有危险性的人。从现在起，我们要对您进行审查。因此，请回答以下问题。"

日本教授暗暗叫苦，只好洗耳恭听了。

"第一个问题，高桥先生同美国宇航局有某种关系。美利坚合众国是我们政治上、经济上的侵略者。对这一点，您怎么看？"

"第二个问题，美国是凭借实力到我们这里来的。与此不同，日本是以迁移的名义来淘金的。有人认为，日本人打算在经济上捞足了，就悄悄地溜回去。您作为官吏、移民、研究者，是怎么处理三者关系的？"

"最要紧的是第三个问题，我们南美学生，向往古巴的民族主义。您当然可以有不同意见。但只要回答一句，对卡斯特罗总理是否赞成？Yes，还是 No？

好家伙，连珠炮式地一连提出三个十分重大的问题，把对美国人的不满和对日本人的不信任一下子都倾吐在这位本来就没有打算上课的日本科学家身上。不容你不回答，否则就得退下讲台——像前任教授一样。

高桥敷先生不愧是有教养、有胆识的科学家。他不动声色，冷静地听着。等学生代表一回到座位上，他从容地答道："明白了，不过，在我回答之前，先向你们提一个问题：诸位是否知道冲绳岛（当时仍在美国占领下）？"

虽然学生们对日本知之甚少，但这个简单的问题还是能答出来的。

"知道。这是被美国无视国际法而占领的日本岛屿。"

"对。这是一个连选举权都没有的，被帝国主义者用暴力和高压手段所占领的地方。"

正中下怀。现在轮到教授提出问题了。

"谢谢。既然你们知道得这么多，为什么还要向我提三个问题呢？那不是失礼吗？我是日本人，是被美利坚合众国夺走冲绳的日本人！"

教室里立即响起了掌声和欢呼声。

高桥敷教授从容走下讲台，走出教室——把时间和决定权留给了学生大会。

《日本教授登上讲台》——第二天的各家报纸都简要地对这一消息作了报道。

日文报纸则以较长的篇幅予以详细报道。还用了《史无前例的日本籍教授》、《明媚春天的话题》等醒目的标题。

"大受学生欢迎，掌声不绝"则是这一夸张性标题的最佳注脚。

这就是提问的力量。它不但化解了对方的抵触情绪，而且改变了对方的态度。最重要的也许在于，它不仅为高桥敷先生在异国争得了教授的一席之地，而且维护了日本民族的尊严。

以提问或质问的口气消除对方的怒气，挫其锋芒，使其改变态度，作出有利于我方的决定，这在中国也是古已有之，不乏其例的。

秦宣太后在宫中守寡，与宠臣魏丑夫明来暗往，如胶似漆，到她临死前，竟下令要魏丑夫殉葬，好在阴间再做夫妻。魏丑夫虽然怕死，却也无奈。正在此时，大臣庸芮自告奋勇，前往说服太后。他一见面就问太后：

"人死了还有知觉吗？"

"没有知觉。"太后答道。

"既然如此，为什么还要把生前所喜爱的人活活埋到坟墓里和死人葬在一起呢？更何况，要是死人还有知觉的话，先王的积怒也一定很久了，太后到阴间请罪都来不及，还有什么空闲和魏丑夫相好呢？"

庸芮说得入情入理，正中太后心病。太后呆了半天，只好忍痛作罢。说：

"那就算了吧。"

　　聪明的大臣庸芮所提出的问题，无论太后如何回答，都是要得出这一结论的。

　　善于以提问和质问使对方陷于矛盾和被动，继而说出实情或作出有利于我方的回答与解释。这是周恩来高超的交谈艺术的本质特点。

　　1972 年田中角荣来华访问，周恩来直言发问："你对日本对中国造成的损害怎么理解？"迫使对方——昔日的侵华军人，今天的内阁总理——再三赔礼道歉，作出解释。

　　1949 年 4 月 1 日下午，以张治中为首的国民党南京政府和谈代表赴北平与中共代表举行和谈。周恩来抓住张治中临行前到溪口拜见名义上已下野的蒋介石这一不好公开的事实，一开始就严肃地质问："你为什么在离开南京前要到溪口去见蒋介石？"迫使对方承认拥有实力的蒋介石仍在暗中操纵假和谈，陷对方于不利局面。

　　中苏关系紧张时期，周恩来总理针对苏联霸权主义者散布的"中国反对缓和世界局势"的谬论，一连发出两个长长的质问予以驳斥：

　　"你那么想缓和世界局势，为什么不做一两件事情，比如说从捷克斯洛伐克或从蒙古撤退军队，归还日本北方四岛，来证明你的诚意呢？中国没有侵占别国的领土，难道要把中国长城以北统统让给你们，才算我们赞成缓和世界局势，愿意改善中苏关系吗？"

　　1936 年"西安事变"爆发，张、杨扣蒋于西安，手下官兵群情激愤，主张杀掉蒋介石。受中共中央委托带着和平解决西安事变使命的周恩来面对这种情况，劈头反问一句："杀他还不容易？一句话就行了！"在大家情绪稍稳之后，又一连提出五个问题，反问对方杀蒋以后的结果。"可是，杀了他以后怎么办呢？局势会怎样呢？日本人会怎样？国家和民族的前途会怎样？各位想过吗？"然后当大家冷静下来希望倾听中共代表意见的时候，周恩来又以简洁明晰的语言分析了当时的国内外形势，精辟地指出和平解决西安事变的可能，说明了为何不能杀蒋反而要逼蒋抗日以图民族长远利益的道理，终于使大家心服口服，放弃了杀蒋的鲁莽作法。

在一般语言交际和跨文化的交谈中，能否面对突如其来的提问从容应答，也是一种艺术。它既需要镇定自若的从容，也需要巧妙作答的智慧。

抗美援朝期间，有一天，周恩来刚批阅完手头的文件，顺手把笔搁在桌上，就有一位美国记者前来采访。美国记者一眼瞥见桌上那一支美国派克钢笔，以为有机可乘，便不怀好意地问：

"请问总理阁下，你们堂堂中国人，为什么还要用我们美国生产的钢笔呢？"

周恩来笑着回答："提起这支笔啊，那可说来话长了。这不是一支普通的笔，是一位朝鲜朋友抗美的战利品，作为礼物送给我的。我无功不受禄，就想谢绝，哪知那位朋友说，留下做个纪念吧！我觉得有意义，就收下了这支贵国的钢笔。"

听了这番从容不迫、绵里藏针的回答，那位美国记者竟窘得说不出话来。

在国际间的交谈中，有些问题是不好回答的，或不便直接回答的，这时，不妨以模糊的应对或者把问题作以"消化"再进行应答。这样，既不会因不好回答就不答，又可以避开难以回答之处，给予一般性的反馈处理，权作应答。在记者招待会上，这一手法尤其常用，而在其他场合也可以使用。

1984年5月的一天下午，美国总统里根由谢希德校长陪同，来到复旦大学给学生作即兴演讲。有个学生用英语提了这样一个问题：

"您在大学读书时，是否期望有一天能成为美国总统？"出乎意料的问题，使总统耸了耸肩——美国人表示难堪或无奈时的典型姿态。只见他略一沉思，接口答道：

"我学的是经济学，我也是个球迷。可是我毕业时，美国的大学生约有四分之一找不到工作，所以我只想先有个工作。于是当了体育新闻广播员，后来又到好莱坞当了演员。这是五十年前的事了。不过，今天我能当上美国总统，我认为早先学的专业帮了我的忙，体育锻炼帮了我的忙。当然，一个演员的素质也帮了我的忙。"

里根回答的妙处，在于他避开了难以正面回答的"期望"一词，而用"帮了我的忙"这一客观性的条件分析，从易处入手，循序渐进，完整地但却是间接地回答了中国学生提出的问题。

有时候，提问本身也是一种回答，甚至在对方并没有提问时也可以针对其观点予以主动发难。这就是一种反驳，未必需要对方回答。

俄国著名文学批评家赫尔岑很讨厌流行音乐。他年轻时出席一次宴会，讨厌得用手捂住耳朵不愿听。主人见状连忙解释说："演奏的是流行曲。"赫尔岑反问："流行的东西就一定是高尚的吗？"主人反问道："不高尚的东西怎么能够流行呢？"赫尔岑听罢一笑，又反问对方："那么，流行性感冒也是高尚的了？"面对这样机智的对答，主人还能说什么呢？

提问和应答，在现代商业社会中也可以用来消除对方的偏见并说服对方，达到维护自己及其所代表的经济集团的利益的目的。

美国一家电器公司的推销员阿里森来到不久前才建立关系的一个客户处，想再推销一批本公司生产的新型电机。没曾想一到这家公司，总工程师劈头就问："阿里森，你还指望我们多买你的电器吗？"

经了解，原来该公司新购买的电机发热超过了正常标准。阿里森只好见机行事，主动迎合对方。"好吧，斯宾斯先生。我的意见和你的相同。假如那电机发生过热，别说再买，就是买了的也要退货，是吗？"

"是的，"对方见此应答，心中暗暗高兴。

"当然，电机是会发热的，而你当然也不希望它的热度超过全国电工协会规定的标准，是吗？"

"是的。"对方随口答道。

"按标准，电机的温度可比室温高 72℉，是吗？"

"是的。你的产品却比这高得多，简直叫人没法摸，难道这不是事实吗？"对方反问了。

"你们车间的温度是多少？"

"大约 75℉。"

"好极了！车间室温 75℉，加上应有的 72℉，一共是 140℉左右。如果你把手放进 140℉ 的热水里。是否会烫伤呢？"

对方只好点头。

"那么，以后你就不要用手去摸电机了。放心，那完全是正常的。"

就这样，阿里森通过一系列巧妙的问答，不仅弄清了情况和原因，而且坚持了标准和原则。结果，对方改变了态度，不仅没有退货，还做成了一笔新的生意。

上面对话中有些时候，阿里森用的是"苏格拉底法"。苏格拉底是古希腊时期的著名哲学家，是柏拉图的老师，以善辩而著名。他在和对手的争辩中往往先从众所周知的常识性小问题开始提问，让对方不断地承认他说得对；有时候不用提问形式，而用陈述。这样经过一连串的提问或陈述，就会使对方的回答前后显出矛盾，这时再予以反驳，揭穿对方的谬误，或者正面阐述自己的观点。通过这种方法，道理就会越辩越明，从与对方的论辩中，则显示出辩证的真理的认识历程。

善于提问的人，往往也就是善于对答的人。因为很难设想向对方提出的问题连提问者本人也解答不了。这其中的奥秘也许在于，提问者常常把他的观点和结论隐含在问题之中。然而，由于提问者与应答者的关系多种多样，便使得问答的性质时有不同，有时候并不在于难倒对方，而是为了达到统一看法的目的。有些问题和提问者本人一样包含着善意。解放初期新任上海市长的陈毅和他岳丈的对话就是如此。

陈　毅：好，老人家，我也来问你。你是喜欢国民党，还是喜欢
　　　　共产党？

张大爷：你问这个干什么？

陈　毅：我看你老人家是喜欢国民党。

张大爷：（发火）什么？我喜欢国民党？！

陈小妹：哥哥！

陈　毅：（打断陈小妹）不要你插嘴！（对张大爷）这么说，你不
　　　　喜欢国民党？

张大爷：我喜欢国民党干什么？

陈　毅：那又为何不喜欢？

张大爷：（没好气地）国民党腐败。

陈　毅：怎么腐败？比如人事上？

张大爷：这我们都见过的嘛，任人唯亲，裙带关系，一人得道，
　　　　鸡犬升天。

陈　毅：说得好！所以国民党要倒台！老人家喜欢不喜欢共产党
　　　　也这样？

张大爷：那我当初就不会同意张茜到新四军去了！

陈　毅：好！那你喜欢不喜欢你的女婿也这样？

张大爷：这……

　　提问与对答，论辩与反驳，在跨文化的交谈中会呈现出多姿多彩
的纷杂局面。这里既有民族的、文化的因素，也有阶级的、个性的因
素在综合地起作用。当代著名的意大利女记者法拉契在同利比亚领导
人卡扎菲的激烈争辩中，就显示了上述种种复杂性的辩证统一。下面
引述几个片断：

　　法：你是怎样理解革命的？我不会忘记，希腊独裁者帕帕多波勒
　　　　斯也谈革命，而波诺切特和墨索里尼也讲革命。

　　卡：如果革命是由群众进行的，那么，它就是人民的革命。甚至，

革命是以群众的名义而由别人主使的，这仍然是革命。

法：1969年9月在利比亚发生的事情不是革命，而是一次政变。

卡：对！可是，以后它转变成了革命。……今天，在利比亚实际上只有人民当家作主。

法：是这样吗？怎样解释人民只能看到你的照片？甚至在过去的天主教堂，现在作为货栈的房屋下面也布置着你穿军装的巨幅照片？在我们的旅馆里甚至出售着中间绘着你肖像的银盘子？

卡：我有什么办法？人民愿意这样做。我应该做什么？阻止他们？我能够禁止他们？

法：呵，可以的！你可以的。你禁止过许多事情。除了禁止，你没有做其他什么事情。因·为你喜欢这件事，你不想阻止人们对你的个人崇拜。为什么电视中不停地唱赞美你的歌曲？你见过那些举起他们的拳头，高喊"卡扎菲""卡扎菲"的发出尖叫和狂吼的群众吗？

卡：我能够做什么？

法：在童年，我经历了对墨索里尼的同样场面！……

卡：……人民爱戴我……

法：既然人民这样爱戴你，你为什么还需要这么多的护卫呢？在到达这里以前，我曾三次被武装的士兵截住进行盘查，好像我是一个罪犯。在进门的地方甚至还有一辆炮口对准大街的装甲车。

卡：请不要忘记，这里是兵营。

法：对，可是你为什么住在兵营呢？

卡：我的大部分时间根本不是在这里度过的。可是，在你看来，这些防御措施是为了什么呢？

法：因为你害怕被杀。的确，有些人曾多次企图谋杀你。

4. 人我之间：批评与说服的艺术

在人和人的交谈中，娓娓而谈者有之，正言厉色者有之，循循善诱者有之，唇枪舌剑者有之，直言批评与婉言说服者更有之。在跨文化的交往中，能批评对方而不引起怨恨，能劝导对方并能产生实效，实在是一门艺术。

人非圣贤，孰能无过？在和外国人打交道的时候，你可能会发现自己从未意识到的错误，也可能会改掉自己多年来养成的不良习惯。除了不容忽视的环境因素的影响之外，更重要的是少不了人和人之间那种善意的提醒和批评。

就从抽烟这件小事说起吧。

假如你走进一家外国餐馆，服务员会微笑着问你是否抽烟，你立刻敏感地意识到，抽烟者和不抽烟者在这里有着严格的区分，于是，你坦率地告诉服务员你是抽烟的，然后顺从地坐到一张摆有烟灰缸的餐桌上。

假如你由于自己的疏忽或无知，或者由于服务员的估计错误而坐在一张不抽烟者的餐桌上，可你仍然习惯地取出香烟来准备点烟。此时，服务员微笑着向你走来，很有礼貌地问你是否愿意改换一张餐桌，和那些抽烟者坐在一起。

也许，你在教室里上完课后抓紧十分钟的休息时间也要抽上一支，这已经是你在国内多年的习惯了。可你刚抽了一口，就有同学向你走来。她先夸奖你的中国造的茄克衫很漂亮，当你心中正为自己的服装高兴之际，她却以柔和的语调提醒你：教室外边的过道里设着专供抽烟者使用的大烟缸。

这样三番五次的不加批评的提醒，也许能使你认真思考一下戒烟的可能性和必要性。可是，要改掉多年的习惯并非易事。有一次，在一个家庭晚宴上，你又习惯地掏出烟盒来，还递一支给坐在旁边的女主人以示礼貌。这时，男主人却顺势坐在你的身旁，向你讲起了他的抽烟史和戒烟史。他的言谈中绝无批评的意思，可你却觉得他好像是针对你有意识地"自我表露"似的。于是，你很礼貌地表示歉意，然后，悄悄地把没有抽完的长烟头熄灭在烟缸里。

你的戒烟的决心似乎更大了——伴随着这样一次接一次的强化刺激。可回到家里，你的妻子并没有批评你的抽烟——也许她早已习以为常，心灰意冷，认为你不思改悔了。不过有一天，妻子兴奋地给你递上一包戒烟茶，温和地向你建议不妨试一试这种同事们都认为有效因而特意托她转送给你的"小礼品"。面对这番感情和深厚情意，你还能说什么呢。只好答应试试了。

决心虽下，要戒掉仍然不易。为了履行你的戒烟诺言，你将奥斯特洛夫斯基的《钢铁是怎样炼成的》中的一句名言写在纸上，贴在桌上，作为座右铭。朋友们来家里庆贺你的生日，看见了，便不免开几句玩笑，取笑你戒烟的座右铭虽然是你自己写的，可是那禁烟令却是你妻子下的。你虽然矢口否认，可心中确实在佩服妻子的用心良苦——虽然她一次也没有为了你抽烟的事正面批评过你。

以上这些生活中的小事说明了什么呢？它们和批评又有什么关系呢？假如你是经常敏于观察长于反思的话，假如以上这些事例中至少有一两件是你的亲身经历的话，你一定能从中总结出批评的巧妙艺术来的。

（1）并没有任何的批评，甚至还表示出尊重你个人习惯的优雅风度。可事实上，你从受到的特殊礼遇中感觉得到，你是处于潜在的受批评者的行列之中。

（2）并没有任何的批评，只有微笑和建议。可你当然不会感觉不到其中的暗示：你坐错了地方。你忘记了你仍然属于那本该受到批评但却在礼仪上受到格外照顾的一群。

（3）先夸奖、称赞或奉承你的优点、长处和引人注目的特征，然后再巧妙地予以提醒、告诫、批评，这是交际中常用的有效的策略之一。既批评了你，又不使你感到受冒犯，这正是其中的奥秘所在。

（4）以现身说法和亲身经历婉转地指出了你的缺点或错误，既不伤和气，又使你感到亲切和真诚。而且有前车之鉴引以为戒，有身旁样板可供你仿效。实在是一种卓有成效的批评方式。

（5）并不去追根寻底，也没有指责抱怨，却怀着满腔热情抱着长期战斗的决心，抓住时机，巧设机关，具体地指出纠正和改正的途径和方法——这难道不比那激烈的争论和无休止的抱怨指责更有效果吗？

（6）幽默，它能在热烈友好的气氛中化解对方，而又给人很大触动和强烈印象。在许多时候，这种含有善意讥讽的幽默艺术比正言厉色的指责和一本正经的批评之辞更加有效——一旦损害了关系，给对方以难堪，批评的力量就化为乌有。

让我们再来看一个批评的实例。

1887 年 3 月 8 日，美国最伟大的牧师及演说家亨利·彼得·彼奇尔逝世，宗教界沉浸在一片哀伤之中。那个礼拜天，莱曼·阿伯特将应邀向牧师们作一场演说。为了使这场演说配得上这个非常时刻，也对得起广大牧师，阿伯特认真地作了书面准备，他几易其稿，像要发表大作那样加以润色。然后，他把讲稿读给妻子听，来征求她的意见。

说实在的，这篇讲稿写得并不好。至少他妻子当时这么想："莱曼，写得真糟糕，你会让听众都睡着的。你已经传道这么多年了，应该写得更好些才是。如果你读这样一篇东西，只会自取其辱。"

可是，有涵养的妻子并没有这样说。她说，这篇讲稿如果登在《北美评论》杂志上，将是一篇极佳的文章。

赞扬乎？批评乎？

聪明的阿伯特当然听得出来。妻子虽然赞扬讲稿，但实际上却在巧妙地暗示：这讲稿只适合登在书刊上，却未必适合口头演讲。于是，阿伯特忍痛割爱，将精心准备的讲稿撕掉，上台作了一次成功的即兴演讲。

批评与劝说，并没有截然的分界。两者都含有改变人的现有态度的意思，只不过批评着眼于指出对方的缺点和错误本身，而劝说则侧重于改变对方原有的态度和想法，使其作出对自己有利的选择和决策。批评的直接结果是引发别人的自我批评，劝说的直接结果则是改变态度。然而，劝说中隐含着批评，而且只能隐含，而劝说者本人则必须始终是以人为善和心平气和，才不至于转变为争辩。

劝说与批评，一般只在比较熟悉和亲密的关系中进行，或者在有利害交往的关系中进行。在与外族人的交往中，虽然不一定用得很多，但却同样必不可免。同时，由于跨文化交际的特殊性，也使得跨文化的人际劝说具有若干不同于一般人际交往的特征和性质，但其基本策略和常用技巧仍然具有一定的适用性。

劝说的前提，首先应具有良好的人际关系。劝说者在对方心目中的权威性和良好印象尤其有着重要的作用。其次，劝说者也必须做好和对方争辩的心理准备，甚至随时准备接受对方的批评。最后，劝说者应施以和蔼的态度、善意的动机、持久的耐心、高超的技巧、可行的策略。尽管如此，劝说者也要做好最坏的准备，那就是不得已而放弃自己的劝说意图——尤其是在多次劝说无效之后。

如何才能有效地达到劝说的目的，让对方心服口服呢？下面几点可供你参考使用。顺便指出一点，劝说不同于论辩，论辩的目的和方式都在于击败对方，但对方未必服气。而劝说却不能给对方以失败之感，否则便是劝说者努力的失败。

（1）迂回战术，从对方最不经意的事情说起。这里的要点在于消除对方的戒备和防范心理，将自己的劝说身份和真实意图隐藏起来。你可以以周围的环境、最近的新闻、身边的小事等为话题开始交谈，在交谈气氛融洽后再巧妙地转入正题。这种方法，最适合于交际双方原来关系不好，或者属于两个对立的营垒的情况。在有些时候，由于劝说的目的在一开始就无法隐瞒，便不妨作一自我辩解，使自己的身份和行为合法化。诸葛亮舌战群儒，一开始就是这种性质。诸葛亮不得不先替苏秦、张仪这二位历史上的说客辩护，实际上是替自己辩护。

（2）攻心战术，从对方的需要、兴趣和最关心的问题说起。不看交际对象的具体情况和反应，只图自己说个痛快，好像很有些论辩能力，实际上却无助于对方态度的改变，这是不行的。为了深入了解对方的需要和兴趣，可以让对方先说，耐心听完后，再作深入的分析，对症下药，有的放矢，选择相应的策略和方法，这是一种常见的劝说中的调查过程。它虽然不是劝说本身，但却是必不可少的。另外，改变自己对对方的先入之见，也有赖于积极倾听和重新思考对方的思想和态度。

（3）只有消除自己一方的偏见，才有可能客观地看待对方，进而设法消除对方的偏见和成见。所用的方法之一，就是谈天说地，说古道今，开阔对方视野，注入新鲜经验。只要对方置身于一个新的广阔的精神世界，离开偏见赖于生长的狭隘土壤，就好办了。你可以从不同角度引导对方改变观察角度，从不同思路启发对方重新审视问题。只要对方在你设置的大海里游泳而不拘泥于哪一个孤岛，你就有充分施展劝说才能的广阔空间，做到在捕捉时机时示以实质，引发诱导时游刃有余。这就是调虎离山的战术。

（4）从点到面，从面到点。先找出你和对方的共同之点，然后扩大这个点的范围到一个广阔的面，将对方的思想和你的思想融合起来，使双方的差别隐而不显。然后再找到你和对方的差别的关键之点，不露声色地将你的网从面上逐步收拢到这个点。以此作为突破口，集中说明你和对方的不同和你的看法，示之以利害，动之以情理，并指出改变的方向，让对方心悦诚服。这种方法，要求你有更广博的知识和大起大落的开放性与收敛性思维能力，有很高的艺术性。不妨称之为纲举目张。

（5）现身说法。在人际关系较好而且说服者有较高的权威性时，可以采用现身说法。也就是以你自己的类似经验和亲身经历来启发诱导对方，以拉家常的方式不露斧痕地劝说和说服对方或者干脆让对方从你的经验中吸取有益的营养，说出自己心中的体会，从而自觉改变原先的看法。毛泽东在对原国民党将领郑洞国的谈话中，以老乡的口气述说了自己当年参加革命，从学校走上社会向工农学习的历程，暗示了立场和观点的改变不是一朝一夕之功。周恩来以长辈口吻向青年人讲述了他年轻时对爱情的正确选择。在通常的情况下，现身说法是易于被人接受的一种劝导方法。

（6）巧设形象，寓抽象道理于具体形象之中。这是中国古代贤哲们用得最多的一种改变他人观点和态度的方法。这一方法的要点在于激发人们的类比推理，从而帮助人们了解事物的本质及其相互联系，或者以此改变人们的认识和态度。《庄子》里用的基本方法就是创设形象与类比推理相结合的方法。这里仅举一个别的例子。

古时候越国有两个人，一个多谋一个善断，两人合作对国家做出了很大贡献。但后来二人发生矛盾，不再共事，相继辞官，致使国运日衰。

密须奋为了劝说二位重新合作，一连用了三个故事来说明事物之间相互依存的道理。一个是海虾为海蜇充当眼睛，海蜇为海虾提供食物；一个是小蟹为琐结寻找食物，琐结为小蟹提供住所；一个是蟨鼠帮邛岠采集青草作食物，邛岠背蟨鼠逃离险境共生存。然后说，"依我看，你们俩就像我上面说的那些小动物，是无论如何不能分开的。合则存，离则亡。你们还是重归于好吧！"

二人听了密须奋的话，幡然悔悟，重归于好，密切配合，又共同担负起国家的重任了。

（7）网开一面，指出道路，劝对方改弦更张。这种方法，尤其适用于被劝说者陷于困境，无法脱出之时，或者要拒绝对方的请求，却又不愿伤害对方的自尊心的时候。例如，报社、杂志社和出版社的编辑，在退稿时一般并不直接否定或贬低稿件的价值，而是在肯定稿件有价值的前提下，向作者提出建议，劝其投寄别的出版单位。这种给出路的作法，比直接拒绝要好得多。在有外国人请你帮助，而你又无能为力时，不妨介绍更合适的人来为他提供帮助。聪明的售货员，在不能满足顾客的需要时，也会向顾客推荐别的商店和商品。

（8）劝人改变原来的想法和计划还有另一种办法，就是将事物推向极端，令其显出矛盾的一面或事实上的不可能，迫使对方改变态度，放弃原来的想法。

据说北宋时候有一位文史学家拜访宰相王安石，适逢有人向王安石献策，说把梁山泊的水排掉可得万顷良田，只是尚未找到合适的地方容纳这么多水。来人见机却说不难，只要再挖一个梁山泊就可以贮存排出来的水啦。王安石听言大笑，不再谈论此事。

（9）请君入瓮。请君入瓮原来指设下圈套，让人钻进去。这里我们另有新意。就是你不要以劝说者的面目出现，却以类似的事情向对方请教。对方以为你谈的是别人的问题，当然会向你侃侃而谈。又因为他此时能置身事外，旁观者清，故能提出卓有见识的意见。然后，你只需将他的意见联系到要劝说他的事情上，他就会猛然醒悟，中了你的圈套。但又不能自相矛盾，只好承认自己原来的想法不好，乃是"只缘身在此山中"了。而结局乐观的也大有人在。

美国长岛一位汽车商领一对苏格兰夫妇购买他的汽车，可是对方看了一辆又一辆，总感到不满意，终究没有做成生意。

几天后来了一位顾客要以旧换新，商人估计这辆旧车会使那一对苏格兰夫妇感兴趣，于是请他们前来帮帮忙。然后便叫他们试一下这辆旧车的性能，看看多少钱买到手才合算。试车之后，商人听到的是：

"如果你能以三百元买下这部车子，那你就买对了。"

"如果我能以这个价钱把它买下，你是否愿意买它?"商人问。

那对夫妇回答:"三百元? 当然可以。"

于是生意做成了。

商人并没有劝说，却反而是请教。请教的手段达到了劝说达不到的目的。

(10) 引而不发，让对方感到是他自己主动改变了态度。虚心请教的方法和引而不发的方法都基于这样一个普遍的心理事实:谁也不愿意处于被人劝告的被动地位，谁都觉得自己应该有能力和权利处理好自己的事情。

某公司领导人阿道夫·塞茨先生为他的一群汽车推销员的散漫作风和信心不足而焦虑万分。他于是召集了一次会议，让他们提一提对他自己的要求和希望。然后逐个记录下来:忠诚、老实、进取、乐观、团结，每天热诚工作 8 小时。最后他说:你们要求我的也正是我要求你们做到的。大家都表示有决心做到，以不负此公重望。结果，销售量上升得很可观。

塞茨先生甚至没有多费口舌去劝说和鼓励大家，他只不过把大家的意见收集来又放回去。用他的话来说，就是"他们等于和我作了一次道义上的交换。只要我遵守我的诺言，他们也就决定遵守自己的诺言"。

也许，与鼓励相结合的劝说会更加有效。态度的改变只有落实到行动上才算最终生效。让我们重温一条:劝说未必要把自己的意见强加于人，最好是像苏格拉底那样说自己什么也没有教。他的一切努力只不过起了"助产婆"的作用。那就是设法让对方自己产生新的态度，并且尽量让他觉得是他自己要改变态度的。

五、无声的语言

　　一位英国籍的文学教授在埃及首都开罗的艾因·沙姆斯大学给学生讲授诗歌。他振振有词、津津有味地分析诗的含义，完全陶醉在诗意的美妙境界之中了。稍一放松，他便把身体靠在坐椅靠背上，一只腿自然前伸，鞋底正对着全班学生。听讲的学生惊愕不已——这一在英国习以为常的动作，在穆斯林文化中却是最不礼貌的侮辱性姿势。

　　第二天，开罗各家报纸便以特大标题报道了学生们的抗议活动。他们一致谴责这种英国式的傲慢无礼，强烈要求把这位英国教授送回国去。

　　前苏联一位国家领导人对美国进行友好访问。为了表达他的友好感情，苏联人双手抱拳，举过头顶，向人们频频致意。这一象征友谊的典型动作在美国人的眼中造成了什么影响呢？许多在场的美国人根本不懂得它的意思，人们觉得该领导人正在模仿一个刚刚把对手击倒在地的拳击手！

　　朋友，假如你也在场，你将会作何解释呢？你难道不觉得这有点儿像武打片中走江湖的侠士在面对一群绿林好汉表达一种哥们儿义气式的感激之情吗？不管你的动作是自然而然的还是精心策划的，你在同自己文化中的人交往时似乎并不会有引起别人误解的顾虑。然而，在同异族人的交往中，你是否会想到：你的举手投足却会产生如此异乎寻常的意义，会引起如此不同凡响的反应？

1. 人体周围：你有一块小空间

人不仅用后天习得的语言说话，而且也用自己的身体说话。用身体说话是一种表情达意的艺术，被称为体态语言。

从交际的实用方面来考虑，体态语言与有声语言的区别主要反映在以下几个方面：

表5   有声语言与体态语言特征对照

有声语言	体态语言
① 明显分为语种，反映抽象思维，需练习或学习。	① 没有明显分类，反映日常习俗，似乎不学而会。
② 有明确的规则系统，分为口头语和文字，有字典可查。	② 无明显规则，有较多个人色彩和情感色彩，有多重意义解释。
③ 可以调查、监测、润色、修改，可以重复和解释其意义。	③ 其最关键部分，如眼神表情，在交际中很难自我监测，只能顺其自然而流露。
④ 语言虽有词不达意和言不尽意之时，但较少自相矛盾，较少被人误解。	④ 可能和有声语言相矛盾，很易于走入异族文化的禁区而不知。
⑤ 可以自如地表现或掩饰自己的内心，可以明确地表达十分复杂的思想感情。	⑤ 表现的成分多，而掩饰的成分少，复杂的思想感情只能意会而难于传达。

那么，什么是体态语言呢？

体态语言属于人类交际活动中非语言交际的一种，即以人体本身的出现及其活动（包括全身活动和局部活动）作为交际媒介进行表情达意的那一部分内容，其构成要素有四：

（1）界域   指人体本身的物质形体存在于他人的交际范围以内（即

可面对面地直接与之交际），同时又以他人感知（如视、听、触、嗅觉等）可能性的实现为基础，否则便无所谓直接交际。

（2）姿势　指个人的形体本身（如外貌、高矮、服饰、气质等），以及形体所采用的总体态势（如站、坐、卧、行等）及其面向（如面对、背对、侧对、转对）给予他人的总体印象和影响力。

（3）动作　指个人身体的运动方式（如屈、直、伸、缩等）和运动方向（如前、后、左、右等）及其所产生的象征意义和实际意义，其中又包括全身动作和局部动作（如头、臂、手、腰、腿、脚等）及其协调关系所产生的意义。

（4）表情　指面部表情（包括眼、耳、鼻、口及面部肌肉的运动方式）所显示的情绪意味（如喜、怒、哀、乐、惧、恶、燥、狂等）、思想表现、意欲倾向及其所产生的综合效果。

需要指出的是，以上四种要素在构成独立的体态语言交际活动时，是彼此协调化一、综合起作用的，而其交际效果则具有情境性和互动性，即取决于特定交际情境中具体交际对象之间双向的感知和反应作用。

广而言之，体态语言还包括说话中的声音效果，如音强、音高、音色、音调，以及词语中间所用的填充音（哦、嗯、啊等）、假噪音、干咳等交谈者发出的任何声音。视觉和听觉的延续部分还包括说话时手中所拿的物件，如纸、笔、烟斗、扇子等，统称为"小道具"。人身上发出的气味，如香水味、狐臭也是一种嗅觉刺激，同样会引起对方的喜欢或反感。除了目光、气味及非语言声音等非身体接触性信息以外，主要以手来接触对方和自己身体部位的身体接触同样会传达出某种信息。沉默——声音的缺失状态——也会传达出语言和手势难以表达的信息。最后，非语言的交际方式——除了体态语言之外——还包括不同文化中的人们对于时间和空间的利用情况及其策略。只要是由身体发出的任何信号都是体态语（有声语言除外），身体以外的信号则是更为广义的非语言交际方式（仅体态语除外）。

在人们交往的时候，有声语言（包括书面文字传递方式和口头说话方式）与非语言行为尤其是人的体态语言行为是相互配合，共同起作用的。这二者之间的关系体现在下列几个方面：

（1）体态语言构成有声语言的交谈背景，前者以视觉等为主要传递和接收媒介，后者则以听觉为主要传通媒介。两者共同构成一个完整的交际形象和信息源。

（2）体态语言是连续不断地发出信号的，即便讲话者和听话者并没有明显的外形动作，而有声语言则是断断续续地发出信号，因此体态语言有帮助有声语言连贯化的作用。

（3）体态语言所传递的信息既有示意动作，又包含一定的符号意义、暗示意义或象征意义，而有声语言的交际信息则是彻底的符号化意义——它代表一定的实体存在的随意性符号，具有抽象概括的性质。

（4）一般认为，非语言信息传递情绪意味多于思想信息，而有声语言的信息传递的思想意义多于情绪意味。前者使人感到亲切自然，后者使人感到造作和疏远。

（5）体态语言辅佐有声语言的情况在不少时候是重复和强调有声语言的内容，例如以手势助说话，点头或挥手加强肯定意味，反之亦然。

（6）在有声语言缺失或暂停时，体态语言可代替有声语言，例如，以点头表示同意而以摇头表示否认，但并没有说出同意与否的词语。

（7）体态语言还可以补充有声语言的局限和不足，例如，并不说"我看你"，可表情和眼神却将"我看你"的信息传达得十分清楚。在说明事物大小时以手势比划表达可获得比抽象的尺寸概念更为具体的信息。

（8）体态语言和有声语言会引起矛盾，即两者传达的信息不相一致。例如口头上说："好！好！"目光却冷峻严厉，直盯着对方的脸。一面说"可不能这样啊"，却又伸手去拍对方的肩膀以示鼓励。在这种情况下，一般认为体态语言比有声语言所传达的信息更加可靠，因为前者是无意识的，后者是有意识的。其实，体态语言和有声语言都具有有意识和无意识两种情况，又都会造成"失言"或"失手"，掩饰或流露。

下面先以与界域有关的个人空间和人际距离为例，来说明不同文化背景的人如何运用体态语言进行交际。

你观察过候车室或会议室里人们所坐的位置与姿势吗？

除非是为了排队抢位子，在一条长长的座椅上，人们总是疏密相间、相对匀称地分散坐着。相识的人和熟悉的人坐在一起（英美人再熟悉也不挤坐在一个位子上，他们宁愿有人站着），距离较近，侧对或相对面向，沉默或交谈，而与陌生人则稍微拉开距离，给其以侧面或背面，常常并不与之交谈。这时，假如有一位新来者也要坐这条长椅，他就要寻找一个合适的位置——所谓合适，就是既不能硬挤在本来就很拥挤的一群人中间，也不能把正在交谈的亲密者隔开。即便如此，当他终于找到一个合适的位置的时候，身边的人也会为他让出一点儿空间——即便并没有身体接触。周围其他人或多或少也会依次调整一下他们之间的距离——按照平均原则使格局发生一些微妙的变化。

在开会休息的时候，人们纷纷走出会议室。这时，你若留心，便会发现空着的坐椅上零散地放着一些书籍、笔记本、衣帽之类的东西。你不但知道这些位置是刚才有人坐过的，而且可以从衣物的放置方式（整齐与否）来判断其主人是否整洁，或者离开时是否仓促匆忙。当人们返回会议室的时候，在有衣物的地方当然会坐上原先的主人，而在没有任何表示暂时"所有权"或"使用权"的东西的位置上，则会有一些座位互换现象发生。即便如此，人们还是尽量回到自己原来的位置上，因为"刚才坐过"也可以作为使用权或所有权在时间上的延伸标志，从而影响着空间占领的连续性观念。

这就是人际交往中的个人空间，即以个人为中心向周围上下左右的延伸状态。延伸的边缘便是界域，即一个人与另一个人在空间上的分界处。分界可以是有形的，如同坐一张长椅上的两个陌生人之间的提包，共打一把伞在街上行走的一对恋人。但往往是无形的，也就是说，你所拥有的个人空间的大小取决于你和最近的一个人之间距离的大小。

影响个人空间或人际距离的基本因素是宏观上可以控制的空间的大小。例如，在宽阔的广场和辽阔的草原上，人际距离趋于增大，而在拥挤的公共汽车上，人们就会挤成一团（即便如此，英美人也要保持最起码的人际距离，不愿互相碰撞或前后拥挤）。人际关系的亲密和疏远同样重要。即使在开阔的地域内，恋人也会并肩依偎而行，这只能显示关系的亲密无间。

人对空间的支配不仅反映物质方面，而且反映精神状态。在受到侵犯时或过于疏远时，个人会自动调节与他人的距离，以提高私密度或防止过分亲密，或为了便于获取信息，或抵抗刺激过载。可见，保持适当的人际距离有保证心理平衡的作用。这就是保护功能。所谓传递功能指人们在保持和调节距离时实际上是在向对方发出交际信号，即传递个人有关亲疏的感觉暗示，使对方也以相应的行为作出反应，这样，便有效地保持个人防卫机制的不同水平。

霍尔在提出人际距离的保护功能和传递功能的基础上，又区分了个人空间存在的四种方式。

（1）亲密距离：一般在家庭成员之间，如父母与子女、丈夫与妻子之间，可小于15厘米。双方可以看清面部表情的细微变化，感到体温、气味和呼吸，便于对视、耳语、安慰、抚摸等亲密行为的采用。

（2）个人距离：常常是朋友、亲戚、师生之间的距离，处于45厘米到120厘米之间。近程约为一臂之遥，可以看清对方的面部细节。

（3）社交距离：多用于公事公办的非个人事务，如洽谈业务和接待新客，约为 1.2 米至 3.6 米。交谈双方隔着桌子谈话既表示双方的关系和距离，又表现出严肃和正式的社交气氛。

（4）公共距离：用于演讲、演出及各种仪式活动时的人际距离，约在 3.6 米至 7.6 米之间。为了弥补视听范围的局限，有时需借助现代化的视听手段来帮助传播和接收信息。

以上四种距离不但在内部有上限下限的活动余地，而且在不同类型之间也可能发生变化，从而产生不同的交际效果。其变化的具体情况和因素十分复杂，但是至少可以分为两种情况，一种是交际距离的增大；一种是交际距离的缩小。再细分则可分为同一类型内的增大与缩小和不同类型内的增大与缩小。同一类型内的增大与缩小可能是交际者的不随意动作使然，此时一般无重要意义，但也可能有重要意义。例如，亲密关系中的距离增大可能表示一方对另一方甚至双方之间的怀疑、反感、厌恶、生气、冷淡、拒斥等负反馈和负反应。相反，距离的缩小则可能表示喜爱、赞同、接受等正反馈与正反应，甚至为拥抱、抚摸、接吻等身体接触作好准备。

一旦超出特定类型的距离增大或缩小，则可能具有较同类型内的远近活动更为重要的意义。例如，由个人距离转化为亲密距离可能表示关系亲密，但也可能构成侵犯行为。不同类型之间的距离扩大同样有其两重性。例如：由亲密距离转化为个人距离可能表示关系的疏远或准备退出交际，也可能使对方失去压迫感从而解除心理防卫甚至身体防卫。而社交距离转化为公众距离时，除了正常交际角色的正常转化以外，单纯退出社交的情况同样可能包含积极的退出或被动的退出。由此可见，与个人空间密切相关的人际距离在不同的交际情境中和不同的交际者之间可能具有不同意义。换句话说，空间和距离的意义是由双方共处的暗示意义与交际者的互动关系共同赋予的。

可是问题在于，不同文化之间的交际者对于个人空间和人际距离

的理解和使用是否是相同的呢？换句话说，个人空间的使用和解释是
否存在跨文化的差异呢？答案是肯定的，而且差异是明显的。

霍尔教授在这一方面的研究涉及美国、德国、法国、英国、日本
及阿拉伯等文化中的人们使用空间的不同情况。我们在说明这些差异
的时候顺便将中国文化的空间交际观念也纳入比较之中，以便于我们
同外国人交往时参考使用。

德国人有很强的自我观念和自尊心，他们把个人周围的空间视为
个体存在的延伸，从而强调空间的私人占有和防卫功能。德国人在房
间里工作和生活时喜欢把门关闭，由此造成封闭空间中个人活动的独
立性，未必有什么不可告人的秘密，往往不过是避免别人打扰而已。
而美国人则不然，他们认为空间可以共享，因此喜欢把门开着。美国
人的私密性是以降低声音说话不让无关系的人听见为界限的，听到别
人的谈话内容则是不礼貌的。假如一位美国人想和屋内的人谈话，而
且是非正式的，那么，他可以站在打开的门槛上说话，这样既没有侵
入室内他人的空间，说话声也可以为对方所听见。

这种做法会让德国人产生误解，认为已经侵入了他人的空间，因
为德国人是以视觉为区分界线的。只要你被对方看见，对方就打扰了
你。相反，德国人关起门来说话，会使美国人感到不可理解。似乎有
什么神秘的事件在屋内发生。这就是说，德国人重视视觉侵犯，美国
人重视听觉侵犯。

中国人如何呢？中国文化讲面子，又讲合伙性。站在开着的门槛
上说话是不好的。在屋内的人心目中，"你连门也不想进，只能说明你
缺乏诚意或者不想多谈"。对在门口的人来说，主人应该让他进屋再细
谈，"你把我堵到门口或门外，一点儿面子都不给，我怎么能和你认真
交谈呢？"视觉和听觉都可能造成侵犯，视情况而定。例如，为了说明
室内没有秘密，尤其是和异性单独相处时，可以把门打开，但为了逃
避视觉的侵犯，也可以另找比较隐秘的地方，而不对"旁观者"作出

消极反应。压低声音对人说话，一定是有什么秘密，又不愿意让别人听见。但在熟人之间，视觉和听觉一般都不会造成侵犯，而且会有意识地去听去看，以显得朋友之间除了吃喝不论，可以分享任何信息。

一般认为英国人比美国人要保守些。在空间的使用上也是如此。美国人在空间安排和使用上比较放得开，打开门可以分享，关起门可以独处，在不愿对同室其他人说话时，沉默本身就是拒绝的信号，而英国人却不以主动安排和选择来支配空间，往往借助于内心防卫以应付之。这种心理，在中国人的习惯交往中也是存在的。另一方面，美国人比较注重邻里关系，一则是由于好交际，二则也是由于空间上的邻近。中国人也是这样，但对邻居的选择和从邻居中选择交往对象似有较强的道德定向作用。可是，英国人即使和邻居同住一座公寓楼好长时间，也不一定要与之交往，因为英国人认为社会地位的接近比空间上的接近更加重要。

法国人口密度高，因此户外活动是脱离城市拥挤的一种逃避方式。但与英美两国人相比，法国人更加容易发生亲密的感觉模式。在公开场合，例如大街上，法国男子可以大方地注视陌生女子，而美国女子则认为这是不礼貌的侵犯行为。在这一方面，中国人似乎还没有建立起十分发达的公共场合意识，又不愿到户外活动，而较多地挤在有限的空间内——或许和城乡差别及有关观念有关，又或许和天伦之乐的亲密关系有关。

下面一件事，说明了法国人在人口密集的都市生活中如何坚守自我，不受外来干扰：

在巴黎一家著名的咖啡馆，也就是存在主义大师萨特常来光顾并且从事写作的地方，来自中国的一行八人准备大张旗鼓地摄像采访。然而，遇到的是一行也是八个人的法国旅客的静止的不受干扰也不影响别人的冷处理——"居然，他们没有一个在注意我们，连眼角也没有扫一下"。余秋雨感慨地记录了这次经历，并发表了如下的评论：

这八个人，自成八个气场，每个气场都是内向的、自足的，因此就筑成了一圈圈的"墙"——这个比喻萨特用过，还曾以此命题一个作品，但含义有所不同。我们七八个人进来忙忙碌碌，其实也只是增加了一个气场而已。他们可以如此地不关顾别人的存在，其实恰恰是对别人存在的状态的尊重。

尊重别人正在从事的工作的正当性，因此不必警惕；尊重别人工作的不可干扰性，因此不加注意；尊重别人工作时必然会固守的文明底线，因此不作提防。这一切对他们来说已经习惯成自然。

……

这里就出现了一种生态悖论：身居闹市而自辟宁静，固守自我而品尝尘嚣，无异众生而回归一己，保持高贵而融入人潮。(《行者无疆》，余秋雨，华艺出版社，2001 年，第 217～218 页)

他还对比了中国人在公众场合一些不良环境中的不良反应：

我们早已习惯，不管站在何处，坐在哪里，首先察看周围形势，注意身边动静，看是否有不良的信息，是否有特殊的眼神。我们时刻准备着老友拍肩，朗声寒暄；我们时刻准备着躲避注视，劝阻噪音；我们甚至，准备着观看窗下无赖打斗，廊上明星作态，聊以解闷。因此，即使我们这批早已对拍摄现场失去兴奋的人也无法想象别人对拍摄现场的彻底漠视、视而不见、行若无人。(《行者无疆》，余秋雨，华艺出版社，2001 年，第 217 页)

阿拉伯人与人交际时，嗅觉和触觉都很重要。他们把闻到对方身上的气味和接触对方的身体都认为是礼仪之内的合法行为，而注重视觉和听觉的西方人则视其为不可接受的非礼行为。阿拉伯人还重视交谈时的目光接触，甚至迎面拦住人说话也是可以的，而并肩边走边谈则不大习惯——因为目光接触受到限制。

日本文化和中国文化十分相似。日本人把个人存在寓于自己的家园和住屋内，而且喜欢以空间名称来指代有关的人。例如，将住在宫殿里的人叫"宫样"（皇族），住在御殿里的人叫"御样"（"老爷"、"大人"之谓），称僧侣为"御寺样"（方丈、住持等），甚至把卖肉的叫做"肉屋"。这同西方尤其是英语国家以人为主体命名的作法并不相同。另一方面，日本人与西方人的空间观念也不相同。西方人强调的是"空"，即物体之间的空旷之地，因此住屋前后有大片草地作为房屋的空间延伸，一般并不设栏分隔。而日本人强调的是"间"，也就是说，把空间视为人为分隔的结果。不仅将有限的户外空间多方分隔、层层设栅，而且尤其以巧妙地分隔室内空间的艺术著称于世。由于人多地狭，日本人偏爱拥挤在自家的有限空间的地板上，而外人的侵入是会受到严格防范的。

与之相反，英美人居住在没有围墙（至多有栅栏）的公寓或别墅里，对于围墙这种东西感到不习惯，甚至视为对个人自由的限制，也就是自然的了。我们不想说，中国和其他一些国家的住宅大院的围墙，有封建采邑割据和万里长城缩影的嫌疑，但我们必须能够理解英美人的感受。

英语国家的人对有的国家房屋建筑之外还有院落围墙感到很不习惯。赫尔就提到，居住在拉丁美洲的美国人常常抱怨那里的住房围墙使他们感到被"排斥"、"被隔离"了，使人感到不知道那些围墙后发生了什么事。居住在中国的英语国家的人对中国居民住房和单位大院的围墙也很不习惯，感到住在里边是受到拘束和禁锢，好像被蒙上了眼睛。有的留学生甚至把留学生集中的学校说成是"外国人隔离区"（foreign ghetto）。中英这种文化冲突实际上是个人独处与群体共处的差异和冲突。中国居民住房和单位大院的围墙有一个很重要的作用——维护家庭和单位的领地权及 privacy。英语国家注重的是个人的独处和自由，中国人强调的则是群体的 privacy。（转引自《跨文化非语言交际》，毕继万著，外语教学与研究出版社，1999 年，第 82 页）

就目前的情况而言，中国人虽不像阿拉伯人那样缺乏人际交往的空间概念，但也没有西方人那样严格地划分和遵守各种交往距离。同日本人一样，人为分隔公私空间造成互不相通的情况仍然十分普遍——只要看看中国内地一座新盖的办公楼往往被几个单位堵门隔廊的情况就可以明白，再看看新盖的单位宿舍楼每个单元都装有大铁门也就可以了然——名义上是防盗，实际上连本单位串门的人也给堵在门外。另外，在视听觉方面侵入他人有效空间和心理防卫领域的情况也很常见——就连首都北京的人们也有这种习惯：上公交车和买东西时，虽然只有几个人，根本用不着排队和拥挤，也会有人从你背后或侧面猛撞一下，然后插到前面去。也许由于传统文化的影响，以中心城市和个人家室为中心的空间中心观念是根深蒂固的，而空间上的远近影响人际关系亲疏的现象也在一定程度上存在。在这种情况下，要和不同文化的人们进行交往，就不能不走出中国文化的物理空间和心理空间，根据不同文化的空间观念和人际距离来调节自己的交际行为。下列几点可以用作与外国人交际时参考：

（1）根据不同的交际对象和具体的交际场合确定适当的人际距离，必要时按照交际目的和需要选择适当的交际空间，例如交谈私事时选择隐秘的较小空间。

（2）在和西方人交往时尤其要注意保持适当的交际距离，避免有意无意地侵入他人空间之内，要有灵敏的反应以便及时调整。

（3）随着人际关系的发展，调节人际距离到适当程度：亲密时接近，想退出交际时逐渐疏远。在接近时，最好和最方便的方式是从对方的侧面靠拢。

（4）避免交际距离不伦不类，即既不属于某种特定的交际距离又不能及时作出调整。同时也要避免若即若离，例如站在门口和人谈话，或者既不想加入他人谈话圈子又不能及时撤离的情况。

（5）一旦对方侵入你的个人空间，要作出准确的判断，并尽可能礼貌地、及时地作出反应。不要只是在心中默默忍受，而要有相应的身体动作使对方感觉到，以便使交际顺利进行。

（6）始终注意观察对方的体态语言所暗示的交际信息，如目光接触和身体接触意向，采用相应的体态语言和有声语言使双方都感到交谈是愉快的和有成效的。

2. 目光与表情，哭与笑：面对面的误差

俗话说："眼睛是心灵的窗户"。

这句话至少有下列几层意思：

（1）人们在交际时通过目光接触产生心灵沟通。

（2）特定的目光和眼神像语言一样表情达意。

（3）眼睛作为面部最有表现力的部位和器官，常以眼镜、画眉、假睫毛等装饰引人注目或便于掩饰。

在与人交往时，聚精会神的眼神和睡眼惺忪的眼神是不同的。咄咄逼人的目光和温柔含情的目光也是不同的。善于观察眼神的人能够从不同的眼神看出别人不易觉察的问题，这其中不仅有个人经验的作用，也有文化差异的影响。

有一次，笔者的一位美国朋友拿出两张女人照片，照片上显然是同一女人，年轻而美貌。他要我表示更喜欢哪一个。我仔细地观看了一会儿，觉得一张面容比较柔和，便指着说喜欢这一张，并说明了我

的理由。美国人笑了，他说，他更喜欢另一张，因为那一张上面的瞳孔较大，显得更有精神。

又有一次，我俩出去进餐，他只和一位女招待说了几句话，看了几眼，回来就跟我说，那女招待吸毒。我问为什么，他说，她的瞳孔是由于药物作用而显得格外大。

在人际交往过程中，你自己的目光便是你心灵的雷达天线——你用目光搜索环境，寻找目标，瞅准时机，为自己的判断发现证据，为决策提供论据，如此等等。

在这里，目光和空间之间有着某种联系。

首要的事情是要以目光搜索和观察他人的位置、姿势，以便推测交谈者之间的关系及私密程度，再决定自己是否进入或进入哪一个交谈圈子。假如你出席一个宴会，当你进去时人们正三三两两地交谈着。你该怎么办呢？过多的迟疑会使你感到不自在，也会使在场的主人和其他注意到你的人不好意思。你应当迅速观察和决定你的加入行为，以免被久久地排除在外。

你也许会发现，有三四个人正围成一个圈站着或坐着谈话。他们互相面对，头和目光都向着一个无形的圆心。这就是封闭型模式。你是很难插入的。甚至当你走近一步时，他们中也没有人注意到你，或者有一个人注意到你却装着没看见，仍然在继续他们的交谈。这就是排斥型的非语言信号。你于是便走开了。

另外有两个人——一男一女正相对站着，目光对视，手里端着饮料（见图4）。他们似乎关系密切，不想让人介入他们的交谈。不过还是注意到了你。那女的甚至还冲你笑了笑。你也笑了笑走开了。

在大厅的一侧有3个人站成一个三角形，边谈边大声笑着，使刚才那对男女吃了一惊。于是那男的发出一个"嘘"的信号——一手掩嘴，表示小声点儿。笑声停止了，那3个人抬头看见你向他们走过来，其中一个向一边退了一步给你让了个位子，还用手示意着。你及时地

图 4　两人直接面对的闭合结构

发现了这个开放型结构（见图 5）和接纳信号，便大方地走向前去，加入了他们的交谈圈子。

　　过了一会儿，你们 4 个人无形中分成了两对。你和对面的那位女子交谈，那两位男子则继续原先的话题。显然，你的加入不仅改变了人们站立的格局，而且部分地改变了原来的谈话题目——你自己或对方引出了新的话题。

图 5　即将开放的三角形结构

　　在和人交谈的时候，保持必要的目光接触是十分重要的。也许那位女子选择了你这个新来者作为交谈对象，其部分的原因就在于你对她的注视多于另外两位男子。一般说来，西方人注意和人交谈时的目光接触，不正视对方的眼睛说明你不够真诚坦率，但是，久久凝视或瞪着眼睛看对方的脸也是不礼貌的。一般是对视的时间很短，在一方避开时另一方则乘机注视对方，过一会儿再换一下。中国人与日本人和人交谈时目光接触不多，尤其是男方不大注视女方，晚辈不长注视长辈。甚至一家人坐在一起，好长时间不说话的情况也是有的。这种习惯在和西方人交谈时应该尽量改变，因为低着头对人说话，并不能使欧美人觉得你谦虚老成。

陌生人之间的目光接触也可能会引起矛盾，甚至一方会认为另一方有侵犯目的。美国心理学家法斯特在《体态语言》一书中讲了一件事。拥挤的电梯里走进一位漂亮姑娘，一位小伙子盯着她看，使姑娘很难堪，脸色也变红了。到了电梯停下的时候，那姑娘终于生气地说："你从来没见过女人，你……你这个臭男人!"小伙子尴尬地自问："我做了什么错事? 我究竟哪里冒犯了她?"

目光，既是人的感官与外界发生接触时的接收器，又是可以放射出光线的放射器。目光不仅是心灵的窗户，也是无形的触觉。在这里同样存在着文化间的差异。假如那位小伙子注视的不是美国姑娘而是法国女郎，他也许不会受到言语攻击，或许还能博得一个感激的眼神或会意的微笑呢。

根据澳大利亚学者艾伦·皮斯的研究，交际中的目光注视分为三类：(1) 在处理公事时，人们一般只注视对方的双眼及其与额头构成的三角区域。(2) 在社交场合，人们注视的范围扩大到双眼到嘴巴构成的倒三角区域。(3) 表示亲近的注视范围更加扩大而灵活，并因距离的不同而各异。其下限可以延伸到下巴及脖颈，也可以延伸到胸部及双乳，还可以再往下直到腹部及双腿分叉处。男女之间的这种注视往往表示对对方的兴趣，假如对方也有同感，便会报以同样的眼神。

根据有关研究，在人际交往中，人们用 30%～60%的时间与别人眉目传情，而每次长达一秒钟的注视时间约为其中的 10%～30%。有关美国人运用目光接触的研究发现：（1）人们在听人说话时比自己说话时注视对方的时间要多些。（2）人们对某人的目光注视与从他那里获得的信息成正比。（3）人们与某人保持目光接触的多少，部分地取决于对其地位的感知情况。也就是说，人们倾向于更多地注视比自己地位高的人，而不是相反。

文化对于目光接触和眼神运用的影响是很显然的。即使处于同一大文化中的美国黑人也不同于美国白人。黑人在表示对权威的敌意和非难时，会先瞪上片刻，然后再骨碌碌地转开眼睛。也可能迅速地掉转眼睛，然后再目不转睛地瞪着对方。

西方文化一般认为保持目光接触是必要的和有礼貌的，不仅美国人，连英国人也认为这样做是有教养的表现。但是，同性之间久久注视对方的眼睛也不合适，甚至会被认为是同性恋者的典型表现，视为是有意接近对方和有性要求的无言的表示。阿拉伯文化不仅重视目光的接触以便从人的眼神中领会他的精神，而且喜欢和对方靠近甚至紧挨着对方的身体与其说话。

在有些东方文化中，妇女是禁止注视男子的眼睛的，而男性为了表示尊重，也不好直接注视对方。中国、日本和印度都有不同程度的规避观念。另一方面，西方人又觉得中国人和土耳其人善于观察人的眼神。有些西方商人甚至要戴上墨镜来和中国珠宝商谈生意。因为他们害怕中国商人会从他们的瞳孔大小中准确地识破他们的内心，从而战胜他们。

眼神的流盼和表情的变化是人类文明长期进化的成果之一，也是人们内心世界无限丰富性和复杂性的流露——有些是自然的，有些是有意识的。交际者凝视对方的部位和久暂，瞳孔的放大与缩小，眼睛的大瞪、半闭与眯缝，均会传达出交际者的内心世界，此时此地的心境以及与对方的关系。同样，表情的丰富和变化，或微笑，或严肃，或沉思，或渴望，或愤怒，或焦虑，或热烈，或冷淡，不仅具有各自独立的表情达意的作用，而且也和语言态势等密切配合，达到渲染气氛以及对人发生感染的作用。苏格拉底说过："高贵和尊严，自卑和好强，精明和机敏，傲慢和粗俗，都能从静止或者运动的面部表情和身体姿势上反映出来。"

笑和哭作为人类情绪和表情的两种极端的反映，除了具有其生物学基础和某些遗传因素之外，主要的还是受到后天个人经验、习俗观念、社会文化的影响和模塑所致。因而可以说王熙凤的笑不同于斯佳丽的笑，李向阳的笑也不同于小野的笑，孔明的挥泪不同于刘备的哭泣，林黛玉的哭也不同于贾宝玉的哭。在不同的个性和不同的文化之间，就连笑和哭这两种最基本的人类表情也会产生误解。一位对日本颇有研究的美国人这样描述和揣测日本人的笑：

"就拿笑来打比方吧。如果一个人不停地笑，又看不出有什么理由这样做，就会使人觉得他有所隐瞒。日本人在感到迷惑不解时总是笑，而不是要求对方重复所说的内容，因为他们害怕这样做会冒犯对方。有时，日本人在悲伤的时候也爱笑。所以西方人对日本人这个特点有一种神秘的而又正当的受骗的感觉。"

那么，西方人又是如何理解和说明自己的微笑的呢？

体态语言的作者法斯特这样描述了西方人的微笑及其两重性：

日复一日，我们都在用微笑掩盖自己的本性，小心谨慎，惟恐一不小心就会把内心世界通过体态语暴露出来。我们不住地微笑，因为微笑不仅是表示幽默或满足，也表示歉意、防卫，甚至是一种托词……就这样，我们用微笑和人打了一天交道，尽管事实上这种微笑可能掩盖着气愤和烦恼。在工作时，我们对顾客微笑，对自己的上司微笑，对雇员微笑。平时，对自己的子女微笑，对邻居们微笑，对自己的丈夫或妻子以及亲戚们微笑。我们的微笑很少有真情实意,不过是一副假面具而已。(转引自《跨文化非语言交际》,毕继万著,外语教学与研究出版社,1999年,第128~129页)

公正一点儿的话,西方人的笑和其他感情流露,不也会让日本人觉得不可理解吗?

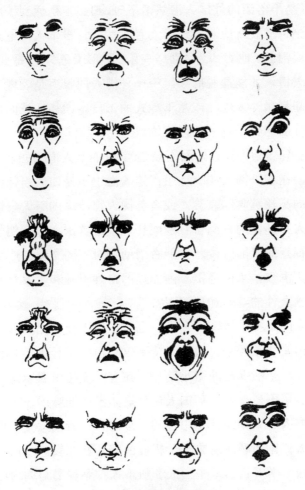

图6　人类面部表情图谱

一位在国外待过多年的日本人比较了日本人和西方人的哭："在掉眼泪方面，外国人也显得比日本人冷静，有忍耐力。每当大学足球赛遭惨败，观测室落成，总统选举揭晓等悲喜交加的场合，我这个日本人都会情不自禁地热泪盈眶，而他们却手舞足蹈，相互庆祝，或气得捶胸顿足，就这样痛痛快快地喧闹一阵，好像根本不存在什么忧郁的感伤。

"当轻易不落泪的外国人潸然泪下时，那必定是遇到了难以忍受的痛苦，此刻，朋友就应对其进行劝慰。然而，日本人在这种场合是羞于在人前流泪的。他们认为'喜怒哀乐，不形于色'，才是武士的修养，只有面无表情，才能摆脱麻烦。……外国人的眼泪是表现人的，日本人的眼泪却是抛弃人的，或是奉献式的。日本人往往掩面而泣，外国人则多半仰面痛哭，毫不加以掩饰。"

中国有句古语"知人知面不知心"。说的是人面易知，而人心不易知。可是，在和外国人的交往中，连人面也不易知。当你面对日本人那种神秘的高深莫测的微笑，或者英国人那冷漠的毫无表情的沉默，或者德国人那高傲的充满自尊的面孔，或者美国人那开朗的几乎是毫无保留的裸露的笑的时候，你能否借助你对不同文化的广博了解和对人性的深刻洞察，来读懂那一闪而过的奇妙眼神和那岁月与经历留在面孔上的永久性的纹理和思路呢？

如同人的眼神一样，许多表情也是在后天社会化过程中习得的，从而显示出文化差异来。人的表情不仅有质的差异，而且有程度的不同。例如，一个呲嘴唇的微小动作，在有些文化中表示认可，在有些文化中则表示不屑一顾。英国人认为这是没有滋味的表示，而在美国中产阶级白人看来则纯粹是中性的，没有什么特别意义。但是，地中海地区的人们则用呲嘴唇来表示极度的痛苦和悲哀。

许多西方学者认为，中国人和日本人都不轻易显露内心感情，他们更善于用面部表情来掩饰内心的真实活动。换句话说，即便东西方人在内心感受相同的情况下，其面部表情也未必完全一样。有一项研究表明，在日本人和美国人同时观看一部紧张诱人的影片以后，两国人都有畏惧和厌恶的语言表现，但日本人的面部表情却是中性的。这种用表情掩饰内心体验的本领，同用表情尽情表现自我的行为一样，都是在特定的文化环境中学来的。

在和外国人的交往中，目光的运用和表情的控制是否也可以学来些新的东西呢？假如可以学会的话，那么，是否非语言的交际手段比有声语言的学习需要克服更多的困难并花费更多的时间和精力呢？这些问题，只有在具体的跨文化交往中才能体会到并予以回答，而且必然是因人而异的。

3. 服饰与态势，道具与手势：有意味的形式

衣食住行是最平常的事情，可是，仔细想一下，也可能不平常。关于衣服，张爱玲说："衣服是一种言语，随身带着一种袖珍戏剧——贴身的环境，那就是衣服，我们各人住在各人的衣服里。"这样倒把衣服说成是具有交际功能的语言了。

俗话说："人靠衣服马靠鞍。"这句话道出了服饰的一个基本功能——装扮，也就是它的审美功能。其实，服饰的第一功能是保护身体，使其免于风吹雨淋或其他形式的刺激或伤害。其次便是符号认识功能，即一定的服饰和装束表示人们的不同身份、地位、性格、爱好，甚至特定场合的心情。美化人体与审美功能不仅在于服装的色彩和款式，而且还有附加的装饰品如项链、手镯之类。

在保护身体方面，人类的服装有更多的共同之处，仅因环境和气候的需要而略有差异。在符号化、仪式化方面却显示出较多的民族差异，并与一定的价值信念相联系。例如，热天穿白色和淡色服装以反射阳光，冷天穿黑色和深色服装以吸收热量，当然潇洒和庄重的风格

也与之有关。可是黑白服饰在礼仪上却有文化差异。基督教文化以白色为新娘婚服，黑色为新郎婚服，而中国人却以白色为男女丧服，红色为新娘婚服。审美层次上则具有更多的性别差异和个性差异。人类各民族的女性着装比男子要艳丽活泼些，几乎可以说穿裙子是女子的服装专利，可是，当今有些美国男青年也别出心裁地穿起裙子来。大红大绿和披长头发则更多些，挂项链也不为少见。这种反文化倾向虽可以算作个人爱好的反映，但毕竟增加了男女识别的困难，同时也反映了一定的文化价值观的差异。

即使考虑到男女有别的意义上，民族服装也有其民族的个性和审美习惯。在中国妇女的穿着上，旗袍可谓是一个典型。它是北方游牧民族服装和现代女性着装习惯的一个结合体——但不知何时和海派文化结下了不解之缘。关于这一点，还是有一些说法的：

> 旗袍是老上海一道眩目的风景。它原本是旗人男子用来骑马的服装。民国以后，上海女人把它拿来改良，便一红惊天。张爱玲说："五族共和之后，全国妇女突然一致采用旗袍，倒不是为了效忠于清朝，提倡复辟运动，而是女子蓄意模仿男子而为。"（《今生今世张爱玲》，陶方宣著，广西师范大学出版社，2011年，第90页）

张爱玲本人懂得旗袍，也懂得女人和女人的服装。在二十世纪三四十年代的上海滩，才女张爱玲的旗袍自然是一道亮丽的街景，如今说成是文化，于是有人这样总结说：

> 张爱玲非常喜欢旗袍，织锦缎的夹袍是旗袍的一种。她有各式各样的旗袍：织锦缎的旗袍，传统而华贵；稀纺旗袍，轻盈而妩媚；镂金碎花旗袍，华丽而典雅；黑平缎高领无袖旗袍，凄美

哀愁不失神秘。她穿旗袍的形象已深深地烙印在中国人记忆之中，宛若时光的花，永不凋谢。(《今生今世张爱玲》，陶方宣著，广西师范大学出版社，2011年，第58页)

即便是民族服装也在不断发生变化。古时候中国的长袍短褂换成民国时期的中山装，解放初期的干部装又换成"文革"时期的军干服。到了近年来的改革开放新时期，中山装、西装、猎装、便装、牛仔装、草鞋、布鞋、军用鞋、皮鞋、旅游鞋，辫子、光头、中分、背头，也经历着从头到脚的新变化。中国的旗袍自然也不例外，不过由于影视和世风的影响，近年来倒是越来越时髦起来了，其服装文化的内涵也更加扩大，价值多元且愈加绚烂夺目了。

旗袍其实有一种厚重的老于世故的美，最适宜包裹细瘦浑圆体形下，一颗受欲念与情调双重煎熬的心，最经典的颜色是带有一点点悲剧感的，譬如阴蓝、深紫、玫瑰红、鹅绒黑——这几年，一部《花样年华》，又引发了一股春花烂漫般的旗袍热，影视剧往往就偏爱张爱玲背后这样一段上海风情，比如《风月》、《摇啊摇，摇到外婆桥》、《胭脂扣》、《红玫瑰与白玫瑰》、《半生缘》、《海上花》、《长恨歌》、《色戒》——在这些女明星身上，一样的旗袍，飘逸出来的风情是不一样的：张曼玉的上海是长巷深处少女一声无谓的叹息。巩俐的上海是十里洋场一片靡丽的花灯与鬟影。梅艳芳的上海是一朵黑色的菊花，不知是焦枯了还是正值徐徐绽放。叶玉卿的上海是一团白色的草纸，一截白色的肚皮。周迅的上海是眼中晶莹的哀伤，照不亮心头的黑暗。赵薇的上海是莽撞与轻信，华丽与清寒，单纯与放荡——她们身着宝蓝色或桃红色旗袍，摇摆着腰肢与眉眼，穿过梦幻的老上海，款款依依淡入人们的记忆深处。(《今生今世张爱玲》，陶方宣著，广西师范大学出版社，2011年，第91页)

毕竟，不同的民族还是有其较稳定的审美特性和选择偏好的。例如制服，在墨西哥就很流行，警察、军人、学生都很喜欢。可是，以色列人由于反感纳粹主义而反对制服，连士兵们也身穿短裤和短袖圆领紧身衫。日本人虽然也习惯于在正式场合身穿西装，可是，民族服装和服仍然有其独特的用场，那便是民间节日和集会，妇女尤其如此。

交际中，人们的服饰必须符合场合和身份，但也有不符合的情况。在跨文化交际中，服饰自然是一个重要因素，而且要与语言信息相适应。穿着华贵、戴着贵重首饰的妇女要是抱怨物价太贵，就和穿得俗里俗气却口称高雅超脱的男子一样会令人生疑。满身珠光宝气，发型和服饰以及全身姿态都堪称现代派典型的演员，要是登台唱《白毛女》中的喜儿，也会令观众觉得不伦不类的。当许多初次出国的中国人身穿西装，箱子里还带着几套西装踏上北美大陆的时侯，却惊奇地发现当地人穿西装的并不多，穿着却是十分的随便与随和，即使住上一年半载，用得着西装的社交场合也轮不上几回。不过，话又说回来，当真正需要正式穿着西装的时候，许多人却不知道如何正确地去着装了。下面是一些关于穿着西服上衣的要求：

> 西服着装要求复杂。双排扣上衣必须扣好下边一颗扣子（坐着时可解开纽扣以免弄皱衣服）。单排扣西服则只扣上边的一颗扣子。人们认为：扣上纽扣是正规，不扣是潇洒，两个都扣上是土气，如果扣下边那个，不扣上边那个，就有点流气。衬衣颜色要与西服搭配得当，下摆必须放入长裤内，袖口应比外衣袖口长出半寸，袖口必须扣好。正式着装时必须配有领结或领带。没穿西服上衣而打领带时，衬衣下摆也必须放入西服裤内。长袖袖口必须扣好，更不可将袖子挽起，如不打领带，可将衬衣领口解开。（转引自《跨文化非语言交际》，毕继万著，外语教学与研究出版社，1999年，第64页）

在跨文化的传通中，不同民族的人们首先是从对方的装束上来产生相应的印象的。有一位日本人说道，在拉丁美洲的委内瑞拉，人们一谈起东洋人就称其为"契诺"（China），就会想到那些拖着长辫子躺在地上吸鸦片烟的黄皮肤小眼睛的东洋人。而且还从日本电影上的武士脑后的发髻上"看到"那原是辫子的变种。一想起日本艺妓，就又"看到"那些身穿和服、手持纸扇、轻移莲步的东方女性的形象。有的人甚至发问："博士在日本也佩刀吗？"这样莫名其妙的怪问题，会使日本人感到受到极大的侮辱。

说了服装，再来说一下小道具。道具本是戏剧术语，是伴随着演员用于舞台演出的东西，这里用来说明人们身边随时带有的一些小玩意儿，比如女士手里的手绢，男士嘴角的烟斗，孩子背上的书包，老人不离身的拐杖，等等。当然，还有一个不分男女老幼都离不了的随手之物——扇子。

提起扇子，中国人是不陌生的。公子哥儿手里拿把大折扇，身穿长袍，走街过市，是炫耀身份的玩意儿，到了日本，就成为艺妓手中的法宝了。而拉丁美洲人也不会忘记，在那些西班牙殖民主义者中，妇女把扇子作为小道具，用它来暗示和男子建立关系并传递各种信息。西班牙妇女手中的扇子，和中国说评书的手中的扇子一样，也不是为了扇凉，而是有其独特的交际功能的。西班牙妇女手中的扇子的活动至少有下面多种意思：

a）打开扇子遮盖脸的下半部，就意味着："我是爱你的，你喜欢我吗？"

b）把扇子一会儿打开，一会儿合上则表示："我很想念你。"

c）用打开的扇子支住下巴，表示："我希望下次能同你早点儿见面。"

d）一个劲地快速扇动扇子，就是催促你："快点儿走开，不然，我丈夫回来会让你吃苦头的。"

e）把扇子掷在桌上，表示："我不喜欢你，我爱的是别人。"

f）把扇子在手中翻来翻去，就是对你说："你太讨厌了。"

g）如果把扇子收起来，就是向你表示："你这个背叛者，不值得一爱。"

小道具——有助于人们有效地表达思想和感情的具有动作意义的东西——不仅是扇子，任何东西都可能具有这种含义，也许是无意的，也许是有意识的。喜剧大师卓别林头上的礼帽和手中的拐杖，收到了一般人难于表达的复杂的表演艺术效果。现实生活中也是一样。英国首相丘吉尔手中的大号雪茄烟，在吞云吐雾之中，映衬着那硕大的圆头和宽阔的面孔，再加上那炯炯有神的双目，会给人一个老谋深算的政治家的生动印象。斯大林嘴角的大号烟斗，冒着缕缕青烟，那浓密的卷发下两道锐利目光，那笔挺的军装的衣领托着的一副军人的英俊脸庞，和丘吉尔的形象显然是有区别的。而鲁迅先生清瘦冷峻的面容上那双深沉的目光、在蓬起的满头黑发下炯炯发亮，两根瘦长的手指间夹着一支白色的香烟缓缓地移到有浓密的小胡子的唇间，若有所思、若有所悟的神气在烟雾吞吐中似乎有百万大军在胸中呐喊，那肩上飘起的长长的围巾，不就是一面火辣辣的旗帜吗？

道具不仅具有凸现个人性格的身份标志和象征作用，还可能具有一定的时代意义和怀旧色彩。

老上海经典的怀旧道具之一，就是带喇叭的手摇唱机：一个木头盒子，一个大得不成比例的大喇叭架在上面，像极了一朵喇叭花，黑胶木唱片缓缓旋转，金嗓子周璇唱起来，有点嘈杂，有点暗哑，是尖尖的、细细的嗓音："好花不常开，好景不常在，今

宵离别后，何日君再来……"周璇的歌声时断时续，令人有时光
倒错之感，仿佛一脚踏进老上海的花样年华。(《今生今世张爱
玲》，陶方宣著，广西师范大学出版社，2011年，第248页)

即使是一支普通的笔，作为小道具，在跨文化的传通中也会起到
一支有百万人的军队的作用，而且会使不同文化中的人们产生不同的
意义暗示和联想。

美国国务卿和日本外务省大臣于1972年签订归还日本冲绳岛的
协议，这一仪式在美日两国同时进行电视直播。日方用来签名的是毛
笔，很适合这个特别重大的外交场合，而美方却用自来水笔签名，也
算作一种永久的纪念吧。美国观众评论说，想不到日本人还在使用这
种近乎"原始的文具"。而日本观众则认为美国人所用的自来水笔书写
的字迹不好——最多只能用一次，用完就最好丢弃。

服饰、小道具和人的姿势、动作是密切相关的。经常观看《新闻
联播》节目的人都会注意到：中国领导人在和外宾会谈时一般是两腿
并拢或稍微分开平坐在沙发上的，两手多放于膝盖上或在胸前作出较
少的手势，而欧美国家的白人领导人一般是跷着二郎腿坐着，上身半
侧，手臂的动作幅度也大些。这两种不同造型：一个是正面的，一个
半侧的，给人以不同的印象。前者庄重典雅，后者潇洒自如，都显示
出一定的男士风度。女士们的坐姿甚至更有讲究，尤其是穿裙子时，
叉开双腿对人坐着是不礼貌的，甚至是不自重的。据说中国古时候有
一位男子，推开卧室的门发现妻子独自一人叉腿而坐，便转身出来怒
气冲冲地对母亲说妻子不够庄重。母亲反而批评了儿子，说是他自己
不懂规矩，进门前为什么不先打个招呼呢？在俄国的大部分地区，女
人坐着跷起二郎腿常被认为是妓女。

蹲，这种中国北方尤其是陕西关中地区的农民吃饭和谈话的典型
姿势，在现代的美国都市是看不到的。虽然美国人坐的姿势很随便懒

散，但是因为公园里和办公楼到处都有座位，所以用不着蹲下来受罪。而在墨西哥，蹲比坐更为普通。当这些墨西哥人非法进入美国边境的时候，美国官方巡逻人从低飞的飞机上就可以发现他们的近邻那典型的姿势。于是，一群一群的非法入境者就在很短的时间内，在连他们自己也不晓得在哪里露出马脚的时候，就束手就擒了。

中国有句古话："画人难画手，画狗难画走。"说明了人手的丰富表现力和动物行走的姿态各异。其实，人的行走姿态难道是一样的吗？舞台上的生丑净旦不仅服饰和动作不同，走起路来也是不会相同的。《大红灯笼高高挂》中的那位手挑灯笼腰腿齐动的男家奴的走姿不就是别具一格的吗？不同的地区、不同的文化甚至都有自己的走姿。犹太人和意大利人生性活泼开朗，走起路来也生气勃勃。黑人青年比白人青年走路要慢些，于是便有了"黑人的慢步"这一说法。走路，远不是身体的移动那样机械简单，它是态度和心态的表现，是环境和习惯的产物。据说有些黑人儿童在走出去见世面以前，会独自在家里对着镜子练习走路的步伐，实际上无非是要走得像个典型的黑人样式而已。难怪中国古时候的庄子写了一则《邯郸学步》的寓言，讽刺那位到赵国首都邯郸去学优美步履的燕国人，不但没有学会别人走步，而且连自己原来的步子也忘记了——只好爬着回去了。

其实，庄子的寓言虽有其深刻的一面，既说明了人的姿态动作是人的本性的自然流露和习惯方式的逐渐积累所使然，却也有消极的一面，那就是抹杀了人是可以学会多种姿势和动作的。否则，演员就无法学会表演艺术了。

和其他人体动作一样，走路的姿态也会造成不同民族的不同看法。柏古恩和塞恩在其《无言的对话：非言语传通导论》一书中写道："在美国旅游者看来，欧洲男子有时会显出女子气，因为他们走路时，那一摇一摆的姿势，手和臂的动作跟美国文化中女子走路的姿势相仿。另一方面，东方人常把美国女子看作是胆大而泼辣的，因为她们较东方女子步子迈得更大，身腰挺得更直。"

虽然人体的生理特点从物质上奠定了人体姿态和动作的生物学基础，虽然人体的所有动作也不能一概视为是有意识的、有目的的和有文化差异与个性差异的，但是，人类不同文化群体运用人体生物潜能来表现自己和向他人传递信息的情况却不尽相同。换句话说，姿态的象征和动作的幅度，某些部位的运用多于其他部位，等等，却存在着不同程度的水平差异和文化差异。这种情况就像汉族舞蹈抒展腰臂，藏族舞蹈用腿脚击拍，维吾尔族舞蹈晃膀子移脖子一样。更不用说吉普赛人跳肚皮舞，欧洲人跳脚尖舞（芭蕾），日本人跳扇子舞和伞舞了。

要给如此丰富多姿的人类体态语言编一部辞典实非易事，甚至像语言学家们那样要绘制出人类体态语言的谱系图也不可能——至少目前还未做到。中国人除了流传在口头上的"站如松、坐如钟、走如风"之外，据说有人曾绘制过"百手图"来详细地描绘人的手部动作所表达的多种意义。在美国，已有美国体态语的辞典编撰出版。可见，先在一国深入研究该民族的体态语言并予以标准化的推广也许是可能的。

就人类体态语言的普遍性而言，可以将人体动作分为下列几种：

1）象征性动作：具有明显的意图和含义明确的动作，例如，表示OK 和 Victory（胜利）的手势。一般说来，此类动作具有文化差异，例如，表示自杀的动作，在日本是用手模仿匕首刺向腹部的动作，而在美国则是用手表示手枪对准太阳穴。

2）说明性动作：直接与有声语言相配合，用以说明谈话的含义。例如，对一句话的强调，指向一个物体，描述事物运行的速度，描述某一具体的动作等，都可以视为说明性动作，一般与有声语言配合使用。

3）情绪性动作：一般指的是面部表情，用来表达人类不同的复杂的情感和情绪，与身体的其他部位加以配合。此类表达往往带有夸张、重复或否定的作用，可能和有声语言的含义相同，或者不同，也可能无关。情绪性动作多是无意识的。

4）调节性动作：用于面对面的交谈过程中，可以维持或调节谈话，例如，暗示对方继续讲下去，请重复一次，请说快一点，举一个例证说明一下等。在改变话题的时候，也用调节性动作，主要集中在面部和眼神。

5）适应性动作：可以是自我适应性动作，例如抓耳挠腮，揉眼睛，搓手，弹捡衣服上的小杂物等。或者变换适应性动作，发生在相互之间，如靠近或远避，侵犯或挑逗，拿进拿出物品等。客体适应性动作，则是涉及对某些物件的运用，例如抽烟斗，写作，摆弄手机等。适应性动作不一定是有意识地运用于交际过程，但在一定情况下可以由有声语言行为引发而出，发生作用。

下面我们列出西方白人的典型手势和姿态若干，并说明各自的交际意义，必要时与其他民族的同类动作相比较。

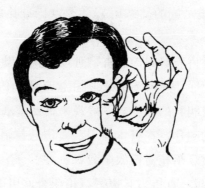

图 7　欧美人的 OK 手势

（1）食指和拇指构成圆圈，其余三指向上。表示"好极了"、"同意"、"一切正常"等意。这一手势是模仿英文 OK 一词中 O 的形状而成，故表示该词的语言涵义（见图7）。

在日本这一手势表示钱（OKANE 是日语"钱"一词的拉丁化写

法），可见同英美人的用法类似，即都以手势模仿文字符号并因而获得不同的意义。在阿拉伯，同一动作表示深恶痛绝，而且同时伴以咬牙切齿。

（2）把食指和中指伸出张开，组成一个字母 V 的形状，表示"胜利"、"胜利了"。这一手势是由丘吉尔在二次大战中使用，后来广泛流行于英语国家，现在其他国家也用。它来源于英语单词 Victory 的首字母 V。

请注意表示"胜利"的 V 需手心向外。倘若手心向内，则有侮辱对方之意。倘若再用两指夹住自己的鼻子，则更进一步明确了其有性交之意。

（3）竖起右手食指左右轻轻晃动，表示"不赞成"、"不对"、"不满意"和"警告"之意。

这一用法略等于中国人的摇手，但意义不完全相同。中国人在食指竖起时表示"1"。

（4）右手握拳，大拇指向外朝下指，表示"反对"和"不接受"。中国人无相应手势。

（5）用大拇指指着自己的鼻尖，其余四指张开向对方不停摇摆，表示"轻蔑"、"鄙视"、"嘲弄"、"揶揄"之意。中国人无相应手势。

（6）伸出拇指和食指表示数字"2"。表示数字"1"从拇指开始，竖起几个手指则表示几。

中国人以伸出食指和拇指的手势表示"8"，似为"八"字的颠倒状。以手势表示的数字可达到"10"，比西方此类手势要复杂些。

（7）两个大拇指互相绕着转动，表示"没有意思"、"闲极无聊"之意。

（8）双手抬起，轻轻摩擦双掌，表示"做完了该做的事"。

这个动作虽类似于中国人的搓手，但含义不同。既不是"摩拳擦掌"的准备态，也不是表示"寒冷"。

（9）手掌向下并翻动一两次，表示"差不多"、"还算可以"。

（10）举起手不停地上下摆动，表示"再见"。

南美有些国家此手势表示"过来"。

女性将右手掌放在胸前，表示"真诚的"、"可以依赖的"。

（11）以手指胸膛表示"我"。

有的国家表示"我"是以手指"鼻子"，有的以手指肚皮。

（12）两手摊开并耸肩表示"无可奈何，毫无办法"、"毫无希望"（见图8）。

图8　耸肩的姿势

（13）两臂交叉放在胸前表示"旁观"、"不参与"、"与己无关"等意思。

抱臂动作在西方是一种防卫姿势，因为它们视手臂和双腿横摆身前时构成身体的屏障。例如，以左腿横架于右膝之上，左脚踩着膝，也是一种屏障。

这一动作类似于中国的"袖手旁观"的含义，但中国人的抱臂动作却未必是自我防卫。例如周恩来的抱臂动作也可能反而表示自信。

（14）谈话中坐于椅子或沙发上，双手交叉于脑后托住后颈，身体略向后倾，表示"优越感"，或对对方的话觉得"不以为然"。

在跨文化的传通中，人类体态语言的运用是十分复杂的，我们要注意以下几点：

（1）有些动作并没有什么意义，可以不予注意。例如，打喷嚏，可能是纯粹的生物学反应所致。

（2）有些动作在有些时候无意义，在别的时候又是有意义的。例如抓头皮，可能是头皮发痒所致，也可能是不好意思，或其他掩饰性动作。

（3）同一动作在不同的个人或文化中可能有不同的意义。例如摸耳朵，在意大利南部和前南斯拉夫，表示对女人气的男子的嘲讽态度。对于希腊儿童来说，则是要受到惩罚的警告动作。在葡萄牙表示最好的人，在土耳其表示避免坏运气，在苏格兰表示怀疑，在马耳他表示告密，在加纳利群岛则表示依赖他人而生活的人。在中国北方农村，表示对方"没耳性"，即"不听好人言"或者是"不要脸"的委婉表示。

（4）不同的动作在不同民族看来，可能表示相同的或相似的意义。例如，世界上大多数人都以点头表示"赞许"、"同意"。摇头表示"否认"、"不同意"。但在印度南部和保加利亚却完全相反。

（5）由于人体姿态、表情、动作的有限性，和人类内心思想感情的无限性，体态语言又不如有声语言那样高度符号化和标准化，而且往往随境随人而不同，因此一种动作、姿态或表情表示的内容和意义可能很多，从而造成意义的无限丰富性和多重暗示性。据有人统计，人能够发出多达70万种的身体信号。这就告诉我们，不能从单个动作或姿态来作出机械的一对一的判断，也不能脱离特定的文化背景和具体情景来孤立地进行推断。而应当从交际者与情景的结合上，从体态语言与有声语言的结合上，从整个人体发出的多种信号的综合效果上，进行观察并作出判断和推测。特别是要注意区分对方体态行为的有意识与无意识、有意义与无意义，而以无意识有意义的行为为重点。

　　在和外国人交际的时候，不仅要注意自己的言谈举止和体态语言给对方留下的印象和产生的影响，而且首先要学会观察对方的体态语言传递的信息。只有见微知著，明察秋毫，才能有的放矢，顺利地进行交际，实现预期的目的。

　　福尔摩斯这位神探形象的塑造者柯南·道尔的老师贝尔医生，就是善于从人们的服饰、姿态、表情、动作中洞悉其真实身份和深层心理的专家。据说有这么一件事：

　　一次，贝尔医生正在给学生上课，一位陌生人走进教室。贝尔医生稍一观察来人便对学生说："同学们，这位先生以前在苏格兰高地军团当过兵，可能还曾是个军乐手呢。"当同学们把视线不约而同地投向这位陌生人时，他却连连摇头否认自己服过役。于是全班学生又转眼望着贝尔医生。只见贝尔医生不慌不忙，让助手把来人领到另一间房子，解开他的上衣，发现胸膛上有"D"字记号，这是逃兵的身份证明。陌生人只好承认自己以前确实当过兵，而且是个军乐手。贝尔医生对大家解释说："其实，这一结论并不难解释。你们注意到没有，此人在进门时的走路姿势显然有军人的特点，那就意味着他当过兵。同时，他的身材较矮小，可以推测他也许是个军乐手。"

　　读者诸君若是不信，不妨翻阅一下《福尔摩斯探案全集》。

4. 触摸与时间：有形的禁区与无形的纽带

　　在人与人的交往中，我们通常用"接触"一词来表示人与人的关系的有无。其实，"接触"是一个含义广泛的说法。它只意味着交际双方以某种方式与对方发生交往关系，并不意味着交际双方有身体接触。广而言之，目光的接触是以视觉形式沟通空间距离的，声音的传播在语言意义上也是沟通双方思想情感的听觉形式（有时和文字视觉形式共同使用）。甚至嗅觉在有的文化中（例如阿拉伯文化）同样有其交际和传输功能，而且更加靠近身体接触。有些文化中的男子喜欢女子身上散发的香味（自然的或人为的），但在同性之间则未必喜欢。由于人们的嗅觉习惯不同，一种文化对另一种文化中的人们身上的气味便可能产生厌恶而影响交际。

身体接触是更为直接的接触形式。虽然接触的部位、久暂、方式不同，但都以皮肤相抵为其共同特点，而又以手作为最方便的"触角"。身体接触又分为自我接触与相互接触两种情况，前者构成个体姿势或动作的一部分，后者则是显示双方关系的可视信号。自我接触是以手作为基本触摸器官接触自己身体某些部位的动作。有些是功利性的，例如清除身体外表的污物或者表示防卫的动作。有些则是非功利性的或符号性的，例如作出自我亲密的动作，如女子以手掌摸腿或以手指抵唇。有的理论认为，人的自我亲密动作有些来源于自幼受到双亲爱抚的动作，长大以后则成为无意的自我接触或安抚动作，具有重温幼年时候的体验和增强安全感等作用。

最常见的自我接触动作是头手动作，即以单手或双手与自己的头部及其附近部位发生接触。例如，人在紧张时会下意识地用手去托下巴或托腮，或以手指轻抵嘴唇或摸胡须、抓头发、抵太阳穴等。这些都属于头手动作。头手动作有性别差异。据调查，男子托太阳穴比女子多一倍，女子抓头发比男子多两倍。手面动作——以手触面等——具有更复杂的心理意义，包括捂嘴（可能表示失言，见图9）、触鼻（可能表示说谎，见图10）、揉眼（可能表示掩饰欺骗或怀疑态度，或为了避免与说谎的对方目光对视，见图11）、擦耳（据说是小孩子捂耳朵以表示不愿意听的遗留动作）、搔脖子（表示怀疑或没有把握，或言不由衷、言行不符等）。尤其是妇女手指含于双齿之间面露困惑之色时，多半表示心中无数，需要对方的鼓励或保证（见图12）。

图9　捂嘴　　　　　　图10　触鼻

图11　揉眼　　　　　　图12　口中含指

手面动作和其他自我接触动作一起，常常成为不自觉地流露内心的信号，有经验的观察者常能见微知著，洞悉对方的心理。在文化背景大体相同时更是如此。澳大利亚学者艾伦·皮斯讲了这样一件事：

"最近，我面试了一位由国外来我们公司求职的青年。在整个面试过程中，他双臂紧抱，双腿交叉，使用一系列表示他在作挑衅性评估的动作。他很少亮出手掌，与我的目光接触的时间连 1/3 都不到。显然，他心中有点忧虑，但那时，我并没有掌握足够的信息对他的消极举止作出正确的评估。于是我让他谈谈他以前在本国的老板的情况。他的回答伴随一系列擦眼、触鼻的动作，并继续躲避我的目光。这样一直到面试结束。我最后根据'直觉'还是决定不录用他。出于对他欺骗性人体语符的好奇,我核查了他在海外的证明人写的材料,发现他向我提供的经历是虚假的,他可能以为另一个国家的公司老板不会费神去核查国外求职者写的证明材料。假如我没有掌握人体语言的知识,我就会错误地录用他了。"

人和人的身体接触最方便最常见的莫过于手与手的接触了。在这里,接触与不接触大不一样。人们都有这样的经验:儿童时候与父母的身体接触到了成年会逐渐减少,而异性之间的身体接触便变得十分敏感。因此,青年男女之间第一次手与手的接触常常会产生类似电击一般的心理感应,而正常的身体接触便有了非同凡响的意义。据调查,国外图书馆的馆员,在向顾客递书时若与对方手指接触,便会给对方留下热情大方的良好印象,反之则使人感到态度冷淡——尽管面露微笑也难于弥补。握手的动作也是如此,故意回避或敷衍轻握都会使对方感到你缺乏诚意或不够热情,相反,过分紧握又会使对方难堪而失之粗鲁。同时,与对方手的相对位置也反映一定的态度,并产生不同的交际效果。

身体接触的部位大小和持续久暂表示不同程度的关系和不同程度的热情。从手指接触、握手、拍肩到拥抱、亲吻显然是一个递进序列。在这里,文化之间的差异已上升到礼仪的高度。但是一般说来,拍肩一类动作多是由长辈、上司对晚辈、下级发出的鼓励和安抚动作。例如,老板对职员、父亲对儿子、老师对学生、医生对病人等就是合适的,反之则是不合适的。除了不同文化有各自的身体接触规范之外,交际情景、职业习惯和个人风格也在起作用。运动员和演员的相互接触一般会多于其他人,而且较为随便。有的时候,必要的身体接触甚至能产生语言无法替代的交流效果。试想一下中国女排在全力拼搏险胜日本队之后,大家紧抱成一团无言的流泪的喜悦,又用什么言语可以表达呢?谁又能不为之感动呢?

　　如同言语表达有委婉语和忌讳语一样，身体接触也有其不可逾越
的禁区，虽然这种禁区在不同的关系和文化中并不相同，但一般交往
中还是要严格区分、谨慎行事的。除了父母与婴儿、夫妻或情人之间
几乎毫无禁忌之外，误入禁区往往会引起难以预料的后果。一项对美
国男女大学生的问卷调查，将人体分为 12 个区域，调查了男女学生分
别与母亲、父亲、同性友人和异性密友碰触的频率，又分为经常（76%～
100%）、中等（51%～75%）、极少（26%～50%）和从未碰触（0%～
25%）四种情况。由此绘制出的图示便说明了人体接触在不同情况下
的禁区（见图 13）。

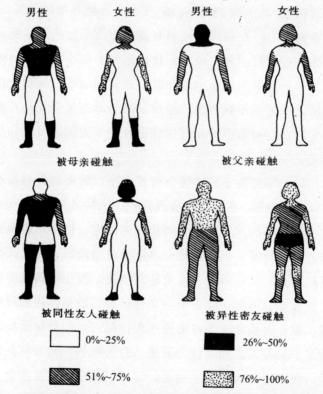

图 13　美国大学生的禁忌区（此种禁忌因性别和关系的不同而异，
所显示的百分比是根据学生所答曾被碰触的区域计算而来）

在通常情况下，交际中的个人、关系和情境都会影响到相互接触的具体情况。个人以往的经验和感受可能会直接影响他或她对与对方发生身体接触时的感受。例如，一个曾经受到异性伤害的姑娘在被男朋友碰触时会产生某种恐惧感。不仅如此，我们还有意无意地从特定的情境与关系中来感知与他人的接触，并从中获得身体接触的意义。公开场合还是私人房间，亲密关系还是一般关系，便具有决定性的重要作用。

文化差异所导致的身体接触是不容忽视的。一般认为，英国人、美籍英国人和德国人在公开场合很少用身体接触，而美籍西班牙人、犹太人后裔却接触较多。意大利人、法国人和阿拉伯人接触更多。因此，便有了接触性文化与非接触性文化的区别。伊斯兰教徒的左右手有着严格的分工——右手用来进食和做令人愉快的事，左手则用作大小便。因此，用左手去触摸他人便是一种社交侮辱。接触部位也不尽相同。在泰国，由于受到佛教观念影响，头部是人体的神圣部位，摸头便是对人犯罪。在伊斯兰教徒中间，肩头是令人满意的接触和活动部位，耸肩于是成为一般的兄弟手足之情关系的标志。在美国，异性朋友间的接触方式有着不同的含义：抚弄表示热情与性欲，轻拍表示嬉戏与友谊，紧握和碰触则含有模棱两可之意。总之，在体态语言领域内，个别差异和文化差异是不可避免的和难以尽述的，也是在和外国人交往时应予以特别注意的。尽管如此，空间距离的缩小，接触次数的增多，接触部位的随便，以及各体态语言表达和理解上的沟通仍然随交往的增多和关系的加深而表现出发展的趋势。

在我们准备结束体态语言在跨文化传通中的运用这一部分讨论的时候，有必要引入"时间"这一不容忽视的概念，以便把狭义的体态语言——包括空间与界域及人际距离、服饰、姿态、小道具与动作、表情、目光和身体接触等——引入广义的非语言交际的广阔领域。你可能有这样的经验：当你和一个外国人一起坐着谈话的时候，对方或者频繁地抬头看表，或者假装无意地问你"现在几点了"。这时，你一定会感觉到，对方并不仅仅是要知道时间，而是有别的意思。例如想和你尽早或及时结束交谈，或者有别的什么要紧事要办而请你原谅。在这种情况下，时间作为一种无形的向度，和空间一样，就会对你们的交往活动产生重大的影响。

人类的时间观念是古已有之的。最初的时间观念与自然界的变化相联系，又统一于人自身的宗教与生产及社会活动中。"日出而作，日落而息"，便是这种原始时间观的反映。这种自然的时间观经过漫长的演变，至今仍然存留在人的头脑中，支配着人们的行动。当你说"我马上就回来"的时候，你是否意识到这是一个异常含混而模糊的说法，而"马上"一词正同中国古代人们的交通和通信手段（骑马）有着某种联系呢？除了这种非正规时间观多用于日常生活及交往以外，人类还有正规的时间观，这是同计时手段（钟表）的发明和年历的规范化相联系的。可能正由于此，以生产钟表而闻名的瑞士人的准时观念便很强——至少比农业文明的人要强得多。而瑞士人和以严格著称的德国人的时间观比美国人——既有严格计划却又行动随便的美国人——甚至还要强。在这种正规时间即人为时间中还有一种专门的技术性时间，那就是天文学家所用的回归年一类日常生活中用不上的时间，或者运动会上所用的几分之一秒等极短的专门时间。

在现在、过去、将来这三个相关的时间向度上，世界各民族的指向并不相同。据研究，北美印地安人并没有严格的时间语词系统，他们把现在认为是现实的、确实发生的，而过去和将来只在回忆和想象中有意义，因而是虚幻的、非实在的。20世纪50年代，当美国政府计划把美国印第安人安置在几个区域，并拨款让他们建造公寓的时候，发现几个月过去了，他们的工程却毫无进展，原来是时间观念在作祟。例如，在苏族印第安人的观念中，根本就没有我们所谓的世纪、年、季、月、周、日、时、分、秒等。这使我们想到东方文明古国印度，它的佛教的时间观要宏伟和辽阔得多。

　　佛法有"三世"之说，把时间分成过去世、现在世与未来世。依照于凌波（1981）的说法，这三世是"因果相续，因前复有因，因因无始；果后复有果，果果无终"（P. 84）。佛法又以"劫"论时间。一"大劫"指世界成、住、坏、空转了一个周期。成劫指世界组成的时期，住劫指有情众生安住的时期，坏劫指逐渐趋败坏的时期，空劫指完全崩溃的时期。成、住、坏、空四个时期，又各自代表一个"中劫"，每一"中劫"包含二十个"小劫"。"一个小劫的时间，是人寿最高数（八万四千岁）减至最低数（十岁），再由最低数增至最高数，增减之量是每百年一岁，这样有增有减所需的时间，即为一小劫"（P. 91）（《跨文化交际学》，陈国明著，华东师范大学出版社，2009年第二版，第137页）

　　在这过去、现在和未来"三世"中，美国白人的时间观是未来指向的。时间像一条长带或高速公路笔直地指向远方。人可以乘车或通过其他活动穿越有限的空间而进入未来，现在发生的一切只不过为更好的未来做准备而已。守时和计划性是一个人具有良好教养和有能力的标志。而在印度，由于宗教时空观的影响，时间是封闭式循环状，并因此终于消融在空间之中而难于超越的（这是印度时间的另外一种说法）。相比之下，中国人的时间观也有循环倾向，在很多时候囿于空间里和周期往返中，但最终仍可超越空间，缓慢行进。不过，守时和计划性都不严格。这三种时空模式如图14所示。

　　西方人的时间观是单一趋向的。也就是说，西方人在特定的时间只能做一件事，而且是较严格地规定好的，难于更改的。中东国家和中国却是多种趋向的，人们同时可以计划几件事，也可以做几件事，而且处理得很好，但也有应接不暇之感。例如，售货员一面和第一个顾客算账，一面取出货物给第二个顾客先看，甚至还向第三个顾客打招呼。这在西方白人那里是很难做到的。你要等到轮到你跟前才能开始交谈。据说典型的美国黑人时间是一种"悬而不定的时间"，他们许多人没有工作，无所事事，时间也就无所谓，成了"打发时间"过日子，而不是将时间严格区分，安排好吃饭、工作和睡觉等活动单元。

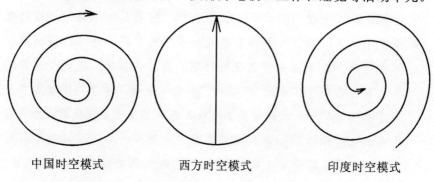

中国时空模式　　　　　西方时空模式　　　　　印度时空模式

图 14　中西印三种时空模式图

如同中国人把时间视为"火候"不可不把握一样，美国白人中产阶级的睡眠时间是不容侵犯的。你在晚上十点后打电话到别人家里是不礼貌的，凌晨四点打电话叫醒别人便意味着有十分紧急的事情发生。计划性还表现在拜访前要打电话得到认可，几乎和预售机票一样，否则便不予接待。即便是预先约好的时间，你要是迟到当然说明不礼貌和无教养，可要是早到也不是什么好事。你可能认为去家里做客早到十分钟可以帮女主人忙，可女主人却认为你早到给她造成不方便，甚至是侵犯了她的私人时间。

日本学者高桥敷讲了他对西方人时间观念的理解。他说："一个星期休息两天的制度，也是很少见的。每逢礼拜天，店也关门，车也熄火。还有一天，则是娱乐、购物、约会的日子。再有，每年二十天的休假，也必须同工作一样，严格实行。作为日本人，自然要问了：

'我可以不休假吗？'

本以为布洛基先生会受感动，然而恰恰相反，他的回答是严厉的。'那不好办，虽然研究工作是不受别人干涉的，但必须遵守公家所规定的工作时间。否则，会影响一年的工作质量，那可要减薪水了。'"

余秋雨在他的《行者无疆》中，写了一件令人吃惊的事：当他们一行人满怀希望和期待进入罗马城市的时候，却发现这座文明古都不知何故已经是人去城空了。接着，他仔细地描述了西方人和中国人的休假观念，并且作了饶有兴趣的对比和分析，发人深思：

何为彻彻底底地休假？

在形态上，这是平日工作的一次封闭性割断。到哪儿去休假，不必让同一办公室的同事知道，也不用禀告直接上司。与我们中国的忙人们休假时连睡觉都开着手机相反，他们一进入休假就不再惦记电话铃声，不会因为两天没有与人通话就如困兽般烦躁。在休假时他们成了另一种人，平日衣冠楚楚、礼仪彬彬，此刻却便装松松、笑声连连，全然一幅少不更事的游戏心态。昨天在城市的街道上还步履匆匆、两眼直视、目中无人，今天在休假地见到谁都亲热招呼，其实互不相识，只知彼此突然成了天涯同事。同的什么事？这事就是休假。

在观念上，这里服从把个体休闲权利看得至高无上的欧洲人生哲学。中国人刻苦耐劳，偶而也休息，但那只是为了更好地工作；欧洲人反过来，认为平日辛苦工作，大半倒是为了休假，因为只有在休假中，才能使杂务中断，使焦灼凝练，使肢体回归，使亲伦重现，亦即使人暂别异化状态，恢复人性。这种观念熔化了西方人诸如个人权利、回归自然等等主干性原则，很容易广泛普及、深入人心，甚至走向极端。中国驻意大利大使馆的一位朋友告诉我，有次中国领导人访问罗马，计划做了几个月，当领导人到达前一个星期，意大利方面的计划负责人突然不见了，把大家急成了热锅上的蚂蚁，只得重新开始计划。奇怪的是，他们那方的人员只着急不生气，因为那个负责人的突然不见有一个神圣的理由：休假去了。

我们当然不赞成这样的工作态度，但罗马人的看法就不一样。他们说，工作与休假，很难说哪个更重要。这个负责人由于某个非个人的原因失落了移交工作的时间，既已如此，如果要他牺牲休假时间去办移交，等于把一件事的不完满变成了两件事的不完满，两败俱伤。休假使一个人失去一种身份，转换一种身份，这种失去和转换是那样的无可指责，就像无可指责于突然死亡。那个人自从来到休假地、换上宽松服之后，他作为公务员的身份已经暂时地埋葬于山水之间，你怎么能对一个死亡了的身份有额外的指望？工作的延续，只能靠接替者，或者，等他休假期满身份"复活"。

对于这样一条思路可以不作评论，但我至少由此知道了平日自己周围的朋友为什么老是休息不好。

我们很多企业家和官员其实也有假期，而且也能选择一个不受干扰的风景胜地，然而可惜的是，他们可以放下工作和家人，却放不下身份。于是，一到休假地只想摆脱放下身份后的虚空和慌张，立刻用电话疏通全部公私网络，甚至还要与当地的相关机构一一接上关系。结果可想而知，电话之频、访客之多、宴请之盛，往往超过未曾休假之时，没过几天已在心里盘算，什么时候回去好好休息一下。休息，成了一个永远闪动在彼岸的梦影。

显而易见，此间的一个重要区别在于，人家的休假是转换身份，我们的休假是叠加身份。叠加在远离办公室的地方，叠加在山光水色之间，那是多么不自然，多么矫情。矫情在别处尚能闭眼放过，矫情在私人假期，实在是糟蹋了人生的最后一个秘角，让人怜悯。（《行者无疆》，余秋雨，华艺出版社，2001年，第13～14页）

时间观念与人们的活动方式密切相关。英国作家卢卡斯写的一篇杂文集中说明了英国人对一周内各天的不同体验（见表6），请与中国大学生的一周体验（见表7）相对照。

表6　英国人的一周体验

日期	心理体验、主观评价及证据
星期一	平庸之处是周末已过，一周工作刚开始且很漫长，令人生厌。Mondayish 一词有贬义。美国的宗教集会也不在周一举行。但周一又表示开始，故意义重大。
星期二	平庸而空洞，连周末餐馆也不为周二客人准备饭菜。Tuesday 容易拼错。周二是空洞乏味的一天。
星期三	一周的转机，有点儿松动，新鲜。有些周刊寄来，运动项目安排在周三，有朋友来访，少政治论争。Wednesday 一词发音响亮，字正腔圆，讨人喜欢。
星期四	有点儿倒退，有点儿像周二，平庸无聊，缺乏轰轰烈烈的气概，但比周二稍好一点儿。
星期五	还可以，但缺乏周三的宁静与风范，有点忙乱。是结束的开端，周末的前奏，令人神往周末。
星期六与星期天	性质很难界定，因人而异。幸福的家庭是团聚，不幸的家庭则是灾难。对有些人意味着一周的真正含义，对有些人又是一周工作的中断。周六车满拥挤，商店早早关门。星期日对有些人是礼拜圣日，但对有些人则是世俗生活。总之，令人莫衷一是。

表7　当代中国大学生的一周体验

星期一	星期二	星期三	星期四	星期五	星期六	星期天
走向深渊	夜茫茫	路漫漫	黎明前的黑暗	曙光在前头	胜利大逃亡	今天我休息 快乐的单身汉 这里的黎明静悄悄

注：每日所用说法全是电影名称。

时间观念除了同人们的生活、娱乐、工作等活动，甚至同心情密切相关之外，在跨文化的交往中自然是一个十分重要的因素。很难想象，居住在同一地球上不同地区的人类，由于时间观念的不同实际上甚至可以说并没有生活在统一的时空环境之中。东方人在和西方人的交往中——无论在国内还是在国外——竟会遇到意料不到的麻烦，甚至难堪，这其中的原因之一就是时间这种无形的但却是重要的向度。

日本人高桥敷在秘鲁和科学厅长官布洛基的交往中对此人的时间观作了如下描述：

"科学厅长官布洛基先生真是一个惜时如金的人。即使迟到一分钟，也要仰天长叹：'啊，又损失了我60秒。你不管用什么方法赔偿，都永远回不来了。'总之，叫人难以忍受。反过来，他对遵守时间的客人，又会用上许多高级赞词，什么文化人啦，聪明人啦，等等。"

有一次，作为受聘秘鲁大学任教的日本著名学者，高桥敷先生提前20分钟应邀来到布洛基的办公室。

"来接待我的秘书，脸上为什么有一种奇怪的表情呢？我被带到会客室，布洛基先生正在对面忙着。我等着他的会见。然而，他一会儿站着和人谈话，一会儿从我身边走过，眼睛看都不朝我看一下。错过几次寒暄机会的我，坐也不是，站也不是，感到对方太不礼貌了，只好不停地咳嗽。"

究竟是怎么一回事呢？

"当雕着小天使的古老挂钟敲响十点的一刹那，只见他飞快地整了整领带站起来，像是换了个人似的，又像是欢迎有十多年交情的老朋友似的，满脸微笑，像作广播体操那样向后扬起双臂，大踏步走过来拥抱我：

'啊，欢迎，我每天都伸长脖子在等待您的到来。我的好朋友，高桥敷教授。请，到这个房间来，我们可以聊一个小时，咖啡也准备好了。快请，啊，今天真是一个令人高兴的日子！'"

六、和外国人做生意

和外国人做生意？这可是一个热门话题。

朋友，你一定比我还清楚，在现代社会中，"市场经济"正成为人们的日常用语，激励着越来越多的中国企业家和商人走出国门和外国人做生意。在国际范围内，"跨国公司"已成为不可忽视的组织形式，使各国人们方便地把生意做到国外，互惠互利，造福人类。在这种形势下，跨文化的交往和沟通就有了一个新的应用领域，那就是如何同外国人做生意。当然，由于这一学科本身的性质侧重于人际交往，因此，我们的讨论便集中于和外国人做生意的关键环节，那就是商业谈判，尤其是国际商业谈判。

在讨论国际商业谈判的题目下，我们将把注意的焦点集中在具有东西文化代表性的日美之间的一次商业谈判上，以此作为具体事例和一个个案的研究分析。在这个个案的背后，则有其更深刻的心理文化根源。在这一方面，日本的企业文化精神和美式商业谈判策略，将作为这一讨论的文化背景予以介绍。最后，再从美国一方和日本交流的实际经验中，来透视一种文化对另一种文化的具体的适应机制，也就是不得不改变原有思维模式和行为方式的问题。至于中国人在国外与外国人做生意及求职闯天下的问题，则留待下一章"到外国企业去工作"一节，去体验其中的"冒险与乐趣"。

1. 莫名其妙的失败：重新学习的必要性

据有关专家评论，当今世界的经济大战正围绕着三大战役发生着激烈的争夺战：汽车战役、电子计算机大战和高清晰度彩电争夺战。

二次大战后迅速崛起的东方经济大国日本，同号称世界第一发达大国的美国之间曾发生了这样一个经济谈判事件。这次谈判的结果姑且不论，其过程却是充满戏剧性的和发人深思的。

美国计算机录像游戏行业中最大的公司——美国商业公司和日本著名的影像软件公司——大佐科技公司有一笔生意。由于大佐科技公司以其一个又一个计算机电子游戏产品赢得了很高的国际声誉，美国商业公司便希望能得到该公司的同意，以便获得销售该公司软件的许可证。双方在进行了首次洽谈之后，都认为若能通过继续谈判达成协议，则对双方都有好处。但同时又都忐忑不安，对于这场事关重大的跨文化交际的结果感到没有把握。

6个月之后，大佐科技公司终于同意在日本大阪的公司总部与美国商业公司进行第二次会谈。于是美国人欣然前往。谈判一开始十分顺利。美日双方代表团作了相互介绍，交换名片后便分别坐在谈判桌两侧。日方谈判成员中有一名总经理、两名助手和一名兼任翻译的工程师。美方有一位公司总裁、两名负责推销销售的副总裁和一名工程师，没有翻译，也没有一人懂日语。

美方先开口介绍情况。他们简单报告了该公司的贸易总额、市场份额和销售计划等。并强调指出，该公司在元件制作和销售总额方面已成为计算机游戏行业的领导者。如果日本公司失去和他们做这笔生意的机会的话，将会造成不利后果。另外，美国人还拟定了具体的日程表和交货日期，说明了美方对产品的需求。至于项目费用问题则可以留待以后解决。

　　日本人一直专心致志地倾听着，一言不发，偶尔点点头。美国人说完的时候，日本人主要就产品细节问题提出自己的意见。他们想看看元件工程设计图，想了解美国公司在下届展销会上打算推出什么新型录像游戏。他们还要看一台工作模型，以便检验产品的同步性能。最后，日方又问起交货日期。日本人的问题使美国人大惑不解。他们完全没有料到对方会提出这么详细的问题，也摸不清日本人的真实意图。只好提出休会。日本人很礼貌地表示同意。

　　当会议室里的日本人全都退出之后，留下的美国人便发出了下列议论：

　　　　"我看他们什么都没理解。"

　　　　"我们还没有得到他们可靠的承诺，他们就要求知道这个那个的，可能吗？"

　　　　"太放肆啦！他们不回答我们的问题，却那样不断地提问。鲍勃（代表团主席），他们根本就不把你放在眼里。"

　　　　"他们就知道一个劲儿地微笑，点头，作出理解的样子。"

　　　　"没错。可是，接着他们又回头去讨论那些毫无关系的问题。"

　　　　"要么就是一小时以前已解释清楚了的问题。"

　　　　"我看这样，不管他们提出什么问题，或者要求重新讨论什么问题，我们都将交货日期这个问题排除在外，直到他们至少在原则上同意了之后再和他们讨论。"

　　　　"你觉得山本明白我们的意思吗？他为什么老是皱着眉头，要么就和同伴耳语呢？"

　　　　"而且是每次你问他一个直截了当的问题，他都要皱眉或与别人耳语。这可真是怪了？"

　　　　"我觉得他并不能做出最后决定。"

　　　　"那么，谁是最后决策者呢？"

"这可难住我了。不过，没关系，我们可以和那位翻译谈谈，他是唯一……"

"这正是使我窝火的。那位翻译讲任何一件事情都是那样含糊其辞。他是工程师，应该懂得技术性词汇。"

"可能他的英文不怎么样。"

"他们不可能永远不做任何承诺。难道他们不知道其他公司也都急于和我们做生意吗？……或许，他们根本不知道我们是来干什么的。"

日本人当然明白他们是来干什么的。此时，日本人也正在公司总部里发泄他们的不满：

"我觉得他们都在吹牛。"

"还很粗鲁无礼。"

"我认为我们不能相信这家公司。"

"如果他们真像他们自己所说的那样取得了那样的成功，他们为什么还不停地责怪他们的竞争对手呢？"

"还有，他们为什么要向我们施加压力？还有许多问题要讨论，要考虑呢！"

"可他们总在一个问题上死死相逼，同样的问题问了又问。"

"他们好像对我们怀有敌意。我从未见过一个商人在谈判桌上会这样。对了，还有他们那该死的习惯用语，晦涩难懂，太难翻译了。"

"他们来自美国哪个地区？"

就这样，在两周之内，美日双方举行了四次谈判。误会和分歧不仅没有消除和减少，反而变本加厉了。

美国人的误解和怀疑愈来愈多，愈陷愈深：

"难道他们看不出这笔富有诱惑力的交易对他们将意味着什么吗?唉，如果我们空手而归，董事会将怎么看我们呢!"

"我们竭尽全力，可是等待我们的却是更多的谈判。"

"日本人想在和我们达成协议之前，先查看我们的设计图纸，真是岂有此理! 还记得《幸福》杂志上刊登的描写硅谷里日本间谍的文章吗?"

"嗯，记得。你怎么看?"

"我无可奉告。两个星期都过去了，几乎什么也没有达成。"

"这种事情在俄亥俄州是绝不会发生的。"

与此同时，日本人也是怨气冲天。对他们来说，和这伙美国人做生意肯定没有什么结果。

"如果他们真是诚心诚意。那他们为什么老是要求助于律师呢?好像只有律师才能够商谈细节并作出决定似的。"

"那可不是细节。"

"对,不是的。我们知道不是细节,可他们好像并不明白这点。"

"我认为他们是自以为是，用心不良，不可以信任。"

"就像除了他们以外，就没有别的公司能帮助我们推销商品，获得市场份额似的。"

"我希望我们不再听他们唠叨了。我们该考虑和其他架子没有这么大的公司做买卖了。"

就这样，双方由细节上的分歧、程序上的不同看法，发展到怀疑对方的诚意，这样的谈判还能指望取得什么进展呢? 或者说，由于缺乏对对方的认识和了解，由于缺乏跨文化传通方面的知识和技能，最后一轮谈判还是以失败告终。美国代表团只得空手而归，日本人的如意算盘也落了空。

这究竟是怎么一回事呢？

远的且不谈，只要从日美双方的抱怨之辞的对照中略加分析，就可以推测出若干有代表性的争议之点：

（1）首先，美国人有一种明显的自傲或曰过分的自信，甚至是以自我为中心的想法。似乎对方只要按照他们预先设想的程序进行下去，谈判就可以顺利地达到"对对方有利"实际上是对自己一方有利的理想境地。日本人偏不急于做出承诺。因为他们认为，在需要搞清楚的有关问题没有弄清楚之前，对方是不可以信赖的。完全按照美方的意思去办，只能意味着放弃主动，最终也只能达成于美方有利的谈判条件。美方的做法是逼人就范。

（2）美国人有急于求成的心理，在他们看来，谈判的结果似乎是早就可以料定的，一切都是再明白不过的。日方根本无需提出过多的发问。发问过多，无异于吹毛求疵。而日本人则认为，在将对方的底细弄清楚以前就仓促地做出结论或下决心是荒谬的。日本人并不急于做出决定，他们要等到万事俱备，而且对自己绝对有利的时候才作出决定。或许使对方失去理智和耐心时，才是最佳时机。这样，共同达成协议几乎要拖延到谈判结束前的最后一刻才行。

（3）在美国人看来，商业谈判是一项意义重大、十分严肃的事情，必须诉诸于一定的法律程序才能予以保证。因此，律师是不能不挂在嘴上的法律的代表和法治的象征。而在日本人心目中，只有谈判出了问题或者生意上的双方中有一方违背协议时才有必要诉诸法律。而美国人的做法是一种压力或高压手段，实际上又无此必要。这是日本人对美国人的误解之一。

（4）在美国一方，谈判双方的决策人物是显而易见的。不回答自己一方谈判首席代表的问题是一种冒犯和无礼行为。更有甚者，日方的首席代表山本竟然眉头紧皱还与别人耳语，显然是在搞什么阴谋诡计，是不光明正大的行为。这是美国人对日本人的反感之处和不理解之处。在此心理基础上，美国人甚至怀疑日方的真正决策人物不是山本，或者其根本没有露面，是一个神秘的幕后人物。那么，谈判还有什么意义呢？日本人怀疑美国人是自吹自擂，怀疑他们根本没有他们宣称的那样有实力和信誉。否则，为什么要那样急于求成而又不愿意露底呢？为什么还要那样急不可耐地责怪对手呢？

（5）美国人天真地以为谈判语言必然是用英语，连翻译也不需要，代表中连懂日语的人也不准备。这一技术上的疏忽给日方以可乘之机，同时也增加了双方理解上的困难，又反过来致使美国人责怪翻译本人。日方的英文翻译实际上无法不站在日方一边，为日方打一些"埋伏"。他又反过来责怪美方代表所用的语言晦涩难懂，甚至怀疑美方对日方怀有敌意，是故意刁难日方，以及粗鲁无礼等。

除了上述分歧和误解之处以外，还有一些情况也是值得注意的。

（1）双方选择的地点在日本大佐公司的总部，这是一个对日本人有利的地点。因此，在美国人有明显的自傲心理的同时，与之形成反差的是美国人的不利地位（上门客）和日本人的优越地位（东道主）。这种潜在因素显然是起作用的。例如，它促成了美国人以自傲为基调的矛盾心理和急躁情绪，也助长了日本人无限拖延的老做法和静观其变的消极态度。

（2）美国人前来的目标只有一个，那就是要全力以赴做成这笔生意。他们的选择余地很小，失败了便无法向上司交待。因此，他们的准备是积极的，但也有把事情看得简单化的一面。何况美国这家公司在美国同行业中首屈一指，甚至有对日方施以恩惠的不良心理。日本人呢？他们有货不愁找不到好买主，何况又是美国人主动上门的（虽然也是经过一轮谈判后日方才邀请来的）。相比之下，日本人有较多的选择余地，较早就有另谋对手的打算，失败了也容易交待，也容易达到心理平衡。

（3）跨文化传通方面的问题是很多的。首先是翻译和语言问题造成了理解上的困难。其次，尤其是美国人对于日本人的体态表现（如皱眉和耳语）不够理解，而日本人又不买美国人高傲自大的账。决策方式的不同和决策速度的快慢背后都有很深刻的文化背景。而双方事先的偏见又都迅速地在谈判不顺利时转化为互相不信任，甚至相互攻击。双方主要人物又不加以阻止和引导，以致于情绪化的表达和感情用事压过了程序化的谈判和深思熟虑的商业决策。

附栏 3：北美与东亚人际关系模式对照

1. 普遍性与特殊性关系：北美倾向于建立人际间的普遍性关系，奉行公平、平等原则，不以人为转移；东亚人倾向于特殊性关系，凸显各种角色与地位差异，鼓励彼此信任，沟通讲究过程和规范。

2. 长期性与短期性关系：北美人相信短期性人际关系，容易建立，但各自都自由，不想有约束感，无需礼尚往来；东亚人愿意建立长期关系，逐渐建立信任和人际网络，通过礼尚往来进入层级性的关系结构。

3. 非区分与区分性关系：东亚人愿意建立明显区分我族和他族的关系，包括血亲、同乡、同学、同事等核心关系网络的建立，不信任他族的外围团体和分子；北美人不强调这种族群关系的亲疏，而是不设等级，择善而从，交往视野广阔，方法灵活。

4. 正式与非正式性关系：非正式关系是平行式的沟通与人际关系，不求熟人作为基础，不以官衔地位而是直呼其名，是北美人的习惯；而正式关系则是倾向于通过第三者进行调停，避免当事人面对面的窘境。

5. 公私分明与不分明的关系：北美人不喜欢将公私混为一谈，以防隐私、自主等个人权利受到侵犯；而东亚人则将私人因素带入商务和其他公众活动，同时鼓励人性化的交际方式和环境，认为有助于交往目的的实现。

（4）也许最为重要的是日美两国在交往方式上的巨大差别没有引起双方中任何一方的注意。美国人的最大错误在于，他们认为和日本人做生意也像和任何西方人做生意一样，一切都可以在谈判桌上解决，只要通过一次或几次谈判，问题就能解决。事实上，他们不懂得同日本人打交道，是先要通过私人交朋友的方式与决策人物或者至少是重要人物进行非正式会谈，才能将步骤逐渐引向谈判桌上，以促成正式协议的签署。尤其在谈判不太顺利的时候，要通过一位在对方心目中有份量的人充当第三方来出面调停，甚至在一开始就计划好这一步并巧妙地付诸实施，这才是上策。另一方面，可以说日本人对于美国式的贸易风格和谈判方式一无所知。一言以蔽之，美国人是喜欢直来直去、速战速决的。弦儿绷得太紧，反而会被意外地拉断。

2. 日本企业文化：不容忽视的一面

认识商业精神和企业文化，是理解特定民族的商业行为的心理文化基础。美日之间的谈判之所以困难重重以至于失败，在美国一方归根结底，乃是不了解日本人的商业行为及其背后的企业文化所致。

众所周知，在第二次世界大战结束的时候，日本作为战败国受到美国的全面控制。当时，在决定是否全面占领日本的问题上，美国没有采用对德国同样的政策，而是从经济上控制日本，使其成为美国不可缺少但又有利可图的亚洲最大的贸易伙伴。时隔不到半个世纪，日本已在战后的混乱、贫穷中迅速崛起，一跃而成为一个经济贸易大国，在世界经济中成为一支不可忽视的力量。日本的电子产品和汽车产品，不仅充斥于美国市场，而且风行世界各地。日本人用钱在美国和其他国家购买和建造了大量的工厂和公司，已经使美国人感到了巨大的威胁。

这一切的背后究竟是什么在起作用呢？当然，其中的因素很多。从文化渊源上说，日本人先从中国古代文化中寻求政治统治和社会稳定之道，后来又转而向西欧学习现代科学技术，从而使得日本民族既有东方古代文化的血脉又得西方现代文化的真传。

不过，更具体一点说，日本人在奋发图强中除了及时而成功地进行社会变革（如明治维新）之外，那就是对东西文化融会贯通，从而形成日本的企业文化。可以说，没有日本式的企业精神，也就没有日本民族的现代化。

那么，日本的商业精神和企业文化是什么呢？

人们知道，现代日本的商业大厦是在一个一个设备简陋的一间房公司的基础上建成的。1953 年，当索尼公司的现任总经理森田明雄先生代表东京通信工业公司首次来美的时候，他发现竟然没有一个美国人能准确地说出他们的名字。于是，他和同事们从几本外语辞典中找出词根 Sonus（拉丁语"声音"之义），以此命名他们的公司为"Sony"（索尼）。十年以后，Sony 公司已经是人们熟悉的名字了。从创业到成功，这其中的艰辛是不可言喻的，而森田明雄如此已有资格告诫他的美国企业界的对手：要想在外国文化中取得成功，只有靠长期的奋斗和无限的耐心。

当然，公司文化还是有其基本的表现形式的。最明显的是公司歌、典礼仪式和早操，但最重要的却是信念、价值观和忠心，还有行动。日本各公司的企业文化虽然各有特点，但也有其基本相同的方面，那就是：训练一支劳动大军，使其中每一个人对他所从事的工作抱有坚定信念。这是提高生产率和产品质量的保证，也是工人幸福和公司成功的源泉。

重视人际关系是东方文化的特点，也是日本企业精神的特点。日本企业中的上下级关系不同于美国企业中的劳资关系，美国式劳资关系只是现金交易联系着的纯工作关系，对人际协调不大重视。而日本公司经理对个人的诚挚关照是无微不至的，他们花在公司职员身上的"非工作非金钱利益上的费用比美国人要多得多"。其中很大一部分用于改善公司职员的娱乐设施和增加社交机会。在日本人的心目中，公司管理的核心就是协调人际关系。经理首先是一个协调人、联络员、倾听者、慈父般的引路人。他知人善任，富于人情味，懂得人的需要和才能，并鼓励他们为本公司和全社会尽职尽力。对职员来说，受人尊敬和得到同行的承认是最高奖赏，而不是美国式的金钱收买。

附栏 4：松下公司的信条

只有我们公司的每一个人都同心协力，互相配合，才能取得进步和发展。因此，当我们投身到继续不断地改善我们公司的工作中的时候，我们必须把这一最终目的牢牢地记在心中。

①客观现实：实力和利润不能成为我们生活的唯一目标。首先我们必须为我们的集体和国家的进步做出贡献，然后，利润与发展就会成为我们所期待的奖赏。

②公正合理：如果不实行公平合理的原则，任何人都不会得到他自己或别人的尊重。仅凭智慧是永远也代替不了人们之间的相互理解的。只有二者合一才能够给人以满足和幸福。

③团结精神：个人的力量永远也胜不过集体的力量。相互依存是一种美德，相互信赖是一种必须。只有这样，真正的和谐才能存在和发展。

④事业成就：自力更生总是培育出自尊自爱的性格。沾沾自喜从来也比不上创造性劳动，也代替不了创造性劳动。但是，进步来自对成功的渴望和献身。

⑤谦虚谨慎：每个人都应该永远记住自己卑下的起点。自高自大永远也比不上谦逊虚心。真诚的鼓励是失败与成功之间的桥梁。

⑥适应变化：变化是不可避免的。抗拒变化是目光短浅的表现。如果没有自由或应变能力，我们在前进的路上就会磕磕绊绊、步调不一，这是很不幸的。

⑦体贴照顾：人们最大的奖赏就是说一句简单的善意的话。体谅别人能使人关系密切，赏识别人能得到尊重，因为独裁永远也代替不了体贴照顾。

日本文化和中国文化一样都提倡集体主义，而不是美国式的个人主义。这在生产中体现为工作小组这样一种有效的组织形式。一般由15人组成，其成员的职位和水平各不相同，而组长本人至少要有15年以上的工作经验才能担任。工作分配不是按照个人的特殊技术，而是根据个人接受培训的能力，而且每个人要做几种工作。工作的成败不由个人负责，赏罚也是一样。同样，个人的提升随工龄增加自行进行，与责任大小和成就高低几乎无关。工作性质的时常转换可以帮助工人熟悉他人的工作以便在有意外时及时替代，同时也有利于同公司内部的雇员时常发生接触以便促进了解和增进友谊。实际上，工作小组已成为个人可以归属和依赖的终生集体，其重要性仅次于家庭和朋友。

日本文化作出决定的方式是集思广益，公司里的每一个成员都有权参与公司的决策。其中最方便的决策方式是每个人将自己的工作决议用书面文件形式记录下来，并由其他成员轮流传阅，同意者在上面盖上自己的印章，但也有歪盖、倒盖表示实际上不同意的情况。决策缓慢是这种方式的主要缺点。另一种集思广益的普遍形式是用意见箱。以松下公司为例，公司内650名职工一年内投入意见箱85000条建议，平均每人每月一条多。专门委员会再对这些建议分类研究，可能时同提建议者交谈，然后再决定实行。

质量检查团可以说是日本企业的一种普遍性组织，也是日本企业的一大创举。20世纪60年代，日本产品质量低劣，寿命不长，为了改变这一不良形象，让全世界各国消费者对日本产品抱有信心，成立质量检查团成了日本全国性的战略性决策。质量检查团一般由10至15个从事同样工作的人员组成，大家定期聚会，及时发现质量问题，并提出解决办法。一般说来，解决的办法是折衷式的，但有利于将质量问题消灭在萌芽状态。由于许多人都有机会参与质量检查工作，实际上有利于发挥职工的创造性和责任感。在日本约有800万工人参加这项工作，质量检查团数目多达 60 多万个。奇怪的是，同样的组织形式在美国文化中却行不通。

终身雇用与终身培训是日本公司的一项通用制度。这其中固然有日本传统文化中延续下来的忠诚观念在起作用，以及日本人有"活到老，学到老"的好学精神作为内在动力。这种制度确实也有利于社会和个人工作、生活的稳定，以及避免老年人无事可干的被遗弃心理的产生。由于日本公司的提升加薪按工龄长短而不按贡献大小，中途到别的公司工作就可能对个人造成经济上和名誉上的损失。许多日本人相信，永久雇用制有利于吸引更好的工人。他们还愿意不断接受培训，随时准备到公司需要的岗位上去干新的工作，结识新的工作伙伴。事实上，公司和雇员都认为工作并无高低贵贱之分，无论是当经理还是烧锅炉。在公司困难的时候，大家还准备降低工资收入和减少工作天数。经理和大家一样都要接受终身培训。

日本的企业虽然有其值得注意的优点，但也并非完全没有缺点。终身雇用在提供稳定而忠诚的职工队伍方面有其优势，但也会使公司负担过重，又不能及时减员。但在更高的层次上，日本政府的通产省又会对各公司予以协调，甚至组织财力雄厚、势头强大的"日本企业集团"向海外发展。这样，激烈的国内竞争就有可能成为发展海外贸易的准备。难怪日本人说："如果大家想要了解日本公司为什么能在世界市场上干得如此漂亮，重要的是应该认识到它们是在也许是世界上竞争最激烈的国内市场上积累起自己的竞争力的。"

日本企业集团还有强大的日本贸易公司，其中有的已有一百多年的国际贸易史。由这些贸易公司建立起全球性的人员网、公司网、情报网，通过数以万计的正式的和非正式的渠道与别的贸易对象发生联系，为各国顾客提供多种服务。这些贸易公司虽然职能不尽相同——有的侧重生产，有的侧重消费——但都十分重视"供与求的需要"。经过多年发展，其作用日益扩大，"开始起到贸易和金融中间人的作用"。

事实上，日本贸易公司已成为日本这一经济大国在世界贸易系统中的神经系统。进一步而言，日本的银行界、金融界、企业界、贸易界，本着"协商性相互依靠"的精神，已经形成一个使国际贸易对手望而生畏的庞然大物。例如，日本公司可以从银行长期得到货款，在公司需求下降或生产过剩时便可降低价格。诸如此类的做法，都是建立在信赖、理解、容忍和善意合作的基础上的。

由于文化的不同，日本公司在创业阶段的目标并不是以多得利润为目的，而是以心甘情愿的削价的短期损失，争取打入并扩大市场。事实上，日本公司的大部分资金来自银行而不是股票持有者。这样，公司的做法既不会损害股票持有者的利益，也不会在股票变动时受到消极影响。在国际市场上，日本公司为了长远利益而忍受眼前挫折和积极承担损失的能力是西方人所无法理解的，也是他们很难做到的。

组织发展部门作为日本国际公司的一支强有力的臂膀，为日本的国际贸易起着不可忽视的作用。这一机构并不负直接的利润生产责任，而是以情报咨询处的面目出现，负责监督子公司与母公司之间的交易。除了做好工作记录并对海外子公司的活动作出评价以外，还负责处理公司和雇员的各种要求，诸如安排他们的旅游服务项目，为日本的海外侨民寄送"关心包裹"，即帮助他们运送海外无法得到的日本商品，而且还帮助海外雇工维持他们同公司的联系。

总而言之，日本的企业文化和商业精神已经形成了自己独特的一套经济贸易运行机制。这些机制使日本从一个战败国的屈辱地位中挣扎出来，走出低谷，使其实力日益增强，以新的姿态走向世界各地，有效地去实现这一民族"实干、调整、尝试"的实践信条，要和日本人打交道，无论是中国人还是西方人，都不能不重视对日本企业文化的研究。

3. 美式谈判策略：一厢情愿的做法

商业谈判既然是人的活动，就有特定的文化因素在起作用。它是一定商业精神的体现，又是一套谈判策略的应用。在了解了日本人的企业文化以后，有必要全面认识美国式的谈判策略。当然，作为西方文化的产物，美式谈判策略无论是对于日本人还是中国人，都有其可资借鉴的一面，又有其引以为戒的东西。

先说一下相对于日本，美国在商业谈判上的一些认识和做法：

> 研究发现（Casse，1982；Moran & Stipp，1991），美国人在谈判的过程中，比较不重视情绪的敏觉度（emotional sensitivity），对事不对人，重诉讼（litigation），不重斡旋（conciliation）；队员提供意见给领导人做决定，决策依据利益的损得而定，好争论（argumentative），以文件为证以及避免利益冲突。日本人则高度重视情绪的敏觉度，善于隐藏情绪，重和不重争，重一致性（consensus）的集体决策；决策时避免损了对方的面子，较沉默，重视文献的正确与真实性以及重视关系的建立。（《跨文化交际学》，陈国明著，华东师范大学出版社，2009年，第210页）

关于美国一方谈判人员的选择及其标准，也与日本有明显的不同：

美国人重视专业知识，不重视个人地位。选择谈判的人员要有做准备和计划的能力，在压力下思考的能力，判断力与睿智，口头表达能力，专业知识，认知与开发能力以及正直的品格。日本一方则强调对工作的献身精神，认知与开发能力，赢得尊敬与信心，正直，聆听能力，广角能力（broad perspective）以及口头表达能力。

再看一下在做决策的时候，相对于日本人的习惯，美国人会有什么样的决策倾向：

1．决策中枢（locus of decision）：美国集中在个人，由领导主导并负全责，而日本集中在团队，领导人的任务旨在促进运作并分权负责。

2．意见发起和协调机制（initiation and coordination）：美国是从上而下，专业取向，较少讨论，而日本则是自下（或中）而上，重视咨询，而且频繁地讨论。

3．时间取向（temporal orientation）：美国人习惯于事前计划，决策快，但实行慢；日本人则按情况的变化调整计划，决策慢，但实行快。

4．达致决策之模式（mode of reaching decision）：美国人喜欢个人决定，多数表决以及分割决策（split decision），日本人采用一致决定（consensus）。

5．决策标准（decision criterion）：美国人重理性，采取实用实证论（practical empiricism），日本人重直觉（intuition），以团体和谐（group harmony）为依归。

6．沟通形态（communication style）：美国人表达较直接，以对抗法（confrontation）解决问题，日本人多间接表达，重视协定（agreement）。（《跨文化交际学》，陈国明著，华东师范大学出版社，2009年，第211页，有文字变动）

美国人认为，商业谈判是双方均能从中获利的一种手段。它是一门科学，又是一种艺术。谈判中的三大要素是科技实力、准确而及时的情报和人，其中最重要的因素是人。尤其是指参加谈判者对谈判的坚定信心、讨价还价的技巧和顽强竞争的精神。这可以说是取得商业谈判成功的三大法宝。

有效的商业谈判是一个过程。要争取在每一个环节和阶段都能顺利实施，就必须注意到一系列相互联系的条件或迹象。缺乏这些条件或迹象便无法达到商业谈判的最后成功。有效的商业谈判模式如图 15所示。

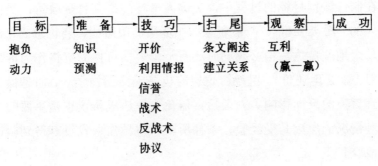

目　标 →	准　备 →	技　巧 →	扫　尾 →	观　察 →	成　功
抱负	知识	开价	条文阐述	互利	
动力	预测	利用情报	建立关系	（赢—赢）	
		信誉			
		战术			
		反战术			
		协议			

图 15　美式商业谈判模式

在商业谈判的目标确定上，高水平的内在动力是坚持和实现高目标的前提，其中包括自信心和忍耐力均应达到足以战胜自己和对手压力的程度。在谈判准备方面，系统准确地了解我方产品、机构、费用、人员等各种情况，据以对对方和我方的长处与短处作出合乎情理的预测，既是制订计划的关键一步，又决定着讨价还价时我方应持的态度和趋势。谈判技巧是取得面对面的讨价还价胜利的保证。首要的是尽快掌握双方讨价还价的实力并设想二者的差距，尤其在情况不明朗时要对可能的让步程度有思想准备。保持自信与自尊以及赢得对方尊重的能力、清晰的表达能力和在压力下保持冷静思考的能力都是很重要的。

在面对面的谈判基本结束时，还要做三件事：

（1）把谈判中达成的协议制成详细文件。

（2）修改若干条文使其清晰明确。

（3）为将来的谈判建立关系。

实际上，这些具体的工作并不像设想的那样容易和一帆风顺。最后，通过观察对方和我方对谈判结果的反应作出评价也十分重要。假如我们在一次谈判中让对方损失惨重，那我们就可能赢得一次战役的胜利而输掉整个战争。因此，是否能达到互利是商业谈判是否成功的最终标志。

在制订谈判目标的过程中，美国人奉行的是高目标政策，类似于中国人的"漫天要价"。一般说来，在适当的限度内，要价愈高，谈判的活动余地便愈大。但必须同时还有一个最低可接受价格作为准备，以防对方"就地还价"。鼓励合理冒险也是美国精神之一，而恐惧失败是合理冒险的反面影响力。最后，避免太快达成协议也是重要的，造成这种情况的原因是受经验、条件所限和将预先假设没有得到验证就仓促成交。

美国人制定目标的七条原则是：

（1）目标和指标及其所需资料心中无数时，不能开始谈判。

（2）力争制定高目标，在需要让步时更有足够的讨价还价的余地。

（3）充分准备，确信目标和要求既能为对方所接受，又能使自己满意。

（4）在复杂的重大的谈判前，制定具体的分层目标计划表。

（5）在团体谈判时，要力争每个成员全力支持你的既定目标。

（6）为检验目标和确实高度，先在内部作一次模拟谈判。

（7）与管理部门一起检查每次谈判的具体目标和指标，以核实最低水平和变动范围。

在确定谈判目标时还要考虑下列因素：

（1）谁能为谈判出力和易受谈判影响？

（2）什么是我们追求的最高和最低目标？

（3）什么时间我们必须结束谈判和我们什么时候想结束谈判？

（4）哪里是我们谈判的有利地点？

（5）为什么对方选择和我们谈判——是否暗示我们在讨价还价中

有一定优势?

（6）我们将做出多大程度的让步并寻求对方相应的让步?

（7）考虑可能的变换方案并解释自己的理由。

（8）确定在容易而有效的问题上做出让步。

（9）鉴定质量、数量、实力等有关事宜。

（10）将内部人员视为谈判的既得利益集团，取得组织的赞成和支持。

目标制定并批准以后就要广泛搜集情报。这是当面讨价还价的实力基础。有些情况可以事先了解，但有的只能在谈判过程中获取。情报包括自己一方的和对方的（或内部与外部）两种情报。本部门本公司以及上级主管部门的情报很重要，尤其是需要销售部门提供关于竞争对手、买主和市场最新动态的消息。有关对方的情况要向技术人员、运货接货人员、服务人员等多方搜集，尤其是对方活动、发展动态和市场计划的非正式情报来源更应注意。同样，来自第三方的情报有时也很有价值，不可忽略。

情报的范围越广越好，包括产品服务、成本、价格和预算等情况。在谈判对手提出大量成本数据和财务统计的时候，要注意有各种可能：①转移你的视线；②拖延时间以验证他的假设；③与谈判内容无关或对你无用；④谈判者缺乏经验。在搜集对方情报的时候，要集中精力弄清下列问题：

（1）这次谈判如何适应他们的总体市场和生产计划?

（2）他们的限制性目标和指标是什么?

（3）他们想得到什么样的次要利益?

（4）除我方外，有无别的选择?

（5）我们与别的选择对象相比如何?

（6）他们选择我们和别的公司时，意识到其中的问题和风险了吗?

搜集对方情报的实质是探寻对方的真正希求。这时，了解他们的决策过程十分重要。另外，对于自己的关键情报绝对保密，少说不必要的话。在讨价还价时搜集到的新情报可用于随时修改自己的计划，保持原则性与灵活性的统一。

在实施计划过程中，还要注意三个问题：

（1）不要急于求成。除非证明对方确有信誉，一般不能立即签约。为了在关键时刻争取时间冷静思考。可以找出各种理由，如授权有限，身体不适，或打电话联系再说。

（2）禁止对等让步。必要时先做小的让步，但不是妥协。不要过早地做出大的让步，绝不做对等让步，即便对方做出较大的让步。将大的让步推迟到最后期限到来之时再做出。在做出一个让步之前，要求对方做出相应的让步。

（3）谨防自我约束。在遇到对方奉承的时候，尽量选择不易受影响的谈判人员出面，并告诫或提前训练其他谈判人员。遇到攻击型的谈判者也是如此，且要做好思想准备。对于出乎意料的不满和冲突要善于应付。要控制自己的言语和脾气。要认识到对方也有心理压力，才能保持冷静，并加以利用。

在确定目标和搜集情报的基础上就可以制定商业谈判的策略了。策略包括战略和战术两大部分，而制定策略的首要步骤则是确定谈判气氛。谈判气氛是由我方和对方对谈判关键项目所持的处理态度构成的。商品销售谈判的气氛又分为三类：（1）赢—赢气氛，即谈判的双方倾向于签订对双方均有利的最佳合同，此时奉行的是互利原则；（2）赢—输气氛，即甲方最大限度地追求自己的利益而不顾乙方的得失，奉行的是损人以利己的原则；（3）输—赢气氛，指的是甲方为了帮助乙方摆脱困境而主动牺牲自己的利益，以求为对方创造条件取得利益。这时奉行的是牺牲自己而有利他人的原则。

我们先来看赢—输气氛，也就是双方都不顾对方利益而拼命谋求己方的利益的心理状态。造成这种情况的原因很多：谈判者在实力或处境上各有明显弱点，或者在动机上缺乏长远打算而只想做发一笔横财的一锤子买卖。这种谈判策略的要害是力量对比。你千方百计不露底细，又力求占有和控制对手比你更加需要的资料，然后看准对方的弱点发动攻势，以实击虚，以长击短，全力夺取谈判的胜利。但这并不意味着你要在谈判中采取敌对态度，而是利用对方的自我约束等弱点示之以虚，攻其不备，为自己一方谋求最大利益。这种情况往往意味着商业战争，而且是最激烈、最无情的战争。

而输—赢气氛与之相反，你从利他动机出发，或者为了帮助对方脱离困境而付出代价，或者为了取得长远信誉和利益而牺牲当前。不管是出于"欲先取之，必先予之"的长远考虑，还是出于建立稳定而安全的长期贸易合作伙伴关系的考虑，你在谈判时都会高抬贵手，让对方一着。

最理想的是赢—赢气氛，这时你既考虑到长远利益又要兼顾短期目标，而且希望对方也持同样的合作态度。首先，建立长期合作关系的愿望可以给对方说明，而且尽量争取和对方分享有益的情报。但这种想法也有缺点：一是万一一方不够真诚或中途变卦，风险是难免的。二是要花费较长的时间和精力才能达到预期的目的。如果对方仍然抱着赢—输态度对你发动攻击，你就要尽量压倒对方，并让其意识到寻求一种折衷的解决办法对他们也有利。但若无法说服对方合作，则只好改变策略。

充分的事先准备和疏通工作十分重要。广泛而深入地了解对方往往可以提出对对方更为有利的解决办法，详尽而客观地分析双方情况也有利于达成较为一致的态度；事先多方多次接头和非正式会谈也是必要的。适当调配并及时更换谈判团成员，关心和适应对方成员的个人需求和处境，都会有助于问题的顺利解决。与此同时，谨防伤害对方的自尊心和感情，不要对对方引以为自豪的事情漠然置之，也不要对对方十分看重的事加以间接的批评和指责，更不要开不适当的玩笑以卖弄自己或伤害对方。

三种气氛可以互相转换。为了取得理想的赢—赢互利气氛，要注意下列诸多方面：

（1）以适宜气氛引入谈判过程。

（2）冷静地将赢—输气氛转换为赢—赢气氛。

（3）必要时在赢—输气氛中保护自己。

（4）在赢—输气氛不可避免时承认并接受之。

（5）善于从友好和谦恭的谈判行为背后识别出赢—赢气氛。

（6）适当地选用输—赢气氛。

（7）向攻击性对方证实赢—赢气氛的好处。

（8）寻找于对方有利的赢—赢气氛的替代方式。

（9）对赢—赢气氛保持客观的看法。

（10）选用或调整与特定气氛适合的战略战术。

谈判策略的制订包括战略和战术两个方面。首先是要客观而准确地估计己方和对方的优势与弱点，然后再结合目标和气氛综合进行策略定向。在制订谈判战略时尤其要解决好下列五个战略问题：

（1）买方的组织为什么选择与我们谈判？了解其真实动机和最大可能，例如，需要我方产品？是否想达成协议？有无其他选择？有无长期合作的打算？是否是一种"火力侦察"或"过路交道"？

（2）我方让步的步骤是什么？要描绘出具体的让步步骤，如价格。何者作为替代方法？因此，了解买方目标是重要的。关键是不要做单方面的让步或大的让步，以小的让步作为讨价还价的本钱。

（3）谈判有什么时间问题？诸如谈判最佳开始时间，持续多久为宜，你希望何时结束，双方的最后期限。最重要的是，如果时间优势在对方一边，要力争减轻己方时间压力并给对方造成时间压力。

（4）最佳谈判地点在哪里？通常是在买方地盘进行贸易谈判，你可以借机深入了解对方。若选择在你方地点谈判，则可以设法给对方以时间压力，有效控制谈判日程和趋势，并注意情报保密。当双方都远离自己的大本营而到一个中立地方谈判时，至少可以说明双方对于达成满意的合同抱有诚意和信心。

（5）谁是关键人物？只注意在谈判桌上露面的人物是不够的，也许对谈判有影响力的人物或真正操有实权的决策人物并没有出面。要考虑对方关键人物的风格、需要以及决策方式和组织形式。另外，还要设想有没有第三者对此谈判产生有利或不利的影响及牵制作用。因为归根结底，谈判的核心因素是人。另外还要记住，战略上出了问题，再好的战术也没用。

战术是实现战略的手段，其要点在于灵活运用。美国人的实用战术最基本的一条是主动出击，避免陷入被动。只要情况确实，信心充足，就可以考虑当即开局。但若对方领先提出开局，也要先牢牢顶住，直到你认为有把握时再考虑开局。但不要让对方的首开要求低于你所希望的目标。

下列具体战术可交错使用：

（1）逃避战术："以我方无权做这种让步"为理由来逃避对方压力，注意要使每一个谈判成员口径一致。同时积极安排与对方高级人员谈判，以削弱他们以无权为借口的可能性，注意避免己方权威人士参加谈判。

（2）情报战术：用于两种情况。一是预计对方会施加压力逼迫你方做关键性的让步，此时可提出休会，以便趁机搜集所需情报。二是打算给对方施加压力，迫使对方提供更多的情况来证明他要求让步的正确性。

（3）硬汉战术：如果你预计会与对方有一场激烈交锋，你又不想手软，此时可特意安排你的谈判伙伴充当硬汉角色，使其可以不顾一切顶住对方甚至己方的任何压力。然后在趋势紧张但又未造成对己方的真正危害之前，你再按照事先约定的"暗号"（一个手势即可）将硬汉撤下来。此时，你便可以以一种收拾乱局的英雄的姿态出现，因势利导夺取谈判的胜利。

（4）包装战术：在谈判中可以给对方提供必要的便利或好处而又无需过多的花费，例如改变产品的包装和设计使对方尽量满意，改变交付计划以方便对方，或者改变付款期和计划表以便对方从存货减税到预算期中得到好处。总之，你可以做必要的小变动去迎合对方的兴趣和需要而又不致于对自己造成损失或不便。

（5）顺水推舟：在交易的主要部分已基本谈妥的情况下，尤其是为之做出代价较高的让步之后，你可以提供一些额外的附加条件。例如，为对方提供人员培训，提供售后咨询，提供有利于对方的市场或宣传。兜售额外的东西和追加服务，貌似优惠，实际上纯利润颇高。

（6）转移战术：如果你和对方讨价还价的实力不强或者弱点较多，你便可以介绍你已掌握的数据和图表以转移其注意力。赞扬对方要求的合理性往往会满足他的虚荣心。用事先准备好的合同也会给对方以"既成事实"的可靠印象。

（7）换人战术：出席谈判的人员不是固定不变的。除了采用"硬汉战术"实行软硬兼施以外，还可以针对不同情况选用不同的谈判者。例如，先派技术专家就技术难题达成协议，换有经验的销售人员去建立人际关系，再让精明干练善于应付的人出场去和对方讨价还价。对这些问题和人员要做到胸中有数，使用得当。

（8）时间战术：除了正确地计划时间，何时开始，何时结束，持续多久以外，还要根据情况加快或放慢进程，拖延或提前行动。如果你方认为适当冒险施加压力可以达到目的，你可以选择时机有意造成谈判僵局。在失去操纵权或处于压力下时，可以要求暂停，作为缓兵之计。先以电话联系，在对方还未来得及提出反对意见或充分商讨对策时，迅速提供清单与之达成协议。有时候又很需要耐心等待，尤其是在对方谈判人员有必要与公司或其他人员相互协商才能做出反应时，更需要给其充足的时间，同时要耐心等待，不能急躁。

（9）自我战术：尊重对方的自我，不伤害他的自尊，使其保留面子，这是谈判中不能忽略的问题。否则，你将会遭到疯狂有力的反击。为此，有不少方法可以一试，诸如赞扬对方的公司和信誉，重视他的建议，尽力避免造成对方的挫败感。还要设法通过其他途径表明他的选择是适当而明智的。经济上的利益，应当以等值的心理补偿作为回报。

最后，谈判策略还应包括反战术，即对对方的具体战术进行抵抗和反击。反战术并不是事事和对方对着干，而是在谈判中根据具体情况和双方的需要来消解对方攻势（积极的或消极的）的应变措施。记住，只有有效地打乱对方计划和消解对方的措施，才能有效地施行自己的战略战术，从而取得商业谈判的胜利（见表8）。

表8　战术与反战术

战术	反战术
僵局	改变一些条款
时间压力	耐心说服，少量让步，假限期，要求会见高级人物，探究
出价低	有规则地解决问题
苛刻要求	诉诸感情，坚持不让，暂时僵局，探究，少量让步，拖延，"硬汉"
数据轰击	否认相关，请教专家，置之不理或调整讨论焦点
改变"条款"	创造性选择，提出交换办法，探究
无权	耐心探究，要求会见高级人物，部分改变计划
"自我"攻击或安抚	耐心探究
转移	探究，挽回面子，坚定不移
集体操纵	探寻，坚定不移
"硬汉"	耐心，信誉情报，自我吹嘘
提出额外条件	标准收费，替代办法
其他让步压力	探寻有效性

资料来源：《商业谈判致胜术》，罗伯特・E・凯勒著，王炬、刘兆华编译，四川人民出版社，1992年，第171～172页。

美式谈判策略及其所用的战略战术乃是美国文化的产物。它形象地反映了美国人对商业活动规律的认识，也反映了美国人做生意的方式。虽然每一文化的策略都尽量要考虑到对方的因素，并强调原则性与灵活性的结合，但是，要改变其基本的行事方式却是异常困难的。在这个意义上，所谓商业谈判，就如同其他任何形式的谈判一样，和战争中双方较量的情况十分类似：你有你的招数，我有我的招数。只有在本文化内，这些战略战术才能得到充分的应用。一旦越出本文化，由于对方所用招数与之截然不同，就很难不暴露出其中破绽和固有的局限性了。所谓"内战内行，外战外行"，就是这个道理。

4. 调整与适应："知己知彼，百战不殆"

朋友，关于美日商业谈判的方案分析，我们已介绍了日方的企业文化根源和美方的商业谈判策略，在这里将着重说明美国式谈判策略在同日本人谈判时的有效性问题。其中包含着美国人对日本人做生意方式的再认识，以及如何调整自己的商业行为以便适应和日本人做生意这一现实问题。

要说美国人不重视日本人作为商业竞争和商业谈判对手在美国全球经济战略中的地位和作用，似乎是不公平的。事实上，尽管美国人对日本人有看不起的地方，例如，认为日本人只会模仿而缺乏创造；同时也存在着种种偏见，例如，认为日本人神秘莫测不可信任。但是，美国人已将日本人视为重要的竞争对手并且下决心去了解和认识日本人的商业行为，则是无可争议的事实。可以有把握地说，世界上还没有任何一个国家像日本人那样使美国人敬畏有加，受到那么多的关注和赞扬，同时又产生了更多的误解和贬斥。

然而，美国人对日本人的了解是有限的，尽管是做出了极大努力而又富于成效的。日本人在美国人的心目中仍然没有超过新闻媒介和大学课堂所能提供给他们的认识范围和程度，而新闻媒介作为了解日本的主要信息来源，其可靠性仍然值得怀疑。另一方面，美国大学里已普遍开设了有关日本商业的理论和实践课程，帮助未来的律师、工程师、商业人员了解日本。20 世纪 70 年代中期，已有 37 所大学开设了有关日本的课程，涉及 14 个研究领域。可是研究和重视并不意味着喜欢和信赖。

表 9　美国人对日本人的印象

喜欢程度	1980 年	非常喜欢 84%		有些喜欢 12%
	1982 年	非常喜欢 63%		有些喜欢 29%
可靠程度	1982 年	非常可靠	还算可靠	不太可靠
		15%	50%	21%

美国人对日本人的看法实际上是褒贬兼有。贬的方面是认为日本人爱面子，缺乏幽默感，高深莫测，爱绕弯子，难于交往，循规蹈矩，是只会模仿的"经济动物"。褒的方面有勤劳勇敢，善于学习，有能力，效率高，懂礼貌，慷慨大方，文化丰富等。那么，日本人对美国人的看法又何尝不是"一分为二"呢？在日本人的心目中，美国人变化无常，自高自大，爱吵吵，不敏感；不了解日本，但同时又讨人喜欢，有幽默感，大方随和，充满自信，才华横溢，讲民主，有成就等。

除了上述这些一般印象和泛泛之论以外，在若干具体方面，尤其是在有关商业、工作和交往方面，美日两国都有许多互相看不惯、不理解的地方，从而影响着双方的商业谈判行为和判断。

在交往方面，美国人对于日本人的言语和非言语行为不甚理解。日本人的笑使美国人困惑。也许日本人以笑来避免冒犯对方和掩饰内心痛苦，可美国人觉得这种笑有神秘色彩和骗人动机。日本人和中国人一样，很少直接拒绝和否定别人，因此，无论心中怎样想，口头上老说"是"。"让我想一想"便是委婉地否定对方，而"我同意你的看法"则意味着"你还有许多事情要做"。日本人的沉默，令美国人恼火。一位日本人对美国记者说，"甚至在发生了利害冲突时，日本人也爱保持沉默，直到实在无法忍受为止。"另一位日本人说，"日本公司对不成文条约的偏爱恰好反映出日本人对语言的根本不信任和轻视。"甚至在合同签署以后，日本人也会说，"可以怀着良好的愿望坐下来重新进行谈判。"而美国人对此十分反感：既然已经签了合同，又要坐下来谈，还有什么良好愿望可言呢？按照美国人的惯例，不遵守合同是要诉诸法律程序的。日本人则爱绕圈对待。

日本人也不是对美国式交往没有异议和看法，只是不说出来而已。日本人认为美国人说话嗓门高，速度快，很少说"对不起"，反映了美国人傲慢和不关心对方。日本人是喜欢说"对不起"的，而美国人则喜欢说"谢谢"。甚至当日本人听到美国人关切地问他"有何难处"时，也感到受了侮辱——似乎对方用大人对小孩说话的口气。相反，日本文化中的等级观念和繁琐礼仪，本来是讲究说话得体的，但美国人却认为不够"公平"，甚至不够"友好"。这种把礼节和友谊混为一谈的做法，是美国人不能理解日本人的原因之一。除此之外，日本人在公开场合爱聚在一起讲日语，也使美国人认为有什么不可告人之处，从而引起不必要的误解。

美国人认为日本人只会模仿，缺乏创造性，这常常会挫伤日本民族的自尊心。但日本人也承认，他们很难理解美国人的思维逻辑，对西方式的分析型线性推理也不甚了了。一位日本人甚至认为："日本人从根本上来说，不能吸取分析式的科学思维方法。"其中原因有二：一在于日本的教育强调死记硬背，不鼓励分析能力的培养；二在于日本语言文字是表意型的，不利于线性思维的发展。一位在日本居住多年的西方人则从美日时间观上提出日本人缺乏创造论的文化差别解释。他认为，日本人只看眼前的一步，并为之实现而满足。西方人则喜欢放开眼界，去发明一些当时看来并没有实用价值的新事物。

　　美国和日本的工作意识及其习惯的不同也造成了双方的误解。美国人认为，日本人拼命干活体现了对雇主的忠心，属于"传统的工作价值观"。下班时间到了也不离开工作，叫人难于理解。日本人则认为美国人工作懒懒散散，不安心，一到下班时间就回家或到别处寻欢作乐，把个人生活看得比工作还重要。这种个人主义是日本人最看不惯的，甚至解释为自私，缺乏集体观念。事实上，日本人的集体主义的确有利于发挥工作热情。美国作家福比斯认为，日本人"一个一个看"是一个"平常的民族"，但"作为整体来看，日本人却是个优秀的民族"。

　　每一民族都有其引以为自豪的文化传统，也需要一定的民族自尊。然而不幸的是，过分的优越感及与之相补充的自卑感往往限制了人们去客观地看待自己和正确地认识别的民族。在这一方面，美日两国虽然表现不同，但无异于殊途同归。美国人的优越心理是根深蒂固的。作为一个得天独厚的发达资本主义国家，美国人历来认为自己在经济、政治、社会、文化等方面都优于别的民族，认为它应当干涉和支配世界其他民族。爱当面吹嘘是美国人的习惯。而日本作为一个后起的发达国家，则有一种不服输的超越心理。在和日本人接触时，外国人常常会看到日本人搬出一些估计别人不懂的东西——往往是精心挑选的"国粹"——然后详细地告诉你这究竟是怎么一回事，以此显示日本民族的优越。

　　美国人的个人主义和优越心理在和外国人交往时毫不掩饰，往往表现为所谓"我是对的，你是错的"这样一种无需证明和解释的强硬态度。而日本人则在貌似谦恭的外表下，笑里藏刀，工于心计，伺机击败对方。他们"把贸易看成是一场他们一定要取胜的战争"。"强烈的民族主义和重商主义"使日本人在外国人面前表现出绵里藏针的计谋和以守为攻的策略。尽管如此，有的日本人仍然认为日本在美国的高压政策面前表现得不够英勇。他们提醒日本人要告别传统的"岛国心态"和小家子气，以富有者的雄姿驰骋于风云变幻莫测的世界经济和商业大战的战场上，去为大和民族争得荣誉。

和这样雄心勃勃的东方对手做生意，对于美国人来说当然是不容易了。

在谈判之前，至少还有几个问题要搞清楚。

（1）日本人是一个不喜欢谈判的民族，他们也不大相信书面的东西，不像美国人那样总是喜欢正面进攻，在谈判桌上露一手。

（2）日本人之所以在谈判中含糊其辞，一个原因是他们要维护谈判团的集体面子，并把自己的意见融入其中，模棱两可有利于保持集体和谐。另一个原因是日本式的决策方式是先慢，再慢，最后逐渐加快，行动起来更快。而美国人则试图以坦率明朗的交谈很快达成协议，执行起来又拖拖拉拉。在此之前他们要控制整个谈判过程，这是日本人很反感的，但他们并不会表露出来。

（3）与强调理性智慧的西方人相比，日本人的"决策是以带有感情色彩的观念为基础的"。诉诸感情有助于自然而然的人际友好与和谐的形成。"销售不只是卖出产品的问题，它还是心理和哲学问题"。但是，诉诸情感并不是感情用事。例如日本的商业广告并不像美国人那样强调科学鉴定和评比名次，并不求相互比价和快速推销，而是迎合大众趣味，调动情感因素使人喜爱他的产品。

（4）日本人并不善于正式谈判，但比起书面交流更重视当面口头交流。因此，尽量不要用很多的书面来往去麻烦对方，也不要在电话上谈论重要事情。电话只用来做事务性安排，算不上正式的交往手段。另外，日本人还喜欢以个人名义出面进行业务往来，尤其是礼节性拜访，包括送礼。

（5）在和日本人交私人业务朋友的时候，不能直呼其名，更不能叫绰号，也不能在公开场合用体态语言过分显露你对他的亲密感情。首次见面时可用名片，写明你的工作单位和业务头衔，最好用英日两种语言，以便对方对你做出适当的估价和尊重，否则他们也许不愿意和你接触。还有，千万不要把名片倒着递过去。

附栏 5：和日本人交往注意要点

和日本人交往时，不同的民族要注意的问题不同。就美国人而言，要注意下列几点：

①时常面带微笑，不要显出急躁不安。

②要谦恭、温厚、冷静、豁达、平和。

③不要表现出自我为中心和威胁人的样子。

④要有感情并敏于情感体验和表达，避免干巴巴的逻辑论证和是非争论。

⑤千万不要当面指责日本人，更不要在公开场合批评日本人。慎开玩笑。

⑥对日美两国政府都不要妄加评论，尤其不要随意批评。

⑦绝不要直截了当地拒绝对方或指责对方。

⑧不要提出对方无法回答或不愿回答的问题。要提前提出问题，并请考虑后再答复。

⑨多说"对不起"。

⑩不要把你认为莫名其妙的行为或对方未加解释的行为误认为是欺骗行为。

⑪不要把礼貌误认为是友谊。

⑫尽量不要从正面进攻或提出公开挑战，日本人一般不会立即对此做出反应。

⑬在遇到令对方或双方难堪的问题时，或者遇到难以解决的棘手问题时，要请中间人出面调停，而不要追究错误和责任在谁一方。

不了解日本风格的美国人也许会说，"给那个日本公司打个电话，说我和他们有笔生意要做。"这样做十有八九是行不通的。在谈判正式开始以前，一定要先找到一位中间人，这对于生意至关重要。中间人

的条件是：（1）一定要是第三方，既不是你公司也不是对方公司的，但要对对方熟悉且得到对方信任。（2）中间人要对你的公司和这项生意了如指掌。（3）中间人要同对方代表地位相同。（4）最好是男性。此外，还要注意：中间人应同中层管理人员接洽，对方会向上司汇报的。最后，中间人一定要以面谈形式与日方进行首次接触以示郑重，最好能在中间地点会面以示公正。

谈判团人员的确定同样是关键的。一般说来，谈判最初阶段不需要公司高级官员出面，到最后阶段若有必要可以参加进来。在了解对方情况的基础上要保证双方谈判人员掌权级别的平衡。但人数不一定完全相同，因为日本人喜欢谈判人数压倒对方——不仅是心理作用，也是为了各方人员共同做出决定。在谈判团人员问题上要注意两点：①尽量不要包括律师、会计师或其他职业顾问，因为日本人对律师很反感。②美国式的换人战术对日本人行不通，因为日本人要对新换的人从头认识，而且会认为你方是软弱、没有诚意或意见不一致才换人的。

翻译最好一方一个，而且要事先了解各种情况。好的翻译可以充当顾问作用。谈判中要注意语言和非语言表达都要清晰易懂，有停顿，以及照顾翻译的休息等问题。美国人相信翻译的心理是要不得的。

在你发出邀请之后要耐心等待，给对方以你的时间充足的印象并让对方充分考虑。同时你和对方都可以进行暗中了解和调查。日本人会通过中间人向你暗示了解阶段已经过去。这时，就可以安排首次会面了。一旦决定进行会谈，你就要做好持久战的各种准备。

在介绍情况时要客观温和，不要夸张。实际上日本人此时对你方谈判人员的心理捉摸比对你的产品认识更有兴趣。一旦建立良好印象和对你公司的信任，事情就好办了。

接着，冗长的言辞，多变的表情，详细的提问，无休止的拖延，都是意料之中的了。有些会上不便于说的可以在会后说，对一些重要问题及进程，可以写书面材料表示理解和提醒。但一定要注意保密。

言多必失。

在谈判陷入僵局的时候，并不意味着失败。此时，美国人喜欢以互提条件和要求形成混战局面，而日本人却是在交换礼物和微笑的礼仪中完成谈判的过程的。此时，保持交流渠道畅通无阻仍很重要。非正式磋商和通过中间人都有决定作用。千方百计维持谈判的表面和谐更为重要，无论坚持和让步都应如此。

绝对不要在时间上陷入被动和仓促收兵。千万不要让对方知道你谈判的最后期限，相反，要让对方以为你有足够的时间等待，而且并不在乎他的拖延。一位美国谈判问题专家在第一次到东京谈判时就上了当。他受到的关怀简直是无微不至。当有位日本人要为他预订返回机场的轿车时，他便答应下来，这样也便无意中暴露了自己的最后期限，结果，在吃喝玩乐中被日本人牵着鼻子走而谈判却毫无进展。最后，"我们挤进了轿车，还在反复研究那些条款。就在车闸拉到底的那一刻，我们终于达成了协议"。一个美国人不堪回首的协议！

在"最后通牒"式的限期中，不要惊惶失措，也不要信以为真。在双方真正满意的实质性问题达成一致以前，这种最后通牒也许要重复多次。以让步换取让步的美式策略，在这时也要略做调整：对方的让步要让他自己提出来，最好不由你方直接出面，可由中间人提出或转达你方的意思。

在准备合同的书面文献的时候，日本人还会提出许多额外的条件，如要求材料、图表。这也是没有办法的事。协议一般由美方起草，日方只要点头同意就行。当然，对于合同上的条款，双方尽管在原则上取得了较一致的意见，但在理解上可能并不完全一致。在这种情况下，一旦发现在执行上有问题，美国人首先提到的是法律程序，而日本人却会提请对方本着"信任"的精神和他重新开始谈判。如果是日方的问题，美方可以写一封语气坚决但措词友好的信，向对方发出质询。如果是别的问题，那么只好重新开始美日间的商业谈判了。

七、你能走遍全世界

世界之大，无奇不有。而人的一生毕竟有限，活动的范围也有限。

可是，在那个火热的年代，身处世界大串连的热潮，谁未曾有过漂洋过海周游世界的儿时梦想？谁又能不抱有出国留学博览天下的青春热望？甚至远离家乡和国土，到充满竞争和刺激的世界市场上去谈生意闯世界，或者发挥一己之特长，创造机会到异国他乡去谋一份待遇优厚又充满惊险和挑战的工作，也不是不可能。

我们的先辈们曾经乘风破浪到东瀛之国日本去传播中华文明。近世的中国人也曾大批移民到美洲、欧洲、澳洲，使世界各地遍布龙的传人。在内忧外患的年代，不少热血青年曾抱着求学救国的热切希望，留日、旅欧、赴美，取来了马克思主义的星星之火，借来了现代西方的科学技术之光，为新中国的建立立下了汗马功劳。在改革开放的新时期，更有大批的中国留学生散布在世界各地，为祖国的繁荣富强和人类的幸福文明刻苦攻读，盼望有朝一日学成回国为祖国的改革大业做出贡献。还有许多劳工和技术人员，日夜奋战在异国的土地上，为祖国建设积累资金，为祖国和人民争得荣誉，同时也为中国和世界人民的友谊贡献自己的聪明才智。

在本书的最后一章，我们将共同讨论出国访学和留学、谋职与工作中所遇到的文化冲击和文化适应问题，尤其侧重于就国外的跨文化传通问题展开讨论。朋友，展现在你面前的将是一片新天地。

1. 短期访学与长期留学：异国的课堂

不管是为期几个月、半年或一年的短期访学，还是打算在国外居住数年以攻读硕士或博士学位，都必须事先做好若干准备工作。其中包括语言准备、学业准备、必要的人际交往和联系。生活上和思想上的准备当然是不可缺少的了。

生活上的准备既因人而异，又因即将前往的国家和地区的情况不同而不同。这里不必多说，诸位自然会事先了解各方面的情况，做出妥善的安排。唯其思想的准备，仅需指出一点：有许多初次出国的人对在国外会遇到的困难和问题估计不足。他们往往天真地认为国外就是天堂，一切都像想象的那样美好，缺乏长期生活与艰苦奋斗的思想准备，这是不少初次出国访学留学的人们不能达到预期目的甚至半途而废的重要原因。据说有两位女士出国访学，她们乘飞机抵达纽约，只住了一夜，第二天便乘机回国。其中的具体原因尚不清楚，但缺乏必要的思想准备不能不说是一种失误。还有一位年龄较大的男士到前苏联访学，只住了一两个月就提前返回。据说苏方给提供的学习和生活条件均很好，而且他本人的俄语也算不错，或许是由于文化适应不良，心理压力过大的原因吧。

语言上的准备是出国求学的基本要求，在这一方面，只有一套教材的语言基础是不行的。无论如何要从课堂外语中摆脱出来，在听、说、读、写四个方面都有足够的能力和水平，才能适应日常生活交往和学术活动的需要。顺利通过 TOEFL 考试的留学人员到美国未必就能适应。有的外语专业毕业生甚至有的外语教师也需要一段语言适应的过程。非语言专业的人员到国外适应的时间从几个月到半年几乎是司空见惯的。有的人在国外居住多年，语言交际仍然存在困难。甚至在日常生活交际已基本可以的情况下，专业和学术上的读写问题仍然没有解决。有的人则恰恰相反，专业读写都还可以，就是日常交际过不了关，从而影响了正常的交往和业务提高。到了国外再参加语言培训，即便有足够的时间，代价昂贵也是显而易见的。不过总的说来，国外的语言学习环境要好一些，即使不去专门学习语言也会在语言能力上有所提高。但是在出国以前利用有限的条件尽量做好准备，无论如何会有利于在国外的使用和交流，从而减少语言交际上的困难，或者使之比较容易克服些。

学业上的准备似乎是不言而喻的，但却常常被人们忽略。有的人认为反正要出去学习了，还要在国内准备干什么？其实不然，虽然国外学校的专业设置和教学内容以及学术研究和国内有很大区别，但是有些东西还是可以在国内准备的。这其中包括在国内可以搜集到一些有关该学科和相邻学科的研究课题和研究动向，同时，国内的有关研究情况也可以作为补充。本人的研究成果无论如何对于在国外的研究都是有用的，即便出国前你意识不到其中的用处。当然，在国内从事的有些研究和学到的专业知识，在国外学习期间有重新审视的必要。同样，在国外学习的东西到了再回到国内进行应用时，也需要重新审视和检验。

个人的专业基础和研究水平在国外的用处至少有一条，那就是可以取得和国外学者与学术界进行平等对话的资格。事实上有不少人由于专业水平不高或者只抱着单纯学习国外的片面态度，在外国人面前常常受到冷遇，而有些人则以其较高的学术水平和研究能力及早赢得了国外同行的尊敬和赞赏。这对在国外学习和交流当然是有利的。尤其是对于那些短期访学的人更是如些。确定专业研究方向对于短期访学和长期留学同样重要。虽然根据个人兴趣和学术发展，部分改变甚至全部改变原有专业的情况是有的，但是，注意自己的专业基础和实力的延续性并深入有关新学科的学术前沿进行研究，则是比较稳妥而有利的选择。研究视野的拓宽是国外研究的一大特点，新方法的采用往往体现在交叉学科的发展和新兴课题的研究之中。一般说来，完全抛弃原有专业而冒然涉足新的领域是要慎重考虑的。当然，为了求取学位或者便于找工作而做此类选择则另当别论。

在出国之前同在国内的外国专家教授进行较稳定的交往是有益的，同国外学术界建立必要的联系也是很重要的。这无论对于自己外语水平的提高和外语应用机会的增多，还是对于专业能力的培养和专业进修的准备，都是有利无害的。另外，同国内外的外籍专家学者进行学术交流和私人交往，还有利于出国机会的增多和在国外学习与交流的方便，即便暂时难以出去也不要紧。有这种跨文化的交往和没有这种交往是大不一样的。

出国机会的争取和出国手续的办理自有其一定的规律和各人的不同情况，但是又有值得注意的几个问题。归根结底，除了个人的特殊条件之外，成功总是国内和国外两种因素在综合起作用。一般情况是，短期访学依赖国内的因素更多，尤其是个人在工作单位的学术地位和人际关系。而出国留学依赖国外的因素更多，尤其是接收单位的专业、名额和资助情况。不过，个人积极联系仍然是必要的。不妨先泛泛浏览有关国家的大学和研究生院的概况，寻找自己最感兴趣又觉得较有把握的地方主动联系。一旦开始联系就要抓紧，可以同时联系几个学校，然后再从中选择确定——实际上对方也在选择你。来往信件要及时回复，不懂的可以询问，同时积极准备 TOEFL、EPT 等外语考试，准备推荐信、学业成绩等有关资料，积极申请 TA、RA 等资助项目。要算好具体的进程日期，最好能列出详细计划，特别要注意对方入学的最后期限。只要积极抓紧又稳妥细致，一般是能够取得预期的进展的。

一旦联系成功且取得有关单位的许可，就要全力以赴抓紧办理手续，不要消极等待以免坐失良机。在具体办理护照签证的过程中，尤其是在和有关国家的领馆人员面谈时，要有足够的准备，既不要畏畏缩缩，也不要自吹自擂。千万不要答非所问，也不要涉及一些无关的问题以显示自己的语言和见识。回答不当和言多必失是许多人的教训。在行期基本确定以后，或者在办理机票的过程中，就可以事先和对方学校联系一下，以便对方知道你的到达日期。尤其有必要和该校的学生联谊会接一下头，以便其派人来机场迎接并安排住宿等生活问题。

附栏 6：出国人员要带的东西

首次出国访学和留学人员要事先准备好下列用品：

①护照、签证以及各种证件和文献。

②衣物、生活用品、简单的炊具，但不必带食物，因为水果、面包等食物不能过海关入境。

③辞典等工具书和必要的学习用具，及信封、信纸等你认为有用的东西。

④小礼品，如剪纸、折扇、小工艺品等。

⑤国内外通信地址、电话号码等。

⑥家庭成员照片及本市本校简介及图片等，以便介绍情况和想家时看看。

⑦常用药品及包扎用品，以备应急之用。

⑧简便易带的乐器、健身器具等。但武术器械最好放在托运行李中，不随身携带。

⑨其他你认为必带之物。

初到国外的留学人员应注意做好下列事情：

（1）迅速与我国驻外领馆、学校的留学生部、所在系所及有关教授取得联系，及时办理好有关手续并商定学习或进修课程。要注意，事先用电话约好会见时间和地点并按时赴约交谈。

（2）在学生联谊会等有关组织协助下租好房子，一般把经济和方便两条作为选择标准。最好先和中国学生一起住，房租分摊，伙食分开。

（3）尽快和资助单位取得联系并将收到的款项留足所用，剩余存入银行，注意安全和保密。在收到款项前可以先借钱支付费用。

（4）较快熟悉住地周围及校园环境，熟悉往返路径和购物地点，较快适应环境。建立必要的人际关系，以便在紧急和意外时及时取得同学的帮助。

（5）以学校为中心展开活动和交往，逐渐扩大交往范围和活动内容，尤其是和外国人的各种交往。不要限于中国同学和邻居圈子。

不难想象，抵美留学的第一个困难，就是与人打交道会面临的问题。首先，当然是对周围环境与交往方式的适应和感觉，甚至纯粹是错觉。而这种错觉，莫过于一位青年男子对于异性的完全异样的感觉。这里有一项有趣的记录：

> 犹记抵达美国不久，有一日在校园的林荫大道慢跑。迎面而来的是一位天使面孔、魔鬼身材的金发丽人。没想到在擦身而过之际，她面带微笑，嫣然对我说了声"嗨！"一向自认长相平庸，既无玉树临风之姿，亦无小白脸之貌，所以在女同胞面前吃不开，早就习以为常。现在居然有如此美女主动示好，难道是国内诸姝有眼不识泰山，还是番婆的要求标准太低？（李宽宏，世界日报，2000.7.24）

对于那个不太开放的中国学生，这不过是一种印象，双重的误解，虚幻的现实而已。

真正的问题，即留学生在异国他乡留学时所遇到的适应问题，是有规律可循的。根据一项研究报告，种种问题可以归结为以下十个方面（文字略有修改）：

1. 不同学业系统的差异所带来的困扰和压力。

2. 如何处理和当地国诸如指导教师、室友和房东的人际关系。

3. 身居一个比自己国家自由得多的国度而无所适从。

4. 居留身份和移民局业务所带来的其他焦虑与不安。

5. 面对生活上的各种失望如何期待。

6. 经济来源短缺的忧愁。

7. 自己族裔内因政治、宗教或社会理念不同所引起的冲突。

8. 因国内政治、经济各方面的发展所带来的冲击。

9. 国内亲人朋友发生病故，自己却无法赶回所形成的苦痛哀凄。

10. 如潮汐而来的文化震荡所形成的一阵阵浮浮沉沉的心灵波涛。（Thomas & Althen，1989）

当然，长期留学与短期访学不同，虽然在最初的阶段都会经历一定的文化冲击。

一般说来，短期访学的人员多为自己制定下列几项任务。不过，因个人情况、所在国情况、专业方向、文理定向等的不同，具体的任务并不完全相同。

（1）社会调查和人际交往：这一条对于文科各专业尤其重要。事实上，不考察所在国的社会文化等各个方面，只是待在学校里和埋头书本搞研究，有许多问题（即便是理论问题）也是难以搞清楚的。只有联系一定的社会文化背景，才能对书本上和课堂上的问题形成必要的文化研究氛围。而在此期间，多出去看看和广交朋友实际上是不可缺少的。试想想，假如斯诺和史沫特莱当年不到陕北和共产党的上层人物以及解放区的普通群众接触和交谈，就无法了解中国社会在当时的发展动向和希望所在，也就无法写出 *Red Star Over China* （《西行漫记》）等不朽作品。今天，许多留学人员和出国人员如果不到世界各地广泛接触社会各界人物，也就不可能出现《北京人在纽约》、*Two Years in the Meltingpot—from Beijing to Chicago—the Adventures of a*

Chinese News-man in America 等引起广泛注意的作品。

（2）听课、讨论与学术会议：虽然短期访学的时间十分有限，但不少学者为了全面了解有关学科的发展情况，或者为了扩大自己的知识面，打下扎实的学科基础，还是会抓紧时间在学校里听课，和有关专家学者开展学术讨论。在有机会的时候，要不失时机地出席有关学术会议。如果说系统的、有重点的听课能够开阔学术视野，那么，展开讨论则可以发生跨文化的思想碰撞和交锋，而出席有关会议又能了解到有关学科的最新研究动向，并结识有关专家学者。也许，由于经济上的原因，有些机会并不能转变为现实。据说有几位中国学者因不愿支付几个美元的饮料费而放弃参加一次国际会议的事情，这实在令人费解。对于理科和某些实验科学来说，利用国外学校或研究所的实验设备单独地或合作地进行一些实验，或者至少去参观一下实验室，都会有很大益处的。

（3）专题研究与搜集资料：由于资料的缺乏，或者由于别的原因，有些课题在国内无法开展或者难以完成。这样，将在国内的设想或已开始的研究课题带到国外，一面访学一面有目的、有计划地进行专题研究，这是一种行之有效的办法。在国外访学期间又发现新的课题，开始新的研究，并尽快搜集有关资料，以便带回来继续完成有关研究课题，也是一种简便而有效的办法。利用国外的图书馆查阅、借阅和复印资料，在国外书店里购买部分图书，作好听课记录或讨论记录，以及友人赠送借阅图书等方法，可以同时使用。国际著名汉学家李约瑟写作《中国的科学与文明》这一多卷巨著时所依赖的大量资料，有许多就是作者几次在中国访学期间多方搜集的，而且是骑着毛驴穿越战乱搜集而来的。

（4）互通学术信息与建立长期的业务往来：出国访学的特色之一就是中外学者在对等的基础上开展学术讨论，共同研究人类所面临的问题。考虑不到这一点，只是一味地要求对方提供帮助，不仅有失于中国学者身份，而且往往很难建立稳定的国际学术交流关系。在这一方面，发挥自己和对方的长处，共同开展合作性专题研究，是促进中外文化交流与学术交流的一条有效途径。访学是人的活动，搞好各种关系如师生关系、同事关系、朋友关系是访学成败的关键问题。当然，能否真正建立和进一步发展这种关系，取决于双方个人及国际关系中的许多因素。在国外的合作愉快和回国后的保持联系都是必要条件，但时过境迁人情淡漠的情况也是存在的。在这里，有无长远眼光是至关重要的，而人世间的友谊是珍贵的。

附栏7：国外课堂教学特点

①学生在征得系里同意后，每学期按计划选择课程，可以跨系听课并拿学分（不拿学分则不交学费）。故自己要有明确的目标和计划。

②同一课程可能有几位教授同时分别讲授，学生可以选择听课教师。学生关系变动较多，人际矛盾较少。因此，要改变对某一位教师的依赖心理。

③教师一般并不按某一固定教材系统讲授，而是在开学时给出教学计划和内容安排，然后选用众多的参考书籍和论文让学生阅读。因此，阅读的质和量对于学习效果至关重要。

④有些课程是讲座式，有些是阅读讨论式。教师并不要求学生接受自己的或某一学派的观点，而是鼓励学生发挥自己的理解力和创造力。因此，独立思考和有创见性是学习的生命。

⑤作业和考试都不如国内的严格。机械的知识性和记忆性考题较少，多采用回答问题式和论文写作式。因此，除了课堂讨论需要口头表达能力之外，书面作业和考试的打印（或书写）格式也需要掌握。

⑥一般没有严格的纪律约束和考勤制度，但是出于礼貌和尊重，有事应向老师打招呼或说明情况。同样，学生的自发组织也不靠纪律约束，而是表现为自愿原则上的积极参与。

就笔者个人而言，说起学术的交往与跨国的友谊，我最感重要的，莫过于新墨西哥大学人文学院院长 Sturm 教授了。我们早在国内就认识，还听过他的文学课。后来，他又帮我联系赴美访学，为我提供了办公室和继续听课与学术讨论的机会，使我获益匪浅。

我在新墨西哥大学的两年间，得到过 Sturm 教授不少的关怀和帮助，也向他学到了不少的东西。但许多不是从书本上，而是从教授的形象中学到的。他甚至没有送我一本自己写的书，也没有提起过他的任何一本著作。可是他却在开中国哲学史、墨西哥艺术和美学，这当然只是他那渊博的学识的一部分。我和他讨论过宗教、语言、哲学等问题，还陪他接待过当时中国驻美的韩旭大使。

当我终于告诉他我决定回国的时候，教授第一次露出疑惑的神情，但即刻又转成机敏的笑容，表示了他对我的理解。我提出为他拍一张照片。他于是领我走进他那墙上桌上地上书堆得无法下脚的办公室，还特意取出一个玻璃镜框，要我一起拍下，那上面写着：

"陕西师范大学客座教授思文德"。

（《彼岸集：旅美散记》，朱墨，西安地图出版社，2000 年，第 83~84 页）

2. 访晤与求职：通向成功之路

在国外的人际交往中，存在着文化内的和跨文化的人际交往两种情况，前者为同本国同胞的交往，后者为同各种外国人的交往。与华侨的交往二者的性质兼有。因为他们已在国外生活多年，其生活习惯和交往模式已有许多本地化或国际化的成分了。而有些华侨不但同国内没有多少联系，甚至连汉语也不会讲。在这种情况下，跨文化沟通的成分便增多了。

访晤分为正式的与非正式的两类。非正式的访晤一般属于私人性质的，而且谈论的题目也不固定，多属于聊天闲谈的性质。在闲聊的时候，虽然也有不同的文化背景和各自的文化氛围在起作用，但谈话并无固定模式，而是随兴致所至，一个话题又引出新的话题，也不求完整的叙述和圆满的答复，是以建立关系、增加见闻和获得交谈本身的乐趣为特点和目的的。因此，任何一方企图过分控制交谈的做法都是不适当的，而过多地以自我为中心的谈话方式也是容易引起对方反感的。这是闲谈与正式交谈的基本区别。

正式的访晤在求学、求职、社会调查等方面用途很广，而且是必不可免的一种交往方式。一般说来，在正式访晤之前要做一些准备：①事先约好谈话时间和地点，可能时简要说明要交谈的事，一般用电话预约即可。②将谈话内容事先予以准备，重要的可以用笔记下几条。③设想对方可能提出的问题或疑问，尽量给予完整而令人满意的答复。④万一事先设想的要求不能实现，准备别的补救方案，或者考虑下次再谈，或者考虑选择别的交谈对象等。

下面是一位大学生和教授的一次谈话。学生打算听这位教授的课，而教授的答复不十分肯定，只说有希望。

教授：请进，请进，有什么事吗？

学生：多纳教授，您下学期准备继续开高级地质学课程吧？

教授：是的，有这个打算。

学生：不知道我能不能注册上这门课，我知道这属于研究生课程，
　　　而我只是个大学三年级学生。可是……

教授：是有点儿太早了。我虽然允许有资格的四年级学生上这门
　　　课，可他们一般很难跟得上。

学生：我明白，不过，美国西部地质是我最感兴趣的课目，我已
　　　读了不少这方面的书籍。上学期我听鲍曼教授的这门课，
　　　觉得还有点儿不够学呢。

教授：我明白了。你当然不属于那种只想轻轻松松拿学分的学生。

学生：可以这么说。我真的想学点儿东西。

教授：那好吧。我想先和鲍曼教授谈谈。要是他觉得你够格，我
　　　就让你注册。

学生：谢谢！多纳教授，真是太感谢您了。

　　像上面这种事务性质的谈话，当然不需要很多的准备。唯一要注意的就是按时赴约，及时结束交谈。讲话要简明扼要，不要拖泥带水。因为国外的教授每周只有几次固定的上班约谈时间，每次又不过两三个小时。因为要约见的学生很多，一般谈话不宜超过十分钟。三五分钟即可解决问题。

　　在国外的留学生，甚至包括本国学生，一面读书一面工作的情况很普遍。提供工作机会的途径很多：学校或当地的报纸的广告栏，校园里的学生活动中心的布告栏。有的学校还有专门的职业介绍单位。另外，同学或邻居帮助介绍也很常见。工作的性质和地点多种多样。近的如学校图书馆、餐馆、实验室、办公室，远的如市内或市郊的公共服务设施、个人家庭临时雇工、中国餐馆等。这一类的访晤交谈具有很明确的实用目的，要着重考虑并经常涉及下列问题：

　　（1）工作性质及所需技术，如语言交际能力、计算机技术及其他特殊技能。

　　（2）每周工作次数和每次持续时间，日班还是夜班，与学校上课时间是否冲突等。

　　（3）交通工具。

　　（4）报酬。

（5）其他。

下面一场谈话在女主人和一位外国姑娘之间进行，地点是女主人家中。这位外国姑娘准备在这家干些杂活儿，包括接送孩子上学，女主人为她免费提供食宿，不付工钱，称为 au pair。

女主人：喂，玛丽，很高兴见到你……

玛　丽：你好，达森太太。

女主人：我过会儿就带你看你的房间，要不要先喝杯茶？

玛　丽：好的。我一路走得有点儿累。

女主人：要加奶还是加糖？

玛　丽：好吧，加点儿吧。(Yes, please.)

女主人：我们有两个孩子。男孩 12 岁，女孩 6 岁。戴维在当地小学上学，萨莉刚上小学。你和孩子们相处怎么样？

玛　丽：哦，是的，我很喜欢孩子。

女主人：嗯。恐怕孩子有时很调皮，但确实不算坏孩子。我想让你早晨送萨莉上学，下午接她回来。给她吃茶点。正餐她在学校吃。你知道，我一天都上班，帮丈夫操持生意。

玛　丽：是的，我知道。

女主人：当然啦，你一日三餐都和我们一块吃，咱们就是一家人啦。送萨莉上学以后，你要是干点儿轻松的家务活儿，我会很高兴的。像收拾早餐桌啦，铺床叠被啦，弹弹灰尘啦，一点儿也不重。

玛　丽：我在家里也常干这些家务活儿。

女主人：给萨莉吃过茶点，时间就归你支配啦，晚饭由我做。你喜欢做饭吗？

玛　丽：很喜欢。我很想给你们做一顿我国的传统菜吃吃。

女主人：哦！那真是太好啦！

玛　丽：能告诉我哪几天休假吗？

女主人：星期六和星期天。我是星期六不上班，在家搞"春季卫生"（spring cleaning）。

玛　丽：你只在春季的星期六才打扫卫生？

女主人：不，"春季卫生"的意思是彻底清扫。我是说，我星期六在家里要做许多繁重的家务活儿呢。

玛　丽：附近有没有我可以去的语言学校？

女主人：有，有一个学校很好，很近，每天晚上上课。顺便说一下，我们在乡间有一幢别墅，和伦敦这幢房子一样漂亮。

玛　丽：哦。别墅在哪里？

女主人：在诺福克，离布罗兹很近——是那些湖泊的名字。夏季我们在布罗兹湖上有条机动游艇，整个周末都在别墅度过。到时你也去。现在，我带你看你的房间。

　　上面的谈话其实有很多的闲聊成分，女主人一面介绍情况一面交代活路，使二者结合得很巧妙，并且有种种暗示。小姑娘则一面听一面打听自己感兴趣的事情。有些反应未必很得体，例如说自己一路很累啦，在回答加奶还是加糖时的答非所问啦，以及对 spring cleaning 的误解啦。

　　事实上，像上面这种求职访晤还不是最典型的访晤，因为被访者（女主人）实际上成了情况介绍者和活路安排者。访晤者（小姑娘）只是对相关情况作出被动反应。也就是说并没有形成典型的求职访晤中那种被访者对来访者的一连串提问，以及来访者旨在提供自己一方情况和兴趣的应答模式。换言之，上面对话中的交流并非一定构成被访者对来访者选择录用与否的基础，似乎一开始就已经决定雇用似的。

　　典型的求职访晤同其他正式访晤一样，是较正规、较严格、较有计划的双向交流。访晤是一种有特定目的、有事先安排和有较好组织的正式交际形式。一方提出问题，另一方回答问题。问题可以包括下列类型：

（1）开放性问题与封闭性问题：

开放性问题涉及的范围较广，回答者的限制较少，有自由发挥和系统阐述的余地。封闭性问题要求具体而有限的回答，有的问题本身就隐含着答案。前者花时间较长，后者则比较节省时间。开放性问题能让对方提供更完备的信息，而封闭性问题则便于控制交谈进程。前者主要依靠积极倾听和同感理解，而后者则要求语言表达的明确性和针对性。

请从下列问题中区分出开放性与封闭性两类问题，并设想你该如何回答：

A. 你为什么要到我们公司工作？

B. 你在大学生活了几年？

C. 你是不是喜欢和孩子们在一起做游戏？

D. 你对芝加哥的黑人有什么看法？

E. 你喜欢哪里的气候？东部或西部海岸，还是中西部及西南部的气候？

F. 你是否觉得美国大学生有点儿懒散？

G. 要是叫你周末加班，或整个假期加班，工资加倍，你愿不愿意干？

（2）原初性问题和从属性问题：

原初性问题是事先计划好的而在访晤中要解决的主要问题，在谈话中有改变话题、加入新的兴趣领域等重要作用。从属性问题是在交谈中临时提起的，要求对方能就正在谈论的题目提供补充性或解释性信息使其得以完整，或者在对方的回答出乎意料时临时提出的。当然，如果对方的回答不够准确或满意，也可以重复或稍微改变原初性问题，使其转化为从属性问题。

注意区分下列问题中的原初问题和从属性问题，并揣摩提问者的真正意图：

A. 首先，你能否给我谈谈你的学历和职业经历？

B. 这么说，你对学校教育方法是有异议的了？

C. 让我们换个话题。你的数学成绩怎么样？

D. 事情发生后，你有没有报告警察？

E. 是呀，是啊，谁又能自找麻烦呢？可是，你的心理上平衡吗？我是说你能自己把握自己吗？

F. 你能否告诉我近几个月来股票市场的变化情况？

G. 你还能详细提供这方面的情况吗？

（3）中性问题和引导性问题：

中性问题允许应答者按自己的意愿回答，便于获得信息和资料，多用于社会调查访晤，类似于开放性问题。引导性问题则具有暗示性，问题本身和提问方式就隐含着该如何回答才好，尤其适用于说服对方使其改变态度，相当于封闭性问题。

请对照下列三组问题的不同提法，并试图按照提问者的暗示或者自己的意愿作出不同回答。

1）A. 依靠你现在的薪金，你怎样生活？

　　B. 你没有办法靠现有的薪金生活，不是吗？

1）A. 你对重新装饰房子有什么计划？

　　B. 你打算重新装修房子，把墙漆成白色，是吗？

2）A. 你喜欢住在爱达荷吗？

　　B. 我敢打赌，你已经爱上了爱达荷的开阔和寂静，不是吗？

在访晤中对应答者的要求至少有五条。下面逐条加以说明：

（1）应当回答对方提出的问题。这似乎是不言而喻的，但却不易做好。含糊其辞或避而不答，都是要不得的，它可能使提问者觉得你心不在焉、思路不清或者不诚实。对于比较难以回答的问题，可以分几步来回答。要是没有听清对方的问题或不解其要点，可以请对方重新提问或作解释。不愿回答时要说明自己的理由。总之，要对每一问题努力作出最佳反应。

（2）不要所答非所问。有时来访者为了迎合对方，会使自己的回答超出问题范围，随意发挥或添枝加叶，把简单的问题弄复杂。这会使对方认为你不够稳重，或夸夸其谈，或不善于倾听对方的意思。记住，过多的自我表露会言多必失，而且浪费时间，使对方厌恶。

（3）回答问题要尽量完整。过分简单的回答会使对方产生疑心，以为你有事瞒着。例如，当对方问"你是否当过推销员"时，你只是简单地回答"当过"，这是不够的。如果你等待对方继续就这一问题提问当然不错。但是，假如对方没有再问下去而是等待你的详细回答，就应适当加以补充。

（4）回答要准确和真实。不要不懂装懂，也不要企图蒙混过关。你可以揣摩对方的问话意图，但不要说谎。遇到不懂的概念和情况可以发出询问，从而使自己的回答更有把握。

（5）回答要确切而具体。回答要提供具体的情况和想法，不要用外交辞令转弯抹角地应付，也不要泛泛而谈使对方不得要领。记住，回答问题是对方了解你的主要途径，甚至是唯一途径。

访晤和其他交谈方式一样，有其一定的结构和谈话方式。一般由开头、主体和结尾三部分构成。开头部分包括寒暄、介绍和关注，旨在创造一种轻松、和谐而友好的交谈气氛，同时形成交谈双方的最初印象。下面列出从接见者角度来说常用的几句开头话：

A. 我可以叫你比尔吗？

B. 你看我的办公室还可以吧？

C. 听说你是刚到达此地的，是吧？

D. 天气不错，叫人觉得舒服，不是吗？

在谈话结束时，接见者可以就来访者的回答说几句评论的话。调查性访晤中要向来访者说明资料的用途。求职性访晤结束时，要告诉对方录用的可能程度和通知时间及方式。有时还要说明有无必要继续安排谈话等问题。结尾部分不但要回到开头时的友好气氛，并表示已有了较多的了解，而且要向对方表示礼貌性的感谢。经常说的结束语有：

A. 谢谢你今天的会见。

B. 我感谢你花了这么多时间同我交谈这个问题。

C. 谢谢你对本公司的兴趣，我会在下星期内通知你是否被录用。

D. 你提供的情况很有用，你的看法很有价值。下周六你将收到第一份杂志，以后每个月可以收到一份。

E. 我的报道将于明晚见报。明天上午，我会带清样来征求你的意见。

F. 今天的谈话很愉快，使我获益匪浅。希望有时间我们再谈下去。请随时和我联系，好吗？

访晤的主体部分最重要，需要的时间也较长，约占整个访晤的 2/3 或更多些。主体部分是要商谈主要问题，又因目的的不同而各异。调查性访晤主要是了解情况，获得有关信息和资料。说服性访晤则旨在影响和说服对方接受你的劝告或建议，同意购买你公司的产品或进行其他形式的合作。求职访晤的目的是根据需要对求职的人进行重点了解，并作出适当的选择录用。

主体部分的组织方式即通过开放性或封闭性提问，控制或引导回答的方式，可以分为漏斗形、金字塔形、试管形几种主要方式，以及沙漏形和钻石形两种演变方式。漏斗形结构以广阔而开放的问题开始，再用封闭性问题加以限制，最后则以没有多少回旋余地的封闭性问题结束访晤。这种方式的优点是开头容易，因此适用于有戒备心理的调查对象、无特别兴趣的客户以及缺乏访晤经验的求职者。其缺点是访晤结束时无选择余地。金字塔形的访晤与漏斗形恰好相反，它以选择性较小的具体的封闭问题开始，然后逐渐开放直到结束。这种方法对于精神紧张或不大乐于交谈的来访者比较便于开始，因为开头的问题易于回答，然后再逐渐鼓励其作出详尽全面的反应。试管形结构既可以用开放性问题也可以用封闭性问题，但基本特点则是所有的问题都比较相似，即开放或封闭的程度基本一致。此法尤其适用于运用统计学分析或其他科学分析引出对所获资料进行研究的调查访晤，容易从比较分析中引出可靠的结论。

沙漏形访晤结构以开放性问题开头和结束，中间则用封闭性问题加以限制。钻石形访晤以封闭性问题开始，中间放宽限制到最后又回到封闭性问题上来。这两种演变方式适用于更复杂的、更棘手的访晤情况。例如，为了说服来访者，可以先提出问题，然后绕开这一主要问题或使之扩大，以便容纳更广泛的谈话内容和有关信息，最后再回到解决这一问题的基本思路上来。

在了解访晤的基本特点、问题类型及组织方式的基础上，你对访晤就不会感到陌生和恐惧，你的求职访晤就会有更多的把握了。尽管如此，你还是要在以下几个方面努力，争取成功的最大可能性。

（1）对你要想得到的那份工作表现出特别的兴趣，但期望不要过高。这首先意味着你要了解一般的受聘机会，尤其要了解那家公司。你要将自己与这份工作相关的情况、经历和技能联系起来，使其成为你专业方向和人生目标的一部分。

（2）要表现出热情、礼貌、进取、诚实、合作精神。有的招聘者并不一定看重你的学历和具体才能，而是注重你的整体素养。假如他们认为你不错，可以专门予以培训。

（3）从容不迫地应答，表现出良好的交际能力。国外企业十分重视人的交际能力和语言、非语言的表达能力。这些能力不仅对于顺利通过求职访晤至关重要，而且作为现代企业职工的普遍要求会被公司优先考虑。

（4）不要企图掩饰自己的缺点和不足。事实证明，在提供有关背景和细节的时候，你的有些性格侧面便会暴露给招聘者。与其欲盖弥彰，不如以坦率而巧妙的方式自己讲出来。有的招聘人员甚至觉得一个没有缺点的完美印象是不可靠的，从而影响你的录用。

下面提供一个典型的求职访晤实例。其主体部分只给出 24 个问题，但已可看出招聘人员对一个分析专家的 5 点要求：①良好的教育；②有分析头脑和主动性；③善于联系人；④有条理和组织能力；⑤有较强的自我意识。只有最后 8 个问题（17-24）是涉及这项具体工作的特殊要求。请予以分析鉴别。

［开头］

下午好，你是 XX 先生吧，人家称呼你 XX 对吗？我叫 XX，是联合太平洋公司人事部门的职员。我们来谈谈，请您不必拘束。首先，我很乐意知道您的情况和经历。其次，我已经看过您的个人简历，您的军人经历给人深刻印象。您在军队的工作说起来也很有趣，您为什么不谈谈呢？看来您还到一些地方旅行过，这是否与您在军队里的工作有关？您认为前苏联怎么样？

［主体］

1. 您是什么时候确定自己的研究领域的？

2. 您认为去美国已经受过充分的职业教育了吗？

3. 您觉得其中哪些课程对您最有帮助？

4. 如果现在再让您重新选择课程，您会选修别的课程吗？

5. 您认为分析工作难吗？

6. 在个人问题上，您一般是观其大处，还是见其小处？

7. 您喜欢和数字打交道吗？

8. 请您说说，您参加过大学里的哪些活动？

9. 您在团体中但任过什么职务，制订过什么较大的计划？

10. 您做过公开演讲吗?

11. 您认为您的经历有益于交际吗?

12. 您上大学时是不是边学习边工作?

13. 您觉得您过去的工作和其他活动占用您大量时间了吗?

14. 您觉得过去挤出时间来学习很困难吗?

15. 您认为您有哪些有助于成功的特殊才干?

16. 请谈谈您最大的长处和最大的弱点。

17. 请谈谈您对本公司的了解。

18. 您有什么问题要问吗?

19. 关于工作您有什么问题要问吗?

20. 您喜欢在大公司,还是小公司工作?

21. 您喜欢在什么规模、什么位置的城市生活?

22. 您不反对旅行吧?

23. 您能很快适应新环境吗?

24. 对于我们所讨论的事情,您还有什么问题要问吗?

[结尾]

我要问的问题就这些。感谢您的光临,与您交谈是很愉快的。您的回答对我们有帮助。有许多人谋求这个工作,我还得跟他们谈。我将在下星期四或下星期五再见您。如果您还有什么问题,请打电话来,不必客气。我的电话号码印在名片上。每天上午八点到中午,我都在办公室里。再次谢谢!

3. 冒险与乐趣:到外国企业去工作

新时期的改革开放政策,一反中国几千年历朝历代的"重农抑商"的传统做法,以经济建设为轴心,以对内搞活、对外开放为双翼,古老的农业文明正向着现代化的工商业方向飞奔,已成为一种不可抑制、不可逆转的发展大势。邓小平同志南巡讲话以来，中国大地上又一次掀起了改革开放的大潮，"商品化"、"市场经济"，正日益成为当代中国各阶层各行业人们的共同意识。无论是个人还是集体，都想在商品经济的大潮中闹腾一阵子，显一显身手，大有全民经商的势头。"下海去"已从中国沿海开放地区逐渐传到内陆城市。到三资企业去工作，甚至把生意做到国外去，已成为一种时髦和风尚。其中的冒险与乐趣，同时吸引和告诫着有志者们。随着海外投资像活水一样源源涌入这股改革大潮，三资企业如雨后春笋般迅速生长，不少青年男女向往去那里谋到工作。海外侨商、外国企业家等对国人来说，已不再是陌生的字眼，连他们的面孔也看得习惯起来了。这样，如何与不同文化背景中的人们打交道、做生意，就成了一个热门的时代话题，需要人们共同关心，共同研究了。

　　人数最多的跑得最欢的是成千上万从内地农村涌向广东一带的打工妹、打工仔，他们构成这一"潮流"的基本群体和巨大的动力。没有人会怀疑他们的吃苦精神和拼命精神，也不要求他们有太高的技术水平和操作能力，只要肯卖力气干活儿就可以在几个月或几年内挣到比乡下几辈人还要多的钞票。然而他们从传统农民转为现代工人，难道就不用经历必要的价值观和文化形态的转换了吗？只不过这种转换和适应，大部分仍然在群体活动和群体思维的胚胎中孕育成长，因而不显得那样激烈和深入罢了。地区的差异、时代的差异，还有外国商人外国老板的行事方式和管理方式，都会给劳动者的思想、感情和行为打上新的烙印，并引起他们的深思。

　　从知识分子中分裂出的一部分技术人员和管理人员，他们在商品经济的强大吸引力作用下，和去商业界、企业界的优厚待遇的诱惑下，正日益投身于这场运动之中，涌现了一批虽有胆有识却又缺乏实际锻炼和实业经验的新型知识分子企业家。他们的关键是走出第一步，剩下的就是心理平衡和"产品转型"的问题了。由于有知识、有能力，他们只要抓住机遇，有人赏识，就能迅速成长为雄心勃勃、有所作为的新型企业和商业人员。当然，他们的苦恼和后悔，历险和乐趣，都要相应地多于绝大多数还未走入"商海"的人们。

从改革开放初期的第一、二批企业家和商人中，正在兴起一部分具有战略眼光和国际意识的"外向型"人才。他们已几起几落，积累了丰富的办企业和办商业的经验，而且有了相当的资金和关系，使他们能够把近期或远期目标投放在国际市场上。他们是改革开放大潮中的弄潮儿，是时代的骄子。而他们的事业成败，不仅关系到个人的或企业的成败得失，而且预示着中国经济发展的新前景和未来远景。对于他们来说，迎接世界经济挑战的浓厚兴趣和振兴中华经济的历险精神同时合为一个动力，而他们所要经历的磨难和要克服的心理的、社会的、文化的障碍似乎最多。"大江歌罢棹头东"，"难酬蹈海亦英雄"，是这一部分经济精英们的心理写照。

在国际上，随着东欧巨变和独联体的成立——不管人们从政治的、经济的方面试图对此作出各自不同的解释——多元经济格局正在世界范围内形成。欧洲市场的变化和美日经济的大战仍在进行，中美关系的微妙变化，中日邦交正常化，中俄关系的新阶段的开始和边界贸易的方兴未艾，都在影响着中国和世界的经济格局及其近期变化。随着日本人在世界各地建立新的公司和贸易关系，就连美国人也都想到本国的日本公司去工作。这种情况虽然同中国人在本国的外资企业中工作的文化心理机制不同，具体体验不同，但仍然给人以借鉴和思考的参考价值。

一位名叫卡特赖特的美国人，在一家日本消费电器公司设在纽约的分公司总部做广告部经理，下面是他的心理体验：

"一开始，我好像是进入了半阴影区。每天早上我要从公司的正门进出，尽管我知道我仍在纽约市，可是我的感觉就同在国外没什么两样。在我自己的国家，我自己的城市里，我竟不知道怎么做！在我接受这项工作之前，我就有所准备，知道做这工作并不容易，因为日本产品曾一度横扫美国市场，而且许多美国人将本国的经济问题归咎于这种外来入侵，可我却要代表日本公司说话。虽有准备，但几周后，我发现我的问题并不仅仅是这些。我简直不知道该怎样同我的日本同事们一块儿工作。虽然我过去也在大公司工作过，可日本人的官僚主义及其管理方式，简直使我感到茫然。我的第二个感觉是：虽然这是一个在美国最进步、最美国化的日本公司，可是它的管理却是极其愚蠢的。我还一度认为这个公司简直毫无组织。我不禁想，他们在美国市场上的巨大成功是由于运气，还是由于什么我不知道的日本神仙的保佑。

"我觉得我以前同日本公司打过交道，现在不会有什么问题了，可是我错了。在开会时，我就清楚地意识到，日本人把我看成是外来的某种动物。我有说服能力，善于表达，坦率而又雄心勃勃。要是在其他场合，这些都能帮我的忙。可是我使出了全身的解数，也好像没有什么用。为了更好地适应工作，我开始上日语课。在那里结识了一些与我处境相似的美国人。在办公室里，我特意对那些日本人显得亲切，随时准备帮他们的忙。我最后甚至违背我的个性来适应这种环境，可还是没用。结果，我常常感到自己成为一个事业和社会的弃儿。

"如果不是结识了几位在日本公司工作的美国人，我是不会在那里待多久的。这些美国人在公司工作的时间都比我长，同其他人不一样，他们能讲英语和日语，适应了日美两种不同的文化，而且赢得了日本人的尊敬。他们成了我在公司内的看门人，为我打开了大门，也使我睁开了眼睛，看清了究竟发生了什么事。他们把我引进了门，告诉我日本人怎样召开商业会议，日美之间又在要什么政治花招，以及我怎样才能发挥更大的作用。但是，美国人和日本人一起工作时，问题仍然存在，而且看来没有什么办法能使双方真正融洽地在一起工作。实际上，你甚至可以说，当日本人和美国人处于同一个商业环境之中时，他们之间会出现一种又恨又爱的关系。"

何以会发生上述情况及心理体验呢？概括起来，有如下几方面的原因可以说明其中一些根本性的问题：

（1）日美两国不同的文化背景及其跨文化沟通上存在的种种问题，例如语言交际与表达方式的差异。

（2）日美企业文化与经营方式、决策方式的不同，例如集体主义与个人主义的差别。

（3）受两种文化支配的雇佣方式的不同给外国受雇人员所造成的个人谋生水平与提升机会的不同。例如男女差异与性别歧视对妇女职员的影响，又如雇佣本国人为正经理而外国人至多做副职人员的不同待遇。还有终身雇佣与自由选择职业的不同，等等。

（4）深刻的原因莫过于民族认同的不同，以及由此所产生的对于外国雇员的种种偏见和成见。"你干得再出色，也不如本国人。"他们说。

（5）即使通过本国雇员来熟悉和认识外国公司及外国人，但这种认识本身仍然是片面的，同样会受到不同文化的影响。虽然其比较文化的性质可以帮助人们认识不同文化在企业和商业行为中的种种差异，但看待这种差异的方式却仍然是内外有别的。

如果说，美国人在日本企业中任职的心理体验和种种问题是基于西方文化与东方文化之间的巨大差异的话（何者更为先进的问题可以略去不计），那么，中国人在外资企业和外国公司中任职，则基于中西文化之间的巨大差异，同时更有不可忽视的民族素质与时代技术差距在起作用。一般说来，在国外的中国餐馆和港台华人办的企业中任职比较容易些，而在西方人的公司工作比较困难。其中的问题可以归结为如下几点：

（1）从以"大锅饭"为特征的国营和集体企业劳动者的身份和懒散的劳动行为，突然改变为个体间激烈竞争的现代企业雇员身份和强化劳动状态，的确是一种挑战。

（2）农业式劳动（不计时间，只抓时机）与工业式劳动（严格的计划、计时、计件、计量或保质保量、讲效率和效果）之间所存在的巨大差异，使不少人适应困难。

（3）外国语言（包括文字处理）作为文化沟通的手段和新的技术（以计算机技术为主）作为现代信息处理的手段，在很大程度上限制了一些人的工作机会。

（4）从以人际和谐为主要特征的文化（包括生产、生活与社会福利三者融合为一体的工作单位）转向只在公司上班领工资，而生活设施与福利却要自己独立安排的现代资本主义劳资关系以及生产与生活相分离的格局，要适应同样很不容易。

（5）以上种种文化的、时代的、民族的、生产的、生活的差异和差距，势必导致雇员生活方式和文化态度的改变，甚至引起人格与价值观上的重新选择、适应和改变。这是最深刻的人的变革。

除了以个人名义进入外资和外国企业工作之外，跨文化的商业和企业行为还有另一种更加复杂的形式，那就是从内向型经济向外向型经济转变过程中，必不可免地有大量企业商业走向异国和国际市场，去竞争和赢利。在这一方面，中国已经开始了新的摸索和尝试，但是存在的和要应付的问题还很多。下列问题虽然不能包括全部，但却是值得重视和研究的：

（1）经营思想的转变和产品质量的保证。

要将公司办到国外，要将生意做到国外，没有现代化的经营思想和作风，没有产销对路的产品和高质量作保证是不可能的。在这个意义上，一切的国内经营和生产消费只不过是产品和生意国际化的大后方及试验基地。只有在国内市场上创了名优的产品，在国内同行中首屈一指的生产经营单位，才有可能进入国际市场。另一方面，将农产品（包括土特产）作为原料直接出口的做法，无疑是对别人更有利。只片面强调民族化的中国风格的产品而不看国际市场的需求，也是难以长远奏效的。例如，在请人吸烟被看作是劝人自杀的西方发达国家，你将中国式的香烟包制作得再精致也无人问津。总之，不了解国外市场需求，不改变"闭门造车"式的传统经营思想，是很难打入国际市场的，更何况那些质量低劣的商品了。

在这一方面，日本人的经营思想似乎可作学习和仿效的对象。它以大量品种繁多的电子产品分别为东西方不同国家的千家万户，提供了可靠可信的商品服务。例如，高质量的收音机、照相机、对讲机、电视机、录像机，分别针对中美不同的电源电压指数及不同民族的消费心理而赢得了永久的商业信誉，加上完备的售后服务措施。小型省油、高速耐用、价格便宜的汽车产品，连连击败欧美大型豪华式的汽车产品也是一例。在这种情况下，中国要以汽车产品进入国际市场必将困难重重。因为汽车工业是一种综合性很强的高科技工业，它依赖于许多技术因素的密切配合和众多内外条件的完全具备，才有可能打入国际市场。

归根结底，最重要的是要有一批在国内市场久经考验富于经验的企业家和商人，而且要对国外市场进行深入细致的调研工作。在此基础上，根据国际市场的需求情况和我方企业的生产情况作出长远的有超前意识的战略规划。因为将商业决策压在没有经过检验的假设上是危险的。只凭热情冲动和冒险投机的侥幸心理是难以取胜的。只有政治的、技术的，或是商业的单一眼光也是不行的。要将经济学家、专业技术人员和现代商业家、企业家的素质综合起来，才可能造就出一批能顺应千变万化的国际市场的新型人才。

（2）看准了再干，没有后退的余地。

国际市场和国内市场一样，都是具体的、实在的，而决非抽象的概念，同时又可以具体到每一个地区和每一个民族。只是抽象地讲国际市场和国内市场的一般区别是危险的、大而无当的。例如，欧洲市场和美洲市场就不同于日本市场和东南亚市场，也不同于第三世界发展中国家的市场。其具体的国际商业规划必须找到地区上的和商品上的突破口，而且要和本公司本企业的短期目标和长远发展结合起来考虑才行。

一个美国人建议美国公司在考虑是否应当打入日本市场时，要认真考虑下列问题：

首先，你公司所提供的产品、技术或服务是否能有国际市场？如果回答是肯定的，那么你就要考虑发展国际性业务对你的公司是否至关重要？日本是否对你公司的发展有特别重要的意义？也许你最后得出结论，将你公司的财力和人力投入到本国市场或其他外国市场，是否比将其投入到日本市场中更为有利。

假设进入日本市场是你公司的目标之一，那么你要考虑你的公司是否已对此有了充分的准备。你在国内的整个管理系统是否真正答应支持你在日本的投资？你是否准备调整你的产品和传统的商品销售战略来满足日本顾客及商品销售短缺的特殊要求？你的整个管理系统对国际商业实践，特别是对同日本人做生意有多少实际的了解？

如果你认定你公司的预算能够承担在海外的投资，而且虽然与日本人做生意会遇到不少的麻烦，但是值得，特别对有关的人员来说是值得的，那么，你就可以开始着手工作了。要制订出对你公司本部、驻日办事处及你与其建立工作关系的日本公司都很合适的工作安排。进行这项工作会花费很多时间，而且需要进行市场调查，调整产品及不断改进经营及商品销售策略。

如果你做的市场调查和财政预测都肯定了你要同日本人做生意的

想法。那么下一步就是如何打入这一竞争激烈又封闭得令人沮丧的市场。

（3）遵守当地法律，按当地人的方式行事。

生意和战争的区别在于，成功的生意双方都有利可图，而战争中哪一方都想吃掉对方。但是生意和战争一样都有失败者。如何避免失败，取得成功，是共同的目标。在打入日本市场的众多美国企业中，可口可乐公司是成绩突出的获胜者。1980 年日本人开始喝上可口可乐，到 1982 年可口可乐便占领了日本 40% 的软饮料市场，1 亿多日本人每年每人平均要喝 100 瓶可口可乐。其成功之路，在于该公司在日本的分公司首先与日本发展了贸易伙伴关系，他们适应了日本人也需要装瓶工人和销售商人这一基本需要，而且在具体做法上（即经营方式上）也完全是日本式的。

除了找到美国公司在日本的商业代理人作为入门的领路人，美国公司还注意了解日本的有关特殊法律，但不像美国做法那样一定要事事诉诸律师。其中基本的几条做法是：

A. 外国产品必须达到一般健康和安全标准。

B. 具有很大差别的不同产品的进口税。

C. 在广告方面的限制，例如，在做药品广告时，禁止使用最高级形式。

D. 许多只有在日本才行得通的地方法规。

E. 保存大量的记录和文件。

（4）消费心理与推销方式——因人而异。

不同的民族受其文化影响，有不同的消费心理，因而在进入别国市场时，不仅要有对路的高质量产品，而且在商品名称、价格、广告风格等方面都要有的放矢，才能顺利地推销出去。

在产品的风格和名称方面。固然人们有追求异国风味的心理倾向，但只有对于消费者同时具有吸引力和理解力的那些文化因素才可能起作用，其最低限度便是不能触犯一个民族的本族禁忌。例如，荷花是中国文人雅士所喜爱的，但若用来做商品名称或商标，则犯了日本人的大忌，因为荷花是日本的丧花。记得中国出口美国的一种白皮童鞋，将美国国旗变形图案制在鞋底上，这怎能使美国人喜欢呢？相反，日本人销往美国的玩具蝙蝠人却是地地道道的美国风味，而且从造型到颜色都是美国儿童所喜欢的，简直可以以假乱真。

　　价格的制定也很有讲究。在西方发达国家，廉价货是产品质量不高的代名词，而在同类货物中假若质量也相当，而价格标得略高一些恰好成了这一商品优于其他同类商品的绝妙暗示，又何乐而不为呢？而且消费者的心理也可以从另一种价格标法上流露出来，那就是经常看到$99.9而不是$100或$100.10。这在美国超级市场上是司空见惯的。

　　美国和日本的消费决策者也不一样。在日本，家庭主妇决定家庭的日常开销。因此，聪明的外国商人便把销售对象瞄准日本的家庭主妇。美国谷物产品公司总裁何罗·C·德布里说："我们所做的第一件事就是教育日本的家庭主妇。我们将预算的45%用于日本电视广告和促进销售方面。"美国商人还针对日本人每天早上看电视的规律和日本人的从众心理，将广告在黄金时间里用5个频道同时播放。此外，美国商人还懂得日本人易于诉诸情感而不易诉诸理智的心理特点，模仿日本式广告的特点，采用劝诱推销方式，也收到了很好的效果。

　　要和人做生意，同和人共事一样，既要有知人之智，也要有知己之明。尤其是同外国人交往和做生意，这两者就更难同时做到。在这里，大哲学家康德的话值得回味："你的行动，要把人性，不管是你身上的人性，还是任何别人身上的人性，永远当作目的看待，绝不仅仅当作手段使用。"

4. 冲击与适应：不忘祖国的世界公民

晴空万里，机声轰鸣。此刻，你正站在即将起飞的波音客机舷梯上，向前来送行的亲友和同事挥手告别。朋友，这是你生平第一次出国，你的心情如何呢？

你也许是一位政府官员，随团赴欧洲考察。你也许是一位劳工，和同事们去非洲修筑铁路。你也许是一位生意人，要到独联体去做服装生意。你也许是一位学者，应邀去日本出席一次学术会议。你也许是一位留学生，只身赴美去攻读博士学位。你此刻会想些什么呢？

1980 年赴美的访问学者刘宗仁（译音）对朋友说，其实他并不在乎急于出国。送行的朋友都认为他没有说心里话。他承认，他是内心自豪，表面谦恭而已。初到异国他乡的人，会有什么感受呢？

有一个最恰当的字眼，叫"文化冲击"。那是一种初抵异国时由于时差等因素所造成的身体不适，更重要的是由于新奇事物接踵而来所造成的心理和感官上的应接不暇和来不及消化所造成的"感官轰击"——一种综合效应。

初到华盛顿，刘宗仁先生看到的是地广人稀，汽车成群，牛奶如水多，白昼不关灯等现象，使他十分惊奇。使他担心的是，某教授没有如约来机场接他，而让夫人来接。夫人拥抱了他，使他为之震惊。

在美留学 11 年之久的台湾学者赵宁在初到旧金山时，却不觉得景色和市容有什么奇特之处，而是注意到了嬉皮士的奇特装束：

> "进了市区，下车闲逛，但见嬉皮载道，个个长发披肩，胡须不刮，身着半男不女衫，碎布牛仔裤，赤足垢面，吃吃傻笑，施施然而来。赵某人场面虽见得多，碰到这类人物却是第一次，三十六计，赶紧让过一旁，保持距离以策安全，免得洋跳蚤上身。"

事也奇，人也奇。这就是第一印象。

第一印象所造成的文化冲击在最初是如此强烈，以致于会在受冲击者身心上造成一种强烈的好奇心和陌生感，而在这种奇妙的混合感觉中又会因不断的文化冲击而引起相应的文化防卫反应。"我是一个陌生人"的强烈自我感在异族文化的新奇氛围中会突出起来，引起进一步的孤独感和无助感。用一句形象的话来说，就好像一条淡水鱼突然被扔进了咸水之中——激奋与不适并存。

根据对文化冲击（culture shock，有时译为"文化震荡"、"文化休克"）的理论研究，文化冲击可以有不同的理论模型，因此有不同的适应模型，从而分为不同的阶段。

模型一（Oberg，1960）：

1. 紧绷的压力（strain）：异样和强烈的感官冲击与吸引力或排斥力，会造成神经兴奋而紧张，过于敏感，加上时差等不良反应。

2. 失落感（sense of loss）：熟悉的人和景物的缺失，会造成强烈的失落感，和被剥夺的感觉（feeling of deprivation）。

3. 排斥感（rejection）：排斥是双方的，但主要指的是自己在心理上对当地文化的排斥，一般混同有本族文化优越论，或自我膨胀的感觉。但又是失落，有"虎落平阳被犬欺"的感觉。

4. 错乱感（confusion）：指面对新的文化现象，原来的一些价值观和行之有效的经验不再有效，于是产生认知上的和心理上的错乱，需要重新学习和适应。

5. 异常情感反应（例如"焦虑"anxiety，"反感"disgusting）：进一步的心理应激和精神不适，会导致生理反应的不良表现，不排斥病态的体验。

6. 无能感（incompetence）：生理、心理或能力上会丧失正常的技能和反应机制，最严重的会导致心理疾病、抑郁症等，无法适应新的文化环境，也无法正常工作和学习。

模型二（U-curve model, Lysaard, 1955）：

1. 蜜月期（harneymoon stage）：初期接触阶段，为许多惊人的事物所震惊，所陶醉（initial euphoria），充满好奇心，好似度蜜月。

2. 危机期（crisis stage）：即挫折期（frustration）或敌对期（hostility），面对入学考试的现实、课程的压力、经济压力、工作机会等，顿时感到挫折。

3. 复原期（recovery stage）：一般有一个逐渐改善的过程（gradual improvement）或适应期（gradual adjustment），即经过个人适应和调整心态与方案，达到基本适应环境。

4. 双文化适应期（biculturalism）：或称为完全适应期（full adjustment），或熟练期（mastery period）。能够同时应付两种文化中的事宜，可以做出解释和说明，自由转换，不受阻碍。

模型三（Lewis & Jungman, 1986）：

1. 预备期（preliminary stage）：指当事人在国内为出国所做的准备，例如托福考试，申请学校，联系企业业务，办理护照和签证，定机票和行程等。

2. 旁观期（spectator stage）：类似于蜜月期，是身处异国初期的审美感受，尚未进入实质问题的时期，所以还比较超脱，比较潇洒，因为没有陷入。

3. 参与期（participant stage）：参与期就是自己逐渐进入实质性的交往，发现问题不是如此简单，许多事情要自己处理，处处遇到挫折和困难。

4. 振荡期（shock stage）：震荡应当是深层的危机体验，因为行为层面的不顺利而导致认识上的脱节，于是产生一系列的冲击，冲击传统的观念和自我的信心。

5. 适应期（adaptation stage）：适应期相当于双文化适应，能够比较自如地处理两种文化的事物，和不同文化的人打交道。

6. 返乡期（reentry stage）：在回到祖国以后，有留学经验或国外经验的人会觉得不适应了，需要重新审视自己原有的文化和人际关系，检讨自己的行为和思维方式，于是，重新适应的问题就要提出来了。

让我们回到刘宗仁初到美国的一些经历，而返归故里的经历，将在后面说到。

在不长的日子里，刘宗仁接触和经历了不少事情：一位中年妇女给她丈夫的生日礼物，竟是一个价值 100 多美元的探矿器，为的是让丈夫找回失落的硬币。是嗜好，还是别的什么？这使他联想到在国内，要请一位外国朋友吃一顿饭，往往要花掉一个月工资的 2/3 以上。

作为一个"外国人"，刘先生既渴望有机会了解美国人的家庭生活，又怕打扰了他们。当他被热情地邀请到家中去的时候，他看到女主人把炸过食物的熟油顺手倒掉了，这使他又一次看到了美国人的浪费——浪费土地，浪费资源，浪费许多中国人认为是奢侈品的东西。

他不喜欢主人的狗，但是为了表示对主人的尊重，他装着喜欢那条狗。

有一次，主人家厨房里闹老鼠，他大显身手，竟连续捉住 7 只。主人在夸奖他的时候说："中国有 10 亿人口，该会有多少老鼠呢？"刘先生大为光火，回击道："你不应该取笑我的祖国，你取笑中国就是伤害我的感情。"主人即刻道歉，并解释说开玩笑是为了让他觉得好受些。

可这是个不得体的玩笑！一个人只身在异国作客，会对周围的人和物都十分敏感、因而更加容易受到伤害。心理上的防卫也就是自然的了。更有甚者，这种防卫很少具有纯粹个人的性质，却往往是民族的和文化的防卫了。

朋友，也许这个事例并不典型，可是，当你听到台湾学生问你大陆现在是否还是吃树皮咽草根的时候，当你发现许多被美国人讥笑为契诺人（China）的日本人，他们对中国人的不屑一顾甚至甚于一向高傲的美国人的时候，当你通过很多接触受到很多帮助之后，才逐渐发现外国人对中国人的帮助和友谊背后潜藏着很深的偏见和出于同情心，而未必出于人类同胞之爱的时候，你的内心难道不受到震憾，你的民族自我意识难道还能昏昏欲睡吗？

有许多长期居住在国外的中国人都有过这样的体验：你一面为所在国的一切所吸引并渴望能够了解，一面有礼貌地和当地人友好交往，一面却感到你始终无法进入当地人的文化圈子和社交圈子，从而更加清醒地感到自己是一个独在异乡为异客的局外人和孤独者。这种感受有时候会从合情合理的动机引发出几乎不正常的心理状态，甚至导致对周围环境与你的自我形象的不正确的心理感受。在这一方面，刘宗仁先生的体验是独特的，甚至可以说是极端的和典型的。

"一天下午，我向北走去，心想去看一看校园。可是我刚走进校园大门大约 50 码远，就停下了脚步。我产生了一种从未有过的强烈感觉，似乎是若有所失却又难于言状。周围是死一般的寂静，而我的心中压上了沉重的抑郁感。我感到自己正踏在某位富豪的财产上——没有经过主人的允许，仿佛是怕人控告我偷窃罪一般，我心中十分害怕。我于是转身走出校门，强忍着不要奔跑起来。我感到谢里登大街上豪华的房舍里主人们正从一个个窗帘背后瞪大眼睛看着我。这地方的富裕使我感到无限压力。在这里我完完全全是个陌生人，这不是我的存在之地。

　　我终于又停下了脚步。眼前是一片冷凄凄的青湖，这湖水又一次使我的头脑冷静下来。冷风习习，吹散涟漪。莫非我的抑郁症唯有在这荒凉孤寂之中才能治愈。"

逃离现实，投入到那无数诗人和艺术家曾经栖身的大自然之中固然不错。可是，难道文化冲击的重压和个人的抑郁在异国的大自然的怀抱里就可以得到医治吗？也许你这举目无亲的孤独者暂时感到好受些，但却未必总能如愿以偿。

在文化冲击的重压下，在一阵阵袭来的孤独感和无助感中，怀旧思乡和思念亲人的情绪又会像阴云一样笼罩在你的心头。特别是当你稍有空闲又找不到事情做的时候，或者当别人都沉浸在生活的忙碌之中和节日的喜庆气氛之中的时候，中国人的思乡病就很容易犯了。

赵宁虽然善于幽默，可在"游子吟魂萦旧梦"中却再也幽默不起来了。乡愁，毕竟是严肃的、庄重的。

　　"感恩节和圣诞节都快到了，大街小巷扎起了好多好多圣诞树和五彩的蜡烛，商店的橱窗摆满了圣诞饰物，小城打扮得像个待嫁的乡下姑娘。从学生活动中心的落地长窗望去，一群老美斜靠在邮局斑驳的红墙下高谈阔论，瞧那种精神抖擞的样子，好像正讨论着度假计划；几个黑姑娘坐在橡树下的躺椅里，悠然自得地前后摇摆，冬日的阳光下，乌油油的脸蛋，黑里透红，好像也正为着这即将来临的假期兴奋着。簌簌的落叶里不时走过三两'黄面汉子'，落寞的眼神和扯紧的嘴角与校园的喜气洋溢是这样的不相衬。其实，这也难怪他们，假期的欢乐是不属于他们的。假期里，所有学生宿舍大部分都将关闭，仅开放一栋让所有无家可归的外国学生集中居住（而且每天要交一元五角宿费），所有餐厅商店都将关门，大家都要预购干粮或到教堂去自炊。在这个异乡的寒冬，洋人的假日与欢笑，除了能增浓游子的乡愁外，还有什么其他的意义？"

有这种感觉的绝非赵宁一个。哪一个久居异国的游子不曾有过这种揪心断肠的乡愁呢？何况中国人历来是重视天伦之乐的。天伦之乐的剥夺其实还只是一方面。当你相依为伴的亲人、爱人不在身边时，当你习以为常的生活方式和生活环境不复存在时，当你最爱吃的食品久不进口时，当你最爱听的京剧和民族音乐久不入耳时，当你最爱读的诗歌小说不在手边时，当你的眼前和身边只有一派异国气氛而找不到一丝一毫的民族节日的痕迹时——总之，当你每时每刻在国内都能享受到的一切文化的器物和精神都被无情地剥夺殆尽时，你这个本族文化哺育滋养长大的游子还能不感到一种如饥似渴的生理和心理不适吗？这种不适，姑且称其为"文化饥饿"。

文化饥饿，不同于文化冲击。文化冲击是客居异国的人们在同当地文化中的异族、异己物质相接触相冲突时感到的一种震惊态度和难以悦纳的状态，而文化饥饿却是习以为常的本族文化氛围被无情剥夺后所产生的一种强烈的人的文化复归倾向以及欲复归却又明知不能的失落感和焦虑感，其中又包含着强烈的渴求欲望。文化传统愈是深厚，个人受其文化传统熏陶的时间愈长，所感受到的文化饥饿便愈烈、愈切。在异族文化中待得愈久，或者愈是不能或不愿悦纳和适应，个人感受到的文化饥饿便愈烈、愈切。

其实，在进入异国初期所感受到的文化冲击的短暂而强烈的影响力之后，甚至在随之而来的更加持久而深沉的本族文化的饥饿感还未充分显示其威力之前，对异族文化的适应过程就已经开始了。在这里，让我们随着文化的载体或称文化的主体的个人的经历和变化，来说明文化适应实质上是怎么一回事。

附栏 8：跨文化交际训练项目

1. 设身处地，从所在国文化的角度观察问题，理解事物。

2. 改变自己对于文化问题过于简单的判断和看法，增加弹性认识，接受新的可能性。

3. 自觉减少内心的焦虑，主动和异国人进行交往，认识并理解他们。

4. 能够容忍和容纳，甚至欣赏和自己完全不同的哲学观点、宗教信仰和行为方式。

5. 能够建立各种良好的人际关系和工作关系，顺利完成交往和工作的任务、学习任务。

6. 在不顺利的时候，能够心平气和地检讨自己，调整心态和方法，重新适应。

7. 能够在不同文化观点和人际关系中自由迁移，表达理解和支持，取得双赢的结果。

8. 抛弃和改变狭义的民族主义和本团体观念，学会从更广泛的全球角度和人类高度审视问题。

9. 学会运用体态语言和有声语言进行有效的跨文化交际，理解他人和表达自我。

10. 能够调动一切文化资源，包括自然的和人文的资源，进行创造性的公益活动。

在两种文化发生接触之前，文化只对各自的人们起作用，作为一种文化的载体或主体的个人甚至意识不到还有别种文化的存在。即便认识到存在着别样的文化，但因为没有直接与之接触，也就是没有直接与作为别种文化的承载者或主体的个人发生接触，那种认识只是书本上的或道听途说的，而非直接经验的、非直接感受的。

文化的接触不可能在真空状态下进行，除非来自不同文化的人们能找到一个既不属于甲文化又不属于乙文化的中间地带进行接触。文化接触的发生必然要在特定的文化情境内发生，而这一具体的文化接触情境同接触者双方所处的位置有密切关系。例如，作为一个中国人，你在中国文化的情境中同外国人接触，这时，如同你的身份是主人一样，中国文化就是主文化，而外国文化（例如美国文化）便是客文化。这无论对你还是对你的美国交际者都是一样。相反，如果你进入美国文化圈，那么你所代表的中国文化就随着你的主人身份改变为客人身份而同时改变为客文化，美国文化则成为主文化。

这种区分之所以重要，乃是由于它有助于说明文化冲击、文化饥饿与文化适应的本质联系和区别。由此可知，文化冲击是主文化对客文化的冲击作用，当然是以主文化的环境优势对客文化的承载者本人起作用的。相反的情况即便发生也不会造成多大的影响。另一方面，文化饥饿却是由于客文化在承载者身上的突然缺失而造成的，表现为文化环境的突然改变和个人的未能改变的习惯心理和行为惯性之间的矛盾和冲突。文化饥饿对主文化承载者实际上是不可能的，即便真的可能，其影响也是微乎其微。文化冲击和文化饥饿同时发生在一个人身上，那便是个人脱离自己的主文化地位而进入客文化的氛围之中。当然这两者并非总是同时发生或者始终无法调解。这种调解方式便是文化适应，即对于主文化的适应。

在文化适应过程中，主文化始终处于作为客文化载体或主体的个人的接触、了解、认识、感受、适应及内化的对象一方，它是潜在的，不明确的，有待发现的。但是可以直接模仿，即模仿主文化承载者的言语和行为；也可以逐渐学习，即学习其言语和行为背后隐含的价值观和信仰、态度。一般说来，只有在文化适应的氛围和过程中，才能真正认识和适应一种文化，或者至少要在这种特定的氛围和适应过程中，才能有效地进行文化模仿和学习。由此也可看出文化与语言的区别和联系。后者包括在前者之中并且学习起来要相对容易得多。

　　然而，文化适应并非只涉及主文化一方。因为客文化承载者作为学习和适应主体，他的言行中早已有了客文化的基因和因素——作为思维、情感、意志及各种行为的习惯而表现出来。个人的文化适应实际上是在逐渐摆脱本族文化的影响力的情况下来适应异族文化的，其中必然包含着对本族文化即客文化的重新认识及其同异族文化即主文化的反复比较才能决定取舍，并最终使两种文化在个人身上以个人特有的方式趋于融合。此时，虽然主文化与客文化的界线在这一特定个人身上已模糊不清或趋于消失，但是，这两种变化在同一个人身上却必然始终并存。以何者为主、何者为从，何者为体、何者为用的情况，则因个人适应程度的不同而各异。

　　文化适应的过程是一个漫长而痛苦的过程。甚至在一个人身上或一代人身上并不能有效地完成。对于个人来说，适应另一种文化并非是坏事，它至少可以丰富个人的经历和内心世界，摆脱原有的某些文化偏见，或者换一种眼光看待生活、个人及人类世界。这使人们想起本书开头所用的"文化是一副眼镜"这一通俗说法。在跨文化的沟通和交往中，这一比喻仍然有其基本的应用价值，不过其含义已不限于初始的说法了。

　　对异族文化的适应，并非只是一个生活范围内的用语。它除了指在异族文化环境中的个体谋生能力之外，更多地指对这种文化所提供的各种文化设施、文化手段和文化符号的娴熟运用。这种新的运用能力本质上也是一种创造力的文化前提。而语言既可作为一种文化符号有其特定的应用价值，也是一种民族认同的标志，因而具有认同意义。外族语言的娴熟运用固然可以看作是文化适应的一种结果，而本族语言的丧失却不能不说是民族认同的一种削弱。在这一方面，在国外定居几代之久的华侨尤其有着深刻的体会。这也就是许多华人坚持在家中讲汉语和让子女学习汉语的原因之一。

在更深刻而稳定的层次上，种族认同——以肤色、发色等人种学特征为标志——更加长远而不易改变，除非和异族人通婚。但是这种选择即便是已加入外国籍的人们也将其视为严肃而慎重的事情。人毕竟是最能适应环境的生物，但人又是最懂得珍视自己文化本源的存在。因此，置身异国他乡，就连民族认同都要经过艰难的心理历程。据调查，在美国定居两三代的日本人仍然毫不迟疑地说自己是日本人。可能要到几代人之后，民族认同才能发生根本改变。对中国人来说，这一时间可能更长些。

我们还是来听一位跨文化交际专家的亲身体验和深情诉说吧：

> 本书作者在美国已待了超过二十年，具有传播学博士学位，在美国大学任教，住在一般美国人社区，选举投票、社区服务、社交活动皆和本地人无异。照理说，应该是完全适应期的佼佼者吧？是耶？非耶？很难说。在台湾受完高等教育，军中服务两年，加上工作两年，出国时已二十好几，算是一个成熟的成年人，全身每一个细胞都是中华文化建立起来的。因此，在美国过了那么多年，还是很想念台北的夜市与夜生活。虽然走的是美国的超级市场，买回来的食物蔬菜，却喜欢依照中式烹饪法，吃起来才觉得对口。另外，连吃一两天汉堡或热狗，感觉尚可，若像孩子一样可以餐餐啖之，连续三天或五天，那不真的发疯才怪。像这种情况，可以说是完全适应了吗？到目前，还没有看到满意的答案。（《跨文化交际学》，陈国明著，华东师范大学出版社，2009 年第二版，第 165~166 页）

也许，历来以周游世界的历险精神著称的欧美白人较易树立人类的观念，而祖国的观念并不像中国人那样根深蒂固吧。但是，即便是多年漂泊异乡的外国人，谁又能在心中不珍藏着对祖国的赤子之心和依恋之情呢？记得有一位讲英语的西方人在中国待了一段时间之后，曾风趣地但却是深情地说：他有两个祖国，一个是 motherland，一个是 fatherland。

笔者翻阅旧日的文字，1990 年回国后看到的北京机场，其情景至今仍然历历在目：

> 北京机场笼罩在濛濛细雨中，那淡青色的长形建筑越发显得庄严雄伟。广场上有新修的绿色长城模型，上方悬着一轮红日——那是亚运会的标志。四周翠竹青青，鲜花红红，与楼顶上招展的彩旗交相辉映，烘托出节日般的热烈气氛。北京人民正在以新的姿态迎接即将召开的第十一届亚运会。(《彼岸集：旅美散记》，朱墨，西安地图出版社，2000 年，第 194 页）

在国外访学两年的刘宗仁先生，当他终于回到北京机场时，妻子注意到的只是他的体重增加了。而刘先生的感觉却是："在美国学到的开朗行为和进攻性作风一下子荡然无存了。"

当然，时隔两年，刘先生可能也会面临重新适应中国文化的短暂过程，而他却并没有谈起这一新的问题。他只是告诉人们，夫妻俩重逢的第一天晚上，长夜难眠，可谈论的尽是国内和国外他们一家三口吃些什么。

朋友，假如你已经有了在国外逗留过一段时间的经验，那么，你的感受也许比上面写到的还更丰富、更深切。假如您还没有类似的经历，那也无妨，先体验一下书中所写的人们的感受，或许对于你今后的生活不无益处。

祝你成功，朋友！

附录：跨文化传通学的现象学
模式释义

　　一门学科，一定要找一个哲学基础吗？

　　回答是肯定的。为什么？因为一门学科，只有当它找到了一种哲学理论，并把该学科建立在这样一种哲学的基础上，才可以说它具有了学科思考的深度和扎实的理论基础。

　　人们可能又会问：何为现象学？为何跨文化传通学要以现象学哲学为基础？这样做又有什么特别重要的意义呢？

　　我认为，现象学是能代表 20 世纪西方哲学发展的高峰和特点的哲学，不仅如此，现象学还是跨文化传通学得以建立的哲学基础。当然，一门学科的理论基础不止一种，例如，跨文化传通作为一门科学，当然也离不开文化学和传通学（交际学），而且二者的结合也很重要。但是，话又说回来，文化学和传播学只是直接作用于这个交叉性学科的专业学科，而不是更为根本的哲学基础。也就是说，专业知识是一回事，而哲学基础是另一回事。当然，现象学不仅可以作为跨文化传通学的哲学基础，而且可以作为其他一些学科的哲学基础——关键是看一门学科如何看待自己的哲学基础，以及如何去寻找和论证这一哲学基础了。

　　简而言之，现象学是胡塞尔于 20 世纪创立的一个哲学流派。胡塞尔在《欧洲科学的危机和超越论的现象学》一书中表达了他的这一观点，其基本要点是企图把哲学建立在科学的基础上；或者说，让哲学成为一门科学。为此，胡塞尔沿着现代西方哲学的认识论思路，追溯人的认识的逻辑起点，提出以意向性作为认识的内在根据，打通笛卡儿以来的主客观对立。他还进一步认为想象背后没有事物的本质，人类可以直观真理。这样，现象学在 20 世纪兴起，引起了文学艺术界和哲学及社会科学界的关注，成为一门先进之学，也成为其他许多学科的哲学基础。

　　建立一门"严格科学的哲学"是胡塞尔终其一生的哲学理想，也是在《危机》中胡塞尔一再表达的哲学观的或一般科学的科学观。胡塞尔说，"通过严格的哲学科学来发现一条通向上帝和真正生活的道路"。这一哲学观或科学观既是对理论的要求也是对生活的要求，它指望生活世界的一致且完备的确定性：满足以确定性的理论的最高需求，为任何一门科学奠定基础，并且在社会行为的实践方面使得一种受纯粹理性规范支配的生活成为可能，特别是关于人存在意义的确定性成为可能。(《"生活世界"复杂性及其认知动力模式》，李恒威著，中国社会科学出版社，2007 年，第 57～58 页)

　　上述观点可以参见《哲学作为严格的科学》(胡塞尔著，倪梁康译，商务印书馆，1999 年，第 1 页)。不过，从上引文字可以知道，在胡塞尔本人的哲学追求中，也有以之作为其他科学基础的意图。作为社会科学之一种的交际学，当然也是可以以之作为哲学基础了。不过，笔者对于这一哲学基础的认识，并不是出于胡塞尔如是说，而是出于自己对交际学的哲学基础的一种特殊的追求，而且这一哲学基础也不是唯一的现象学的。

　　那么，何为传通学，或交际学？严格说来，交际学属于人类的行为科学，而人类的行为可以分为生产行为和交际行为，马克思认为是生产活动与交际活动。交际行为研究的是人类相互之间打交道的学问。但是，如同生产行为一样，这些可以观察的人类交际行为的背后，有更深刻的心理动机和反应机制，也有一定的文化模式在起作用。它具有人类群体行为和个体性相结合的特点，也有一定的动机和语境的作用。因此，需要一门新的哲学作为认识基础来深入地研究这门学科。在这种情况下，我选择了现象学作为跨文化传通的认识论基础，同时杂以形象学、解释学、存在论、文化学、交往理论等众多学科的知识，进行专门研究，建立理论系统，取得了一系列研究结果，并且创造了一个模式，以便更加系统而直观地说明自己的理论观点。

那么，在现有众多的新兴学科中，为什么要专门关注跨文化传通学，或者一般地关注人类交际行为的哲学研究呢？或者说，这样一个专门的研究又有什么样的哲学意义呢？之所以这样提出问题，归根结底，是因为不同的学科对于人类知识的特殊建树只是一方面，而另一方面，更重要的是由于学科研究的侧重，会导向人类认识论价值观的专业转移，甚至一般哲学观点的整体转移。在这个意义上，交往理论对于后现代伦理思想的形成，起着非常重要的作用。以下的论述，将进一步回答笔者在这里提出的这一转向问题。因为它涉及西方哲学发生根本改变的内在要求，和交往理论导致的四个方面的转变：

　　　　站在世界之交的门槛上，如果充分考虑到"最高立法者"的隐遁，考虑到"阿基米德点"的纷纷塌陷及后现代文化的"不确定内在性"，一种以沟通为目标、以同情（或理解）为基础的交往理论，又能在态度上作出一些什么样的承诺呢？我想，目前至少能作出四个方面的概括：A．在知识论上，从狂妄转向谦卑，为"神秘性"、"不可知领域"或"信仰的再生"留下余地；B．在主体论上，从自由转向责任，使交往者现在的价值定位成为可能；

C．在存在论上，从自在转向共在，促进交往世界形成非中心化
的集合图景；D．在语言论上，从哲学转向诗学，以便在日益分
离的事实与价值之间重新植入神话的要素。(《交往者自白》，王鸿
生著，东方出版社，1995 年，第 239～240 页）

通过以上的论述，我们有理由相信，跨文化传通学是人类目前最
具代表性和先进性的复杂学科之一，如同翻译学科一样，它反映人类
思维和交流的最复杂的状态。我们甚至可以提出这样一个谱系，来说
明人类知识性质与其活动形态的分阶段的对应关系：

1）孤独的沉思者，传统哲学的玄思形态，无所不知的学者类型，
智慧或学问；

2）思考的行动者，近代科学思维的形态，具有专业知识的科学
家，分科的知识；

3）交叉的批判者，现代交往理论的形态，跨文化交往理论的批
评者，文化学者。

作为上述第三阶段或类型的思考成果，笔者旨在结合跨文化交际
学的建立，探索其哲学基础和基本原理，反映现代和后现代交往社会
的价值观和人文精神与世界观。兹将与此有关的个人的研究分为三个
阶段或方面来讲。

1. 形象感知与形象学

跨文化传通的首要的和基础的初始层面，首先是交际者双方进入
交际过程及其交际关系分别产生的两组形象的对峙和接通机制，由此
构成人类交际行为的直接感知的表象层面。它的起始是交际者甲乙双
方相对而视和初步交往的过程。表面看来是交际者甲乙进行面对面的
"实体"交际，其实不然，人和人交往，即使在身体接触意义上的交际，

也不能完全视为"实体"交际。心理的因素是首要的，而身体，只是在场而已，甚至可以说，身体的在场常常是潜在的。它倾向于不在场，而将精神或心灵推到了意识的前沿，成为感知和想象的主体。或者也可以说，交际活动是一个身体和心灵的同时在场，而又不是身心二元论的分别在场。那么，它究竟是一种什么样的在场呢？

在梅洛-庞蒂思想中，主体本质是身体-主体（body-subject）的存在方式，也是一种具身心智（embodied mind）的存在方式。梅洛-庞蒂把人看作一种两义纠结或暧昧（ambiguity）的存在，这是一个既反对经验论也反对唯理论的身心观。也就是说，既不是身体附加在心智或心智附加上身体的存在，而是两者扭结的统一。（《"生活世界"复杂性及其认知动力模式》，李恒威著，中国社会科学出版社，2007年，第78页）

这里有一个重要的思想，乃是打破了笛卡儿以来的西方哲学的身心二元论，而将身体和心灵视为一体，否则，若无身体，则感官不可能存在并发挥作用，但若没有心灵，则身体便失却了主导和统帅。但在交际的意义上，我们仍然把人际交往看作精神的交往过程，虽然这里也不是柏拉图的"精神恋爱"，即没有肉体接触的纯粹的精神向往和人格欣赏。归根结底，我们倾向于认为，人际交往是一种有精神指向的现实活动，关涉双方参与者的整体形象。之所以要身体到场，那是因为这里指的是直接交际，而必须有精神的参与，则是实际的交往活动了，也即 communication 的三个意义并存的交际活动了（其一，传达情感和思想，其二，沟通关系和心灵，其三，传播经验和影响）。

交际自视觉觉察始。甲在把目光投向乙的同时，其意向性（intentionality）便已经指向对方。此时，乙的形象（image）B_3 便作为表象映射到甲的头脑中。这一形象本身与乙的真实形象 B_1 并不完全吻合，因为它归根结底是甲的意识的产物。与此同时，乙在头脑中也产生了甲的形象 A_3，正是由于甲通过类推作用得知乙的头脑里发生了与自己类似的意识构造活动，并经过一定的努力想象自己在对方头脑里的形象，才将这一形象 A_3 反射回来形成带有自我评价形式的形象 A_2，A_2 也可以由 A_1 直接产生，但一般至少需要与 A_3 相互参较才比较清晰深入，并使甲感觉到 A_2、A_3 与 A_1 的差距，以及进一步与 B_1、B_3 相比较所产生的对照和对立关系。（图中只示出 A_1 角度所得到的形象形成的运动路线，虚线箭头表示运行方向，号码表示意向性往返的先后顺序，由此可以推出 B_1 方面的类似过程。）

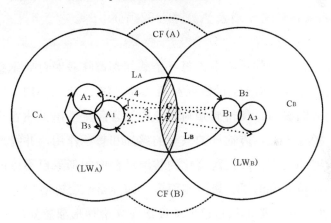

A_1 交际者甲	B_1 交际者乙
A_2 甲的自我形象	B_2 乙的自我形象
A_3 乙意识中甲的形象	B_3 甲意识中乙的形象
L_A 交际语言甲	L_B 交际语言乙
C_A 文化甲	C_B 文化乙
（LW_A）生活世界甲	（LW_B）生活世界乙
CF（A）交际场甲	CF（B）交际场乙

CP 共感场

图 16　跨文化现象学模式示意图

诚然，这些形象构成复杂的跨文化交际关系网，但形象不仅仅是个人的形象。在一个较高级的层面上，个体的形象可能会累积起来或者叠加起来，构成一个民族的群体形象，而这些形象的背后，有着更加复杂的文化价值观的投射，拖着人类特定社会生活的影子。以往的经验可能会汇集起来，进入当下的形象感知和构成过程。

　　　　一切形象都源于对自我与他者、本土与异域关系的自觉意识之中……事实上，形象是对一种文化现实的描述，通过这一描述，塑造（或赞同、宣扬）该形象的个人或群体揭示出并表明了自身所处的文化、社会、意识形态空间。（《形象学理论研究：从文学史到诗学》，[法]达尼埃尔-亨利·巴柔著，蒯轶萍译，见：孟华主编，《比较文学形象学》，第202页）

　　在跨文化传通的过程中，"每一个感知都意味着对对象本身的或直接的把握"（胡塞尔《逻辑研究》第二卷，第二册，A617/B145），而且由于想象的参与，使得感知与想象相结合而产生出上述各个形象。事实上，经过甲乙双方这样的双重的感知和想象作用，并经过意象的双向的投射和反馈途径，跨文化的传通过程中的形象已不可能是单一的，而只能是复合的了。进一步而言，即便是从交际者一方来看（事实上，这里的双方都是从自己的角度出发来进行形象感知的），上述各组形象及其意义之间的差距都是不言而喻地并存着的。即便不强调后现代视域中的差异大于同一性的哲学观点，现实生活中的差距或差异也是普遍存在的。差异是跨文化交际的基本事实，而正视差异是一种基本的态度，因为其中隐喻着不同程度的重要涵义。

　　　　正视差异有三层意思：其一，将差异本身看作交往关系不断再生的源泉；其二，对不可克服的差异给予足够的尊重；其三，交往主体并不囿于差异而静态地保持自身。（《交往者自白》，王鸿生著，东方出版社，1995年，第34~35页）

从跨文化交际过程中可以发现，这里实际上存在着三个方面的差距。首先是交际者本人因素所产生的差距（个人差距，基本的是纯粹个人意义上的差距，例如身体、性别、年龄、职业、角色、教育以及气质等），其次是交际过程中双方行为所造成的差距（交际差距，即个人或集团在特定环境下的代表的身份、个人交际行为和语言才能及其与对方的差距等），最后是双方各自的文化异质背景所造成的差距（背景差距，当然可以包含上述各个层面的差距中的背景部分，例如国家的强弱、贫富，个人代表国家或集团的形象和使命）。这些不同层面和类别的形象差距及其心理效应一般具有从变动趋于稳定的性质。要而言之，个人差距的感受性比交际差距的评论性要多一些变动的性质，而文化差距的评价性则较前两者更加具有趋于稳定的性质。这是由于文化认识的稳定性（刻板印象等）和个人印象的变动性使然，而交际情景和过程则是居间的事实，其评论性（有一定程度的模式和可变性）具有二者之间的性质。

纯粹个人意义上的感知评价虽然可以不属于跨文化传通的研究领域，但作为一般传通领域的研究，个人感知显然也具有最基本的意义。尤其跨文化传通过程中，异文化个体之间的吸引和拒斥的强度都要大些，因此造成误解和理解的程度也要大些。交际差距也像一般人际传通中那样呈剪刀差形态逐渐展开，并通过当下的学习和让步而可能趋于合拢。伴随着个人形象和集体形象的形成（从文学到文化学上的形象学的意义），偏见和刻板印象也在形成并且随时在起作用，所以，跨文化交际中的双方又通过自我表露和掩饰的双重机制，渗入更多的文化攻击和文化防卫的性质。而文化差距的产生，在跨文化交际中则有异乎寻常的特殊作用，它不仅表现为交际者的认同依据，通过交际行为所反映的文化意义，以及文化作为交际过程本身的习得对象，此外，也许最重要的是：文化乃是作为感知过程的先在结构，甚至作为感知和评价的工具而介入交际过程中的。换言之，文化是一幅眼镜，（恰如

图 16 所象征的那样）。它有屈光、遮掩与透视的多重作用。正是这一层文化涵义，使得跨文化的传通学中的形象感知、交际评价和文化评价本身，对于交际者双方而言，都具有先在的前感知和前理解结构，决定了或调节着双方的交际行为和心理过程。在这个意义上，面部表情便成为人文的文化符号，以至于对它的认识也具有更深一步的抽象的符号学意义：

> 面容成为符号之后，它的关系范围立即超出了个人躯体——面容很快被组织于种种更大符号体系之中，面容的意义必须接受这种符号体系的规范。如同识读一个语句必须谙熟相应的语法一样，释读面容必须谙熟相应的代码。
>
> 这里的面容不是单纯地向外部社会展示个人，它同时驱使个人卷入外部社会的编码。换句话说，个人凭借面容镶嵌于文化网络之中，从而使肌肉、内脏和骨骼组成的躯体为社会文化所确认。（南帆，《面容意识形态》，转引自：《广义修辞学》，谭学纯、朱玲著，安徽教育出版社，2008 年，第 406~407 页）

值得一提的是，跨文化交际中，直接的人体符号学的认知因素只是其中的一种因素。此外，将人的身体和心灵视为一体，而较多偏重于心灵的思想，在交往活动中思想和感情同时介入而又交互作用的思想，以及人际之间的交往始终和周围环境和谐一致的思想——这一切的综合考虑，便构成当前所谓的"身心学"（somatics）这样一种新颖的概念。在这一过程中，"个体身心学"（idiosomatics）的概念，即将交际者个体视为自主的创造者的思想，以及"意识形态身心学"（ideosomatics）的概念，即强调特定交往共同体中社会文化和意识形态对于个体的模塑与规范作用的思想，都是值得专门研究的。

单就外在的情境因素而言，能够影响交际者行为和心理的文化因素究竟有哪些呢？

笔者以为，虽然一般文化交流意义上的流动方向和趋于平衡的结局，以及对于异族文化的认识评价乃至接纳甚至拒斥的态度，都是不可忽视的因素，但是在交流的层面上，真正影响持久而重大的乃是两种文化卷入其中的力量对比，以及这种对比所产生的心理影响。在理论上，就势必涉及强势文化与弱势文化的概念，尤其在考察交际双方势力和策略的时候，这至少是一个关键因素。不过，这一对概念需要澄清。针对当下许多人不加区分地称西方文化为"强势文化"，中国文化为"弱势文化"的情况，笔者提出，强势与弱势只能是交际过程中考察双方势力时的相对概念。但若要追根寻底，所谓"强势文化"，必须具备下列三个条件之二，或者全部：

1. 历史渊源（heritage）：历史渊源必须源远流长，有悠久的历史和丰厚的文化资源，保证了一种文化的气脉生动有力和影响持久深远，例如印度文明、希罗-西欧文明和中华文明，都是具有悠久历史和丰厚传统的文明。

2. 综合实力（power）：在当下的交际和交流过程中显示出强盛的综合国力和持久的影响力，例如西欧和北美发达国家所产生的近代文明影响，使其在世界事务中始终处于主动地位和积极态势，以及在对外文化交流中所具有的重大影响。

3. 心理认同（identity）：处于交往状态的主体在文化心理上要有明确的认同感和较强的凝聚力，对于自己民族的文化价值观和信念系统抱有信心，同时也要能够尊重他人的文化价值观和生存方式、思维方式与交际方式等。

（《文学翻译批评论稿》，王宏印著，上海外语教育出版社，
2006年，第179～180页）

2. 背景透察与生活世界

作为跨文化传通的较深入的标志和次级层面，背景透察是与交互主体性的确立及其对于生活世界与文化背景的本质观察密切相关并相互影响的。在图 16 中，围绕交际者双方的感知域的圆，既表示各自代表的文化，又代表生活世界，构成一个带上场来为另一方间接推知的世界知识。它与语言和非语言交际的过程一道展开并逐渐深入到双方的意识领域的核心部分。海尔德说：

> 人们原本可以说是忘却自身地在一个共同的自身中生活，他们从这种共同性中脱身出来之后才作为他人或者甚至作为他物而相互相遇。（海尔德《引论》，载于《生活世界和现象学——胡塞尔文选Ⅱ》，第 33 页和第 35 页）

在跨文化的传通中，这一脱身过程就是脱开原来所属的文化甚至生活世界（在图 16 中二者是不加区分地用一组形象周围的圆来表示的），从而进入一个并不属于自己文化和生活世界的交际场，得以同另一个同样脱身而出的交际者相遇并开始交际的。即便并存在对方所属的另一文化和生活世界里，也必须部分地、程度有别地脱离开自己的生活世界和文化，这是跨文化交际的前提。故所谓脱身即指进入跨文化交际的视域的交际者双方都在某种程度上或在某种意义上带有一点儿"中性"的性质，它是通过自己的自身显现为在场的。对对方文化与世界的透察与之在方向上倒逆，而在过程的性质上并无特别的差别。因为在现象学的视域中，文化和生活世界都无法具有物理世界意义上的实体性质，它们乃是意识活动的构建物，并作为谈话的资料和背景而显现的——除非在一个极端的语境化的意义上，才可以说人们原始地生活在那个真实的（authentic）生活世界里。

　　需要指出的是，虽然在图 16 中没有明确示出文化与生活世界的区分领域，但并不意味着二者在概念上无法区分。除了需要指出的文化的三种涵义即认同依据、行为意义和认识对象以及作为感知工具的"眼镜"的比喻之外，文化还可以表示跨文化传通的情境性。也即是说，虽然现象学意义上的文化成为观念的存在，但在传通学意义上，文化又可以成为交际情境。即是说，跨文化传通毕竟要在某一文化的情境中进行，由此形成某一文化的相对有利和不利的情况。在本族文化情境下的跨文化传通对于其交际者而言乃是"主文化"（host culture），相反则是"客文化"（guest culture）。一般说来，作为主文化的一方的交际者在跨文化传通中处于有利地位，即"客随主便"，但在主文化较弱而客文化较强的特殊情况下，则会形成相反的情况，即"反客为主"。

　　构成主客文化区别的要素之一是交际过程中正在使用的语言（参见图 16 中沟通交际者形象的两条带箭头的弧线，L_A，L_B）。虽然语言本源地被嵌入文化背景和认识的机制之中，但在这里需要将语言从文化中分离出来，让它单独承当交际工具的作用（体态语言作为辅助的工具就不必专门提起了，虽然它在跨文化传通学中是一个十分重要而又极易引起误解的领域）。本来，这一交际工具的作用或功能是不言而喻的，但在跨文化传通的实际语境中，使用哪一种语言却具有构建言说者身份和强化其文化背景的双重作用。但这种论述是以假设交际者双方都会使用自己和对方的语言为前提的，同时也默认一种文化只能用自己的语言来讲才是最称职的（语言相对论者的一种观点），与此同时，也省去了翻译的麻烦。倘若荡开一点来说，没有跨文化交际的经验，几乎不可能经历下面第二种状态下的语言问题（诗人或其他语言革新家可能是例外），至少在跨文化交际的语境下会不可避免地出现第二种状态：

　　从根本上看，人只能两次遭遇语言：第一次，他被抛入语言，在一种既成的、先他而在的语言中模仿或重复；第二次，他是跃入语言，为呈现或破译语言深处的梦想而进行冒险。对于多数人来讲，是只有第一次而没有第二次的，这并不是因为他们不够勇敢，反倒是因为他们从未在失语的痛苦中战栗过。（《交往者自白》，王鸿生著，东方出版社，1995 年，第 139 页）

　　需要指出的是，以上关于主文化与客文化的区分与跨文化研究中的主位方法（etic approach）与客位方法（emic approach）的区分不具有相应的关系，而且涵义也完全不同。主位方法指的是从某一文化的内部去看，而客位方法指的是从某一文化的外部去看它。当然，在跨文化的研究中，这两种方法可以转化和结合，关键取决于研究者的态度和观点（详情请参看《跨文化心理学导论》，王宏印编著，陕西师范大学出版社，1993 年，第 64 页和 65 页）。这里实际上已经涉及跨文化传通中的视域融合问题了。

　　生活世界的概念在胡塞尔现象学和哈贝马斯的交往理论中具有明显的不同。在胡塞尔那里，"生活世界应当是作为主体的自我构造出来的视域的总和，即世界视域。这里的主体在开始时是一个单独的主体，而后进一步展开成为交互主体。生活世界的形成过程是一个由主体到客体和交互主体以至整个自然和社会的生活世界的构造过程"（《现象学及其效应》，倪梁康著，三联书店，1994 年，第 354～355 页），而在哈贝马斯那里，生活世界是"作为交往行为的互补概念"而引入的，并同交往意义上的交互主体性问题发生了更密切的关系。作为"非课题性的，被设定为前提的"生活世界的知识具有三种特性："直接性"，即以"无中介的确然性的方式"成为背景；"总体化"，即"个体的生活历史和交互主体的共有的生活形式都一同交织在生活世界的结构之中，并且一同参与着这个生活世界的总体化"（《后形而上学思维》，哈贝马斯，第 24 页，参见：《现象学及其效应》，倪梁康著，三联书店，1994 年，第 350～352 页）；以及"整体性"，即生活世界原本是一个不可分割的整体，唯有作为课题时才不再是背景而成为对象。

　　显然，在把生活世界纳入跨文化传通的领域之后，生活世界就不是一个而是两个或多个了（明显区别于一般的交往活动）。一个比较好理解的理由就是，交际双方生活在不同的文化氛围里，因而不可能共享同一个生活世界。这样，哲学上的生活世界的整体性就给打破了，也即人类文化作为一个统一连续体的概念也在根本上被打破了。从理论上说，不打破这些概念，就无法进入跨文化交际的学科领域，因为这个学科是以不同文化的存在和文化差异的绝对性为前提而设定的。其次，生活世界的概念本身也发生了变化，在交往过程中逐渐获得了双重建构和双重意蕴的品质。要之，在己方是以有目的的自我表露的暗示来建构自己的生活世界的，往往以回忆和思考指向对自己有利的观念图景的形成。但在对方却是以认识和评价己方的行为背景和交际动机为主要目标的，故而在把这些主观线索联系成一个整体之后，便可构拟出一个似真实的，至少也是可理解的、部分的可解释的生活世界了。最后，一个不得不提出的问题也就必须提出了，那就是，跨文化传通中的生活世界的概念，既和文化概念有区别，又要区别于任一交际者主体所陈述的自己的生活故事。简而言之，生活世界具有广狭两义。广义的生活世界就等同于讲述者所在的文化，而狭义的生活世界则比文化要小，专指交际者存在的直接的生活圈子和发生作用的生活环境。进一步而言，生活世界的核心应当是交际者所讲述的个人的生活故事，但其叙述的真伪和流露的多少则有相当的区别。这样，交际者本人的形象就通过流露一部分（永远不可能是全部，也不可能完全是无意识的流露）自己的生活环境和生活经历而建构起来了，而且是在倾听者一方的头脑里经过感知和想象建构起来的。

　　因此，我们谈论的世界不是一个没有人而依然如此的世界，也就是说我们不能没有任何一个"观点"而依然能够描述世界，相反，我们谈论的世界是一个融合了人的活动方式的自然，一个在认识关系的活动中成为的世界，而不是一个与人的活动方式无关的世界的自在显示。……生活世界中，人的活动和自然的物质活动是扭结在一起的，它们一起构成视域，也从这个视域中显现出来。与自然的物质活动一样，人参与了人在其中的世界的形成和塑造，世界始终是未完成的。因此，我们的世界——即在认识的实践活动中被理解的世界——是一个相关性的世界，一个"间—世界"，一个在显现活动所勾织的视域中表现的世界，它在事物和事物之间，在事物和人之间发生和形成。这才是世界真实的存在论方式，而纯粹客观的时间或主观的世界不过是这种方式的一个观念上的设定，是一个为了追求确定性的、片面的阿基米德之梦。（《"生活世界"复杂性及其认知动力模式》，李恒威著，中国社会科学出版社，2007年，第75～76页）

　　尽管如此，人作为交际主体仍然具有独立的至关重要的作用，虽然现象学的观念中主客体已经无从分离。而我们可以说的是，交际主体的形成与交际客体的形成在跨文化传通的过程中几乎是同时开始相互促进的，二者又可归并为一个更具包容性的概念——"交互主体性"（intersubjectivity）——形成的问题。跨文化传通中的交互主体性本质上是一种关系。它产生于特定的交际场中交际者双方的感知互动的过程中，并与交际者形象的感知评价具有密切的关系。首先是意识到自己作为交际主体（I）的地位，将意识投向对方的时候，便将对方潜在地作为客体加以对象化（you），这后一过程是同语言的指向呈同一方向的；而在反思自我的时候，才意识到自己同时也是意识的客体（me），如同一开始就意识到自己是交际主体一样，但这里未必需要语言的指引。作为客体的 me 还有另一层意思，那就是作为对方语言指向的对象而成为对方指谓中的 you。而在这一往一来的语言交流的过程中，交际主客体并非单纯地而是异常复杂地同时在一个人身上建构成形，并且将对方也纳入和己方一样的地位（或者是相反的说法"设身处地"），意识到对方也是主体并且潜在地具有和自己相同的主客体结构。如果说，迄今为止的人际关系无非是各自独立的西方式和人我不分的东方式，那么，在这里则可以提出第三种关系模式。

　　第三种关系形式则是以拒绝个体性的占有为标志的。它一方面承认主体间存在着的差异和界限，另一方面也尊重内在于主体自身的认同需要和交融渴望；它既不放弃克服差异、跨越界限的努力，又不把希望全部寄托在任何一个具体的个体身上。它在交往中引入了一个积合性概念——我们（我×你……），从而突破了个体自我的局限性，把每一个交往者都纳入了一种宽松而开放的格局之中。（《交往者自白》，王鸿生著，东方出版社，1995 年，第 347 页）

在这样一个开放性格局中，交际者双方自然有较好的地位和认识，其互动关系也会有相当的发展前景。然而，只有当交际者始终从己方出发但又能深入对方的主体客体结构，并且意识到双方都有平等的交往资格和权利的时候，交互主体的问题才可以说有了初步的概念基础。可见，交互主体性在这里显然有别于胡塞尔现象学的界定，即回答个体如何实现与他人对世界的认识达到共同的普遍性知识的问题，却类似于哈贝马斯交往理论的说法，即认为交互主体性作为社会哲学概念，其中心课题是主体与主体的联系和交往。不过，由于跨文化交际的极端复杂性，这些概念和联系是不同的，关键的区别在于，它是在跨文化传通的基础上实现其建构意识、交流思想、融合视域的三重功能的。

3. 视域融合与共感场

说起"视域",我们必须引出伽达默尔的"视域"概念。不难理解,"视域"是一个比喻性概念,是把人的认识空间化和视觉化的一种说法。

> 视域就是看视的区域,这个区域囊括和包容了从某个立足之点出发所能看到的一切。……一个根本没有视域的人,就是一个不能充分登高望远的人,从而也就是过高估计近在咫尺的东西的人。反之,"具有视域",就意味着,不局限于近在眼前的东西,而能够超出这种东西向外去观看。(《真理与方法》,伽达默尔,上海译文出版社,2002 年,第 388 页)

不错,不过由此看来,似乎伽达默尔的视域是外视域,其实,从心理学角度而言,还必须具有内视域。大体说来,外视域偏重于空间性认识,即对于外部世界的认识,而内视域侧重于时间性认识,即侧重于内省的自我的认识。梅洛-庞蒂说明了第二种视域:

> 为了看清对象,必须悬置周围的东西,必须把人们在图形中看到的东西退到背景中,因为注视对象就是专心于对象,因为物体形成了一个系统,在这个系统中,如果不把其他物体隐藏起来,一个物体就不能作为对象显现出来。更确切地说,除非周围物体形成视域,否则,一个物体的内部视域不可能成为一个对象,因此,视觉是一个具有两面性的活动。(《知觉的首要地位及其哲学结论》,梅洛-庞蒂,三联书店,2002 年,第 100~101 页)

从图 16 可以看出，由交际者双方的语言交流所形成的交际场及其中央沟通部分所形成的心理共感场，代表交际效果的理解和解释的现象学表述——视域融合。具体说来，这个视域融合包含了交际者任何一方从本文化出发向外"发出"的视域的全部，反之亦然。当然，与此同时，也包含了各自对自己形象的反省和内视，而两者之间就会形成各自的交互和重叠的部分，也就是所谓的共感场。这三个部分的结合就构成跨文化传通学的总体理论图景，因此这一节视域融合与共感场的论述也就标志着跨文化传通的现象学模式在理论上的完成。

视域融合既可以作为跨文化传通的较高阶段，也可以表示跨文化传通的实际效果。"视域融合"虽然是一个借自伽达默尔解释学的术语，但与其原意却有着涵义上的重大区别。在伽达默尔的术语中，视域融合指的是解释者本人在当下是寓于作为传统的本文的历史视域在解释过程中的融合，而在跨文化传通过程中的视域融合却是指交际者双方在同一个共感场基础上所达到某种共识，它是言行上配合默契的基础。另一方面，我们也可以把视域融合这一新的理解和解释奠基在胡塞尔现象学的视域概念基础之上。在胡塞尔那里，视域指一个人的目光（或意向）所及的领域，它可以随着个人在时空中视点的变换和移置而发生变化，使个人可本质地直观到真实存在或假定存在的事物。我们也可以结合跨文化传通的实际情况，将视域分为不同于胡塞尔意义上的内视域和外视域两种。我们认为，外视域是交际者一方将目光投向对方时所产生的整个视域，其中包括形象感知、文化认同及生活世界的重构，实际上是这三者的结合状，并且是一个推己及人的过程。内视域则是交际者周期性地把目光或意向回置、收敛到自己一方，它以外视域的产生为前提，使自己得到某种当前化、陌生化的重新认识，即反求诸己。所谓视域融合首先便指内外视域的融合，也就是在一个交际者自身的收放自如的视域融合。

然而，跨文化传通中的视域融合并非只具有空间性，它同时也带有时间性。正是这一时间性使得视域融合在一个较高层面上化为一种体验。"每一个体验自身都是一条生成的河流。"(《纯粹现象学和现象学哲学的观念》(第一卷),胡塞尔,第 149 页)其中既有对过去的保留,也有对未来的"前展",二者在体验的合流中既使得新质与旧质归于当前化的生命体验,其经验本身又转化为推动此流的中介而充当动力。而"理解始终是这些被误认为是自为存在的视域的融合过程"(《解释学》(第一卷),伽达默尔,第 250 页)。这一理解过程,即融合过程,又始终存在着陌生化与熟悉性、意指性与所属性之间的张力,正是这种张力产生了时空交融的意义运作过程中的"分延",或"延宕",或"播散"(德里达语)。播散置身于开放的"分延"链条中,它并不意指什么,它产生出不确定的语义效果,既不追溯原始的在场,也不神往将来的在场,总之,播散标志着生衍的多样性、意义的不确定性、不可逆转性和无限繁殖的能力。这样,现代传输过程中的意义问题就昭然若揭了:

> 一方面,一个意指系统中,意义无一不是从它同无数可供选择的意义差异中产生;一方面,由于意义不可能是拥有自明形状的绝对呈现,其确定指向便向四面八方扩展开去,一环环延宕下去,由一种解释替代另一种解释而永无达到本真世界的可能。(《论解构》(译序),陆洋,中国社会科学出版社,1998 年,第 13 页)

分延的克服始终是不完全的,如同理解本身不可能是百分之百原本的和准确的一样,因为跨文化传通的"效果史的理解"最终要受制于特定文化的传统惯性的作用,而解释即释义是对已理解事物的释义。海德格尔说,"释义建立在理解之中,而不理解通过释义而产生。"(《存在与时间》,海德格尔,第 148 页)可见,同样是作为过程,理解比释义具有更原初的生命存在的异质同化的本源意义。跨文化传通中的理解不仅实际上乃是一种双向的运作，它"筹划着它的朝向可能性的存在"，又将"这些可能性作为开启的可能性反冲到此在之中"（《存在与时间》，海德格尔，第 148 页）。

由此观之，跨文化传通中的视域融合不仅是交际者双方内视域与外视域的反复构成和融会贯通（感知），也不仅是两个原本各自独立的生活世界作为背景的透察和勾连以及二者之间不断变换为内外视域的繁复交融（透察），而且是两个交互主体在语言的中介作用中和双向的意识交流中，从各自所在的交际场出发不断缩小物理差距与心理差距，向着两个交际场之间相切相叠的焦点——共感场无限逼近的过程（融合）。在这一感知、透察和融合所构成的整个跨文化交往过程中，语言的作用是始终一贯的、构成性的、勾连性的，并且与理解和解释过程始终同一。因为"在理解中发生的视域融合乃是语言的真正成就"（《解释学》（第一卷），伽达默尔，第 383 页）。

由此回到我们关于语言与对话的可能性的理解和解释上：

何谓对话？在我看来，对话即思想，即精神交流本身。它可能在一个人内部进行，也可能在几个主体之间形成，哪里有不同的声音，有话语的分裂、碰撞和交切，哪里就有对话，就有无法被目击的思想在运动。

由此可以相信，对话的存在依据是差异，任何一种对话都必须起自"他者"的出现。当然，这个"他者"，不仅指他人，亦指异己化了的自我，即一个因同时拥有几套话语而自行分离的主体。差异本也存在于自身。

从建立对话的可能性来看，我们每一个人都必须既是自己又是一个"他者"，这样，对话过程只能双向地展开，"我"不得不一面与他人交谈，一面又与自己交谈。……

……因此，就对话的合对话性而言，对话的参与者即每一个

话语主体的立场，便具有一定的假设性、可移位性，只有这样，
我们才可能获得表达的自由，才不是在翻译一种既定的（哪怕是
自己的）想法，而是在吸收与流动中去修改、深化和完善各自的
想法。……

　　……是的，在并非隐喻的意义上，我们的确在对话中听见了
思想，听见了精神史的某个片断；我们的确可以说，整个生活就
是一场巨型会话；因此，巴赫金关于对话的不对称性、不协调性、
不可完成性的论述，也正提示着生活和历史潜在的向无限开放的
可能性。

　　　　　　　　（《交往者自白》，王鸿生著，东方出版社，1995 年，
　　　　　　　　　　　　　　　　　　　　　　　　第 153～154 页）

　　但是对话，这一语言成就的要点并非在于语言的"不是蜜，但是
可以粘住一切"的俄罗斯谜底的揭示，也不完全在于语言构成意识、
勾连世界和沟通心灵的全知全能的神秘力量，而在于语言在跨文化交
往中的有所选择、有所偏向、有所倾斜的"非公平"性质，尤其是对
于用外语交际的跨文化传通者来说，就更是如此。但也正是这一点使
得本族语日积月累建立起来的生活世界中文化防卫的坚固围墙逐渐崩
塌，从而使得自我周围向外打开的接纳异族文化的开放视野得以形成。
这一开放视野的形成，无论是对于跨文化传通中的听者与说者，也无
论是对于跨文化传通中的理解与解释，都是一个奠基在视域融合基础
上的人类理解的基础所在。

　　最后，当我们把视野收回到两个视域之间的一个共同拥有的世
界——共感场的时候，我们发现这一神秘的领域乃是一个充满了诱惑
力的无限美好的领域，但是，因为它的复杂性和前瞻性，我们觉得仍
然有必要就此作一些解释。首先必须指出：这样一个共感场的存在，
相对于交际者各自所拥有的交际场（和主文化、客文化密切相关的具

体的交际场所），是一个比较虚拟的，至少能在心理感觉层面上存在的共同领域——无论交际者处于何种具体的交际场所。归根结底，它的存在，包含了人类的语言共性、人类共性和世界大同的崇高理想，而它的理解的基础，则需要人们之间真诚相待和同感理解。

（1）语言共性（luanguage universals）

虽然表面看来，人类语言是千差万别的，但在构成心理事实的层面上和建构外部世界的过程中，语言与心灵及世界的同构关系，却在发挥着异乎寻常的作用。如果由此可以证明语言共性的存在，那么，非语言（尤其是体态语言）的共性也可以间接地得到证明，基于人类机体的构造相似，人们居住的世界相似，以及人类感知与表达世界的原理相似，这样一些共同的东西。

当然，在理论上，跨文化交际过程并不能直接证明人类语言共性的存在（倒是更容易看出语言之间的差异），而是证明在人类的跨语言交际中，可以达成一种共识，就是通过不同的语言交往，可以认识到人类不同的思想和世界可以在不同的语言中得以体现，而人类不同的语言个体，也可以具有与之相同的认识水平。

> 具有语言和行为能力的主体用共同的生活世界作背景，就世界中的事物达成共识。相对于语言中介而言，他们既是自律的，又是依附的：他们能够把使他们的实践得以可能的语法规则系统据为己有。两个环节同源同宗。一方面主体一直都是出现在一个有语言建构和阐释的世界里，并且依赖着合乎语法的意义语境。就此而言，相对于言语主体，语言只是一种前提和客体；另一方面，由语言建构和阐释的生活世界的立足点在于语言共同体中的交往实践。在交往过程中，语言所建立起来的共识取决于交往参与者对待可以批判的有效性要求所持的肯定或否定立场。有了语言建立起来的共识，时空中才能形成广泛的互动。（《后形而上学

思想》，哈贝马斯，译林出版社，2001 年，第 41～42 页）

不难理解，上述表述并非和我们的思想完全相同，那就是，虽然人类生活在不同的语言世界里，但不同的语言世界却可以指向一个倾向于共同的人类世界，而所谓的语言共同体也即不是原来意义上的圈于本民族语言的语言共同体，而是人类跨语言的即语际之间的语言共同体了。

（2）人类共性（human nature）

人类的共性可以在一个共同的名称下得到证明吗？是的。首先，在与动物界相区分的意义上，人类的存在在伦理上高于其他一切生物。其次，在人类自身，无论是个人的、集体的抑或是国家的差别，以及性别的、阶级的抑或种族的差异，都不足以将人类的共同性抹杀。最后，在神明庄严的法相下，人类整体以自身的名义独立存在，相互依存，也就证明了人类共性或共同人性的存在。

不过，在跨文化交际中，人类的个体来自不同的文化背景和生活世界，但可以构成一个共同的交往的社会（即哈贝马斯所谓的"社会世界"），其中的人类交往，就言说方式和言说内容而言，体现一种共同的文化（跨文化的）规则，而就其交往动机和真诚性而言，则可以指向一个交互主体意义上的世界，即跨文化、跨语际的交往空间的形成，在其中：

　　一个成功的说话者必须使其发言的命题内容能够符合事实，而且必须使听者相信说话者的诚意；此外，说话者必须使听者知道其发言的命题内容是符合社会的规范系统的要求的。这样一来，说话者与听者才有可能形成互为主体的沟通关系。（《哈贝马斯》，李英明，东大图书股份有限公司，1986 年，第 115 页）

毋庸讳言，真正的人类共性，即本性上的共性，是一个认识上的假设。它必须通过世界的人类行为的接触和交流才能认识。在实际的交往过程中，人们可以抵达的是心灵的接近和理解，而不是一切差异的消失。经过了以心交心的努力，可以获得的是作为人的相互的理解和心理的及行为的解释，而不是截然的是非和善恶的划分。超越差异，达到共同点的认识，就是人类共性的无限接近和抵达，就是双方的交往的诚信、生活世界的真实，以及符合规范的交往的形成，而交往的规范，其实就是类似于国际的公约——那种人类不同的群体可以共同认可的东西，包括格式、条款和内容，一种相互尊重的态度和良好的合作目标的达成。这样的达成需要一种认同：

> 认同归于相互理解、共享知识、彼此信任、两相符合的主体际相互依存。认同以对可领悟性、真实性、真诚性、正确性这些相应的有效性要求的认可为基础。(《交往与社会进化》,哈贝马斯,重庆出版社，1989 年，第 3 页)

（3）世界大同（world community）

世界究竟是一个共同体还是一个四分五裂的存在，也许在历史、现实与未来的交汇点上可以找到思路。从远古人类分散在地球各地而不相知，到如今已经形成了一个地球村，到将来世界大同的实现——可以有各种名义，如摩尔的乌托邦、马克思的共产主义、儒家的"天下为公"以及佛教的极乐世界——不仅是经济的、政治的，而且是伦理的、交互的。而人类跨文化传通的最高理想便是让各国、各地、各族人们跨越语言和文化的边界，彼此交往，相互了解和理解，和谐相处，互通有无，达到一个和平共处的人类幸福的世界。而在此之中，从跨文化传通的角度来说，就是有待于一种国际规范的确立和一种共同语言的形成，一种既能包含每一个人在内又能兼顾每一个他者的交往的世界：

> 作为一种规范话语论证的参与者，每一个人都立足于自身，但同时又植根于一种普遍的关联之中。通过话语活动取得的共识既有赖于每一个个体不可替代的"是"或"否"，又取决于个体自我中心立场的克服。没有对可批评的有效性要求表明态度的绝对个人自由，实际达成的共识便不具有真正的普遍性；而没有人人为他人着想的态度，要达成一种普遍赞同的解决方法亦是不可能的。（《道德与美德》，哈贝马斯，转引自：《关于一个公正世界的"乌托邦"构想》，章国锋，山东人民出版社，2001 年，第 55 页）

这样一个理想的美好的世界，是一个人类在交际中双方趋同的产物，不仅在思想认识上，而且在交流的过程中。用神话的语言来说就是：西方古代有个寓言，说人类最早是四腿、四手、四目动物，但神明嫉妒它的能力，于是将其一分为二，于是，人类的男性一面和女性一面从此分开，各自在寻找自己的另一半。这个古老的希腊寓言，正好适合我们跨文化交际的意图：东方文明向西方文明靠拢，西方文明向东方文明靠拢，一个互助友爱的、和谐的国际社会就有可能产生在这样一种新型的关系中。

> 我们，一座由人来供筑由人来栖居的家园。在这个家园里，一切偶像崇拜，一切权力占有，一切专制、狂妄、粗暴、贪婪、自私、怠惰、猜忌、鄙俗和伪善，都没有立锥之地，都会遭到反抗、拒斥或感化。在我们中，每一个人既是君主又是扈从，既是呼告者又是聆听者，既是葱茏的树木又是无语的土地，既是熊熊燃烧的火又是那双烤火的手。如同星罗棋布的天宇，我们的世界有秩序、无中心，有界面、无限度，在它的浩瀚背景里，每一颗

星座都有自己的位置，都是互相环绕着运行，互相映射着闪耀的。一旦投入我们的怀抱，生命就会感到安全，感到坦达，感到活力的丰沛与充盈；一旦远离我们，拆解了我们，能量无法交换，消息无法传递，生命就会感到紊乱、寒热和枯寂；一旦我们抵临，人与物、人与人、人与神便格外亲密起来，响应起来；一旦抵临我们，人便能消除敌意，与世界和好如初，便能目不旁涉地穿越虚无，并心怀慈善地迎候万物。（《交往者自白》，王鸿生著，东方出版社，1995 年，第 348～349 页）

这是人类最后的家园。欢迎你，朋友，来加入我们的家园吧。

主要参考书目

1. Nancy Parrott Rinehart and Winston, Hickerson. *Linguistic Anthropology*, Holt, 1980, U. S. A.

2. John C. Condon and Fathi S. Yousef. *An Introduction to Intercultural Communication* (First Edition), The Bobbs-Merill Educational Publishing, 1981, U. S. A.

3. Stephen W. Littlejohn. *Theories of Human* Communication (Second Edition), Wadsworth Publishing Company, 1983, U.S. A.

4. Lynn Z. Bloom. *The Essay Connection* (6th edition), Houghton Mifflin Company, 2001, U.S. A.

5. 于根元等编，《语言漫话》，上海教育出版社，1981 年

6. 刘焕辉著，《言语交际学》，江西教育出版社，1986 年

7. 周振鹤、游汝杰著，《方言与中国文化》，上海人民出版社，1986 年

8. 沈宝良著，《教你能说会道——奇智人物的说话术》，陕西人民教育出版社，1986 年

9. [美] 戴尔·卡内基著，《人性的弱点》，晨东编译，福建人民出版社，1987 年

10. [美] 朱迪·C·皮尔逊著，《如何交际》，陈金武等译，湖南人民出版社，1987 年

11. [美] 萨姆瓦等著，《跨文化传通》，陈南、龚光明译，三联书

店，1988 年

12. [美] 戴斯蒙·莫里斯著，《观人术》，郭轩盈译，华夏出版社，1988 年

13. [日] 高桥敷等著，《丑陋的日本人》，张国良等译，广州文化出版社，1988 年

14. 陆醒、艾子编著，《论辩致胜术》，科学普及出版社广州分社，1988 年

15. 赵宁著，《赵宁留美记》，西安交通大学出版社，1988 年

16. 何自然编著，《语用学概论》，湖南教育出版社，1988 年

17. [美] 米切尔·F·多伊奇著，《怎样与日本人做生意》，王平译，春秋出版社，1989

18. 侯宪举、周俊安著，《实用中外礼仪》，西安交通大学出版社，1989 年

19. 赵长城、顾凡编著，《环境心理学》，甘肃人民出版社，1990 年

20. [日] 今道有信著，《东西方哲学美学比较》，李心峰、牛枝惠等译，中国人民大学出版社，1991 年

21. [澳] 艾伦·皮斯著，《体态语言》，徐启升、宁怀远、王宏印编译，陕西旅游出版社，1991 年

22. 宁怀远、杨兆龙编著，《现代实用人际关系》，陕西旅游出版社，1991 年

23. 王炬、刘兆华编译，《商业谈判致胜术》，四川人民出版社，1992 年

24. 毕继万著，《跨文化非语言交际》，外语教学与研究出版社，1999 年

25. 余秋雨，《行者无疆》，华艺出版社，2001 年

26. 张爱玲，《张爱玲作品集》，北岳文艺出版社，2001 年

27. 许明龙著，《黄嘉略与早期法国汉学》，中华书局，2004 年

28. 朱晓姝著，《跨文化成功交际研究》，对外经济贸易大学出版社，2007年

29. 陈国明著，《跨文化交际学》（第二版），华东师范大学出版社，2009年

30. 张冠梓主编，《哈佛看中国》，人民出版社，2010年

31. 毛姆著，《作家笔记》，陈德志、陈星译，南京大学出版社，2011年

32. 陶方宣著，《今生今世张爱玲》，广西师范大学出版社，2011年

后　记

孤身在爱尔兰，因为不是家，

陌生就是意义。苦涩的言辞不介入，

总是格格不入，勉强地欢迎我：

一旦意识到，接触就开始了。

这是英国诗人拉金的诗《别处的价值》（The Importance of Elswhere）的第一节。它使我回忆起在国外留学的经历，以及那些和跨文化交际有关的事情。和回国后在国内生活的感受相比，我倍感那两年"在别处的价值"无可比拟。于是，引用这一节诗的体验，来重温《现代跨文化传通——如何与外国人交往》的写作过程和动机。

回国已有多年，每日忙于教书写书。在国外的留学生活，已保存在那本名为《彼岸集——旅美散记》的小书中。除了不时有几位外国朋友来信和来访之外，跨文化的交往活动已日见减少了。在这种情况下，能抽出几个月时间写成这样一部书稿，也算是完成了一件事情。

为何要写这样一部书呢？

因有感于人与人之间的交往，常常发生一些似乎不应出现的误解、口角和矛盾。这本来是司空见惯的事，但总觉得除了原则性的争论之外，许多事情本来可以避免。尤其是和外国人的交往，由于文化背景的不同，再加上缺乏必要的跨文化传通常识，就更容易出现一些意想不到的问题，甚至事情过后，还是弄不明白为什么。这种不必要的"内耗"，其隐患往往不易引起人们的注意。因为人有一种心理防卫机制，于是便将一切责任推给对方去承担。可是，在一些重大的交往中，例如，国家之间的交往问题就不那么简单了。二次大战中的广岛、长崎惨祸，就语言交际方面而言，难道不是由于一个词的误解而酿成的吗？

那么，为何要写成一部通俗的读物呢？

我总觉得，像交际学这样一门学问，首先应该成为一种大众化的普及性科学。人人都需要至少读一两本这方面的专业书，而跨文化传通这种国际性的专业，也应该在大学的外语专业教学中有一席之地，而不仅仅是外交家们才需要有的特殊技能的培养。作为现代的企业家和公关人员，摆一两本这方面的书籍在书架上，随时翻阅，从中获益，也未尝不可。何况中国的改革开放提供了越来越多的与外国人交往的机会，而市面上中国人写的此类书籍难以见到。或许行家高手忙于更重要的事情，没有时间去搞这一类边缘性的小学问。而据我所知，国外的大学问家也是忙中偷闲，写了一些颇为著名的小册子流行于街市，流传于民间。著名心理学家弗洛姆的《爱的艺术》就是一例。

要把系统的专业知识写得通俗易懂，做起来确实不易，但也不是不可能。我觉得，深入浅出一如上课，首先要使教师和学生的思路一道向前、向纵深推进，而写书，则要时刻想着读者的实际需要和认识角度。因此，在这种尝试性的写作中，我常常把自己设想成一位青年读者，和书中的各国人物进行对话，或曰心灵的沟通。或者假设若干情境和问题，让读者身临其境去进行交际和体验，自己从中找出答案来。

除了专业知识的通俗化和具体问题的实用性之外，书中插入大量的对话实例和外交轶事，也不完全是为了调节读者的思想情绪和增加阅读的兴趣，而是有助于起到点化渲染以实明理的作用。何况这些事实材料，其本身就是这门学问的一部分呢。然而，要做到理论上通俗化，而又不失学术和专业水准，阐释起来殊感困难。专业术语即使不作严格界定，对一些读者而言，也免不了陌生之感。还有些为表达需要而自己杜撰出来的概念，如"主文化"、"客文化"、"文化防卫"、"文化饥饿"、"文化再适应"，等等，唯一的依据便是基于自己的观察、体验和思考，也就是学术上的"概念化"过程。这些术语，觉得非用不可时，也予以必要的解释和说明。至于引文中的翻译腔和行文中的欧化句子，则有点儿"江山易改，秉性难移"的味道，做不到百分之百的通俗化了。

木已成舟，翻阅一遍，好在还有些可读、可感、可行的东西，也就作罢。对于那些有此类交往需要而又渴望读一本适合自己需要的书的读者来说，或许会有些助益。对于我国的跨文化传通专业的教学和学科建设工作，但愿能有一些参考价值。

值此搁笔之际，我不能不感谢遥在大洋彼岸的美国导师 John Condon 教授。与其说是他的书，还不如说是他那生动活泼的教学活动和那谦逊随和的风格，将我引入这门新兴学科的大门。对于本书写作过程中引用和参考过的中外作者，以及为本书的问世付出辛勤劳动和热情支持的诸位同志，笔者表示衷心的感谢。但因有些资料，是依靠在国外时的读书笔记整理而成，参考书目中未能一一列出，需要说明一下，在此致歉，又一并表示感谢。

旧作新版，重新翻阅修改，不禁感慨万千。往事如烟，当年留学的业师，多已不在人世，而跨文化传通的国外课堂，至今历历在目。谨借此书重版之机，深切地表示对当年师友及那一段留学生活的纪念。并允许我重申此书初版时的献辞：

谨以此书献给

我的美国导师 John Condon 教授

和千千万万爱好交际的中国朋友！

王　宏　印

2012 年 5 月改定

于南开大学寓所